中华现代学术名著丛书

政治学概论

李剑农 著

商务印书馆
创于1897 The Commercial Press

图书在版编目(CIP)数据

政治学概论 / 李剑农著. — 北京:商务印书馆, 2021
(2025.8重印)
(中华现代学术名著丛书)
ISBN 978 - 7 - 100 - 19916 - 2

Ⅰ. ①政…　Ⅱ. ①李…　Ⅲ. ①政治学—概论
Ⅳ. ①D0

中国版本图书馆CIP数据核字(2021)第082050号

本书据商务印书馆1934年版排印

中华现代学术名著丛书
政治学概论
李剑农　著

商　务　印　书　馆　出　版
(北京王府井大街 36 号　邮政编码 100710)
商　务　印　书　馆　发　行
三河市春园印刷有限公司印刷
ISBN 978 - 7 - 100 - 19916 - 2

2021 年6月第 1 版　　开本 880×1240　1/32
2025 年8月第 2 次印刷　　印张 9⅛　插页1

定价: 79.00 元

李 剑 农

（1880—1963）

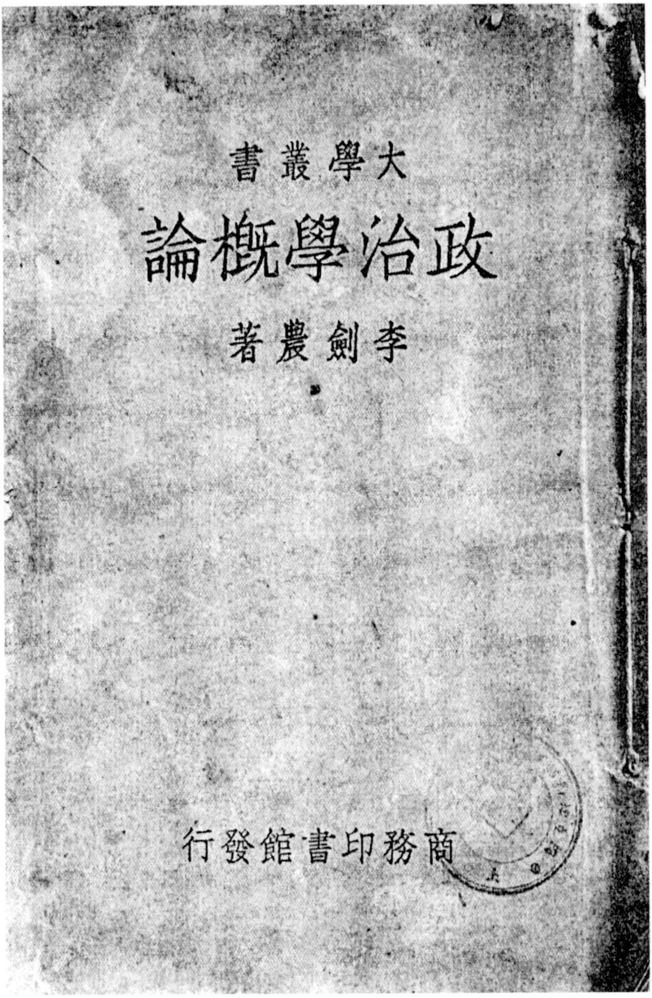

商务印书馆 1934 年版《政治学概论》封面

出版说明

百年前，张之洞尝劝学曰："世运之明晦，人才之盛衰，其表在政，其里在学。"是时，国势颓危，列强环伺，传统频遭质疑，西学新知亟亟而入。一时间，中西学并立，文史哲分家，经济、政治、社会等新学科勃兴，令国人乱花迷眼。然而，淆乱之中，自有元气淋漓之象。中华现代学术之转型正是完成于这一混沌时期，于切磋琢磨、交锋碰撞中不断前行，涌现了一大批学术名家与经典之作。而学术与思想之新变，亦带动了社会各领域的全面转型，为中华复兴奠定了坚实基础。

时至今日，中华现代学术已走过百余年，其间百家林立、论辩蜂起，沉浮消长瞬息万变，情势之复杂自不待言。温故而知新，述往事而思来者。"中华现代学术名著丛书"之编纂，其意正在于此，冀辨章学术，考镜源流，收纳各学科学派名家名作，以展现中华传统文化之新变，探求中华现代学术之根基。

"中华现代学术名著丛书"收录上自晚清下至20世纪80年代末中国大陆及港澳台地区、海外华人学者的原创学术名著（包括外文著作），以人文社会科学为主体兼及其他，涵盖文学、历史、哲学、政治、经济、法律和社会学等众多学科。

出版“中华现代学术名著丛书”，为本馆一大夙愿。自1897年始创起，本馆以“昌明教育，开启民智”为己任，有幸首刊了中华现代学术史上诸多开山之著、扛鼎之作；于中华现代学术之建立与变迁而言，既为参与者，也是见证者。作为对前人出版成绩与文化理念的承续，本馆倾力谋划，经学界通人擘画，并得国家出版基金支持，终以此丛书呈现于读者面前。唯望无论多少年，皆能傲立于书架，并希冀其能与“汉译世界学术名著丛书”共相辉映。如此宏愿，难免汲深绠短之忧，诚盼专家学者和广大读者共襄助之。

商务印书馆编辑部

2010年12月

凡　　例

一、“中华现代学术名著丛书”收录晚清以迄20世纪80年代末，为中华学人所著，成就斐然、泽被学林之学术著作。入选著作以名著为主，酌量选录名篇合集。

二、入选著作内容、编次一仍其旧，唯各书卷首冠以作者照片、手迹等。卷末附作者学术年表和题解文章，诚邀专家学者撰写而成，意在介绍作者学术成就，著作成书背景、学术价值及版本流变等情况。

三、入选著作率以原刊或作者修订、校阅本为底本，参校他本，正其讹误。前人引书，时有省略更改，倘不失原意，则不以原书文字改动引文；如确需校改，则出脚注说明版本依据，以“编者注”或“校者注”形式说明。

四、作者自有其文字风格，各时代均有其语言习惯，故不按现行用法、写法及表现手法改动原文；原书专名（人名、地名、术语）及译名与今不统一者，亦不作改动。如确系作者笔误、排印舛误、数据计算与外文拼写错误等，则予径改。

五、原书为直（横）排繁体者，除个别特殊情况，均改作横排简体。其中原书无标点或仅有简单断句者，一律改为新式标点，专名号从略。

六、除特殊情况外，原书篇后注移作脚注，双行夹注改为单行夹注。文献著录则从其原貌，稍加统一。

七、原书因年代久远而字迹模糊或纸页残缺者，据所缺字数用“□”表示；字数难以确定者，则用“（下缺）”表示。

弁　言

近几年间，承乏国立武汉大学政治学讲授，采辑各学者的成说，编为讲稿，令学生笔记。学生以笔记难于完备，要求印发讲义；因陆续增订，共得十六章，粗具系统。然除涉及本国方面的事实与理论，间有不揣固陋，自出己意者外，大都皆就他人的专门著述中，刺取其平正浅近易于了解者，条理而整齐之，使合于本国大学初年级学生之用而已；实在算不得一种著作。学校当局，为节省印刷讲义的烦费，促令刊行，并许列入本大学丛书之林，自己觉得很惭愧。发稿前，曾与同事周鲠生、时昭瀛、刘乃诚三先生审阅一过，并承予以指正，附此致谢。但恐仍有误谬之处，自当由著者自己负责。倘蒙海内学者，赐以纠绳，无任欢迎。

民国二十三年四月著者自识

本书自刊行以来，已十余年，世界政象、不无变迁，书中所陈——尤其后半部关于政府论各章——多于现在事实不符。兹就原稿略事修改，并承吾友曹绍濂先生将全稿加以校阅勘正，附此志谢。

民国三十五年七月著者再识

目　录

导　论

一、政治学的性质及范围

（一）什么是政治学

我们要明了政治学的性质及范围，须先明了什么是政治。现在中国的政治学者，往往引用孙中山先生的话来解释“政治”二字，说：“政就是众人的事，治就是管理，管理众人的事，便是政治。”这个解释，可说是很简单明了。但是我们须知道：中山先生是为一般不问国事的国民说法，故用极浅近的语句，来表明政治这种物事，并非奥妙难知，又是人人应该知道的。我们若把政治作为一种学问的对象来研究，对于中山先生的解释，还应该加以更精密的补充说明。“政治”固然是“管理众人的事”，但“管理众人的事”不一定都称之为“政治”；因为一切社会团体，都可以“众人”二字称之。人类社会团体的活动，有种种方面，如宗教的信仰事业，慈善救济的事业，文化的促进事业……每一个方面，都可成为一种众人结合的社会团体，都有一种团体的事务，然而不能都以“政治”二字当之。国家是人类社会团体的一种，“社会”的意义广于“国家”；政固然是众人的事，但要那种有国家组织的众人的事，方可称之为政，不是泛泛然其他众人的事。中国的儒家说："政者正也，子率以正，孰敢不正。"这固然是古代的人把政治与道德混而为一的说法，但儒家也认定政治为国事；例如《论语》所记："冉子退朝，子曰，何晏也？对曰，有政。子曰，其事也！如有政，虽不吾以，吾其与闻之。"此时冉子为季氏宰；孔子不认季氏私家之事为政，便是以政为国事。中山先生所谓"管理众人的事便是政治"，实际他心中所谓众人的事，也是指国事。一班人说不谈"政治"也就是不谈"国事"，然则我们可以简单的说：政治就是国事；政治学便是以国家为研究的对象的，或竟可称之曰国家学。故有名的瑞士学者伯伦知理（Bluntschli）说：政治学就它的正当的意义说，就是探究国家的学，其目的在对于国家的情况，国家的性质，及其表显于外的形式和发达，求得一个满足的了解。[①] 法国的学者 Paul Janet 也说：政治学就是社会科学中以探究国家基础及政府原则为目的的一部分。[②] 因为国家为社会团体的一种，故关于国家的政治学，即为社会科学的一部分。

(二) 政治学的范围及分支

所谓政治学即以研究国家为目的的社会科学，这是广义的说法。依广义的说法，政治学的范围所包括的很广泛。现代对于各种科学的研究，都是采分支探讨的办法，把所研究的对象，剖析为无数方面，就一个一个的方面，分别去探究。各学者对于政治学的分

① 参看 Bluntschli, *The Theory of State*, p. 1。
② 参看 Garner, *Political Science and Government*, p. 8 所引。

支，方法不一，如伯伦知理则分三支：

（1）公法学（Public law）讨论国家存在的形式；

（2）政治学（Politics）讨论政府的活动；

（3）国家论（The Theory of the State）讨论国家的普通原则。①

或分为四支，如韦罗贝氏（Willoughby）区为：

（1）叙述的政治学（叙述各国家组织的形态）；

（2）历史的政治学（探究各国家的发生及进化）；

（3）实用的政治学（探究国家活动的正当方法）；

（4）纯理的政治学（探究关于国家的各种根本原理）。②

依现代学术机关，实际上对于政治学系所有的科目而言，大都也可区为四部分。

（1）政治哲学及政治哲学史。研究目的，为国家存在的理由；国权的由来；人民何以应该服从国权；国家的组织及国权的寄托，应该如何方为合理；总言之就是要找出一个理想完美的国家来。（纯理的政治学。）

（2）政府论或比较政治制度。研究目的，对于各种不同

① 参看同书。

② 参看 Willoughby, *The Nature of State*,pp. 4—5。

的政府组织，加以各别的分析或比较的观察，并观察它们活动的运用。（叙述的政治学，动的方面。）

（3）宪法学或宪法史。研究目的，虽与政治制度同为研究国权之组织，但其所重，全在法律的形式论。专就既存各国家宪法的条文而论其在法律上的效果；研求宪法内容的变迁发达，则为宪法史。（叙述的政治学，偏于静的方面。）

（4）政治术的部分。如政党论政党史政治史之类，其研究目的，在于动的政治行为。如政党的发生，组织及其活动，政策的采用变更，皆属于政治术的范围。（实用的政治学。）

这些分别，都是为研究的方便，求研究的精密而设。但凡一种科学于分部研究之前，往往要有一种概括的简要的初步的提纲叙述。例如研究法学的有法学通论，研究历史的有通史，研究经济学的有经济学原论；政治学也应该有一种政治学概论。现在所讲的就是一种概论，其内容有属于纯理的，有属于历史的，有属于叙述的，有属于实用的，不过是一种初步的提纲而已。

二、政治学的研究方法

政治学久已列为社会科学的一部；但是研究政治学的人，往往于开始时要提出一个疑问，说："政治学到底是科学不是科学？"我以为这个疑问，最好是和研究的方法合并讨论：因为研究的方法问题决定了，政治学是科学不是科学的问题也解决了。为讨论的方便计，现在可分下列的三层讨论：

（一）什么叫作科学

科学的定义，虽然很难恰当，大约可以粗略的说：凡对于宇宙间某种现象的因果关系，能作有条理的解说，成为一种比较正确的知识，便可谓之科学。譬如：闻轰轰之声，声是“果”；知道这声是由车子走过而发生的，车行是“因”；此为最粗浅之知识。最粗浅之知识，皆由于经验而来。譬如：小儿握火履冰，不知道由握火履冰之“因”，将生出什么样的“果”；谓之无知识，即由于未尝经验，积日常各种经验于脑识中，凡遇各种普通现象，皆能明其因果关系，即为普通人的常识，或称为普通知识。但是普通知识，大都不能正确。譬如中国往时的成语，说：“世界无水不朝东”。这句话也是从前由经验得来的一种常识。因为从前中国所称的世界就是中国本部的十八省，依当时的经验，黄河东流，淮水东流，长江东流，珠江东流，所有中国的水，皆由此四干流东注于海，故构成这一句成语。这句话在地理学未进步的时候，也可以表现中国一种地理上的普通知识，但是不正确。现在我们所以知道它不正确，就是因为现在关于地理上的现象，观察经验，比从前周到，成了一种地理“学”，知道中国的本部，并不足以当“世界”之称，才算是有地理“学”的知识。这是一个最粗浅的例。但是所谓正确的科学知识，“正确”二字，大部分都只是相对的，不是绝对的。所以科学的性质，有两特点：一、假定的真理；二、与时俱进。我们对于所谓科学，不要忘了这两特点。

（二）什么叫作科学的方法

所谓科学的方法，至少有三层工夫：一、搜集事实；二、暂设假定；三、实地证验。所谓搜集事实，就是搜求各种物事的自然现象及其变化的形态；或用观察法，或用人功试验法。但此种搜求所得的事实，都是杂乱的或孤立的，假使不把它们分类排比，一一连贯起来，得不到甚么结果。于是要用第二步工夫，便是联贯各种事实，暂设一假定。所谓假定者，还不是最后的断定，不过要有一个假定，才可据此以为进一步的推求，而得最后的断定罢了。有了第二步，假定，于是再去搜求新事实来证验这个假定；如果所得到的新事实，都与假定相合，假定便成了真理，便可视为原则；倘若发见新事实与前此的假定不合，对于这种不合假定的新事实，又不能说出它不合的别种原因来，于是前此的假定便动摇起来了；不合的新事实越多，假定的势力越缩小，最后至于推翻。所以前面说，科学只是假定的真理，与时俱进的，并不是一成不变的。所谓科学的方法，始终离不了搜集事实，联贯事实，暂设新假定，考证旧假定。

（三）政治学可否应用科学的方法来研究

政治学的对象为国家，国家也是人类活动的现象的一种，即为宇宙间物象之一种，当然可以容许我们用科学的方法——搜求关于政治活动的各种事实，加以排比联贯的工作，试设假定。据为暂时的原则来应用；则政治学当然有成为科学的可能。不过在应用科学的方法上，比较自然科学有限制：第一、政治活动的事象过于繁复，又没有绝对的连续性；第二、人工的试验观察法，很难使用于国家；第三、不能使用何种器械来帮助观察，因此，事实的搜集，既不容易周到，搜集得了的事实，又不容易驾驭，假定很不容易成立；因此，各人所得到的结论，不若自然科学的易趋于一致。故有人不承认政治学为科学。但谓政治学尚未达到完成的地位，谓政治学的完成难于自然科学则可；若谓政治学不能成为科学，则未免把科学太看成固定的死物了。须知科学本来只是假定的真理，与时俱进的；政治学应用科学的方法虽有限制，还是有应用的余地。然则如何应用呢？第一、应用历史的方法，利用历史上最丰富的记载事实，为纵的观察；第二、应用比较的方法，利用各邦各地域同时所表现的繁复事实，为横的观察；一切关于国家活动事象的记载报告文书，都可作我们的望远镜、显微镜；一切政治活动的场所，都可作我们的实验场看待。如此，事实的搜集，也可以得到相当的周到程度；根据这些比较周到的事实，加以细密的审察，也可以得到比较相近的假定，成为暂时应用的原则。不过我们最要当心的，就是一面不要忘却了过去的历史事实，一面还要时时留意新事实的发现。倘若固执旧事实，拘守已往的旧假定，认为一成不变的死原则，则失去科学进步的精神了。

第一章　国家的基本概念

科学最重定名。平素说话，对于各种名词，可以随便泛泛的滥用；凡研究科学者，非先将几个基本名词加以严格的界画说明不可。例如讲几何学的，必先将“点”“线”“面”“体”“角”等种种名词加以说明；讲经济学，必先将“欲望”“效用”“财富”“价值”等种种名词加以说明。政治学也是一样。政治学研究的对象是国家，然则首先应该了解“国家”这个名词的概念。与国家有关系的名词，如“民族”“国民”“政府”等都有预先说明的必要。兹分别略述如次。

一、历史上国家观念的变迁

（一）中国古代的所谓“国”

现在中国普通的用语，把“国家”二字结成一个名词，说及“国”辄附缀一“家”字于其后。实则“家”为习惯上的赘词，在古代“国”与“家”是分别得很清白的；例如《孟子》上：“人有恒言，皆曰天下，国、家；天下之本在国，国之本在家，家之本在身。”然则“国”是立于“天下”与“家”之间的一种社会团体，家之下始为个人的“身”。但是《孟子》上又有“万乘之国，弑其君者必千乘之家；千乘之国，弑其君者必百乘之家；万取千焉，千取百焉，不为不多矣”的话。上面曰“千乘之家”，下面曰“千乘之国”，“国”与“家”好像是同实异名的东西，可以随便换用；曰“万取千”“千取百”，又好像是所有财产范围大小的分别。然则古代之所谓“国”到底是指社会团体还是指财产领域，专就《孟子》上所言还是不明白。若就造字时的字义说，则“国”为君主个人的领土；《说文通释》“国邦也，从口或声。臣锴曰，口其疆境也，‘或’亦‘域’字，古或反。”但是“国”为后起之字，古“国”“域”皆作“或”，“口”与“土”皆为后世人加上去的。《毛诗》“奄有九有”《韩诗》作“奄有九域”，或解“九域”作“九州”，或引洛书“人皇始出，分理九州为九囿”，“九囿”即“九有”，“囿”“域”音近，故通用。古“国”“域”既皆作“或”，故“或”可通用于“域”“国”，可以指境域，可以指私人所有之土地，可以指诸侯所有之邦土。故就字源上说，中国古代之所谓国，实指封建君主所领有之邦土；换言之，国者封建君主之私产也。此种以国为个人私产的观念，遗传至后代一统的专制君主未尝改变。我们试看刘邦作了皇帝以后，向他的父亲夸嘴，说：“始大人常以臣无赖，不能治产业，不如仲力。今某之业所就，孰与仲多？”一种以国为个人产业的心理，表现得十二分的明白。又看：李世民将要造反的时候，他的父亲李渊起初不许，后来允许了，对世民说：“破家亡国由汝，化家为国亦由汝矣。”这也不是把“国”看作比“家”的范围大一点的私产么？到了后来，渐至把私有这种大产业的君主及其朝廷，与“国”混为一物；例如在公文奏折上说及“国朝”便和说及“皇朝”“皇上”一样的尊重有威严，必须另行抬头，这就是把“君”“国”合而为一，所谓“朕即国家”了。及至现代，西方民主国家的观念输入，旧的观念方才变了。

（二）西方的国家观念的变迁

西方在古代希腊时，与现代英语 State，相当之字为 Poliso。此字严格的译之，当为英语之 City，即为华语之市府。因为希腊人除了他们的市府外，别无所谓国的组织；国就是市府，市府就是国，故近代政治学者称希腊的国家为市府国家。罗马初亦为市府国家，其用语为 Civitas，其含义与希腊的 Polis 约略相当，与英语的 Citizenship 尤为相近，有趋重“市民总体”的意义。但在罗马还有一个名词 respublica，有时用 Status rei publicae。所谓 respublica 者，非但指市民总体，并有指市民总体公福之意，略如英语之 Commonwealth。现代 republic（共和国）的名称，即由此字演变而来。（不过在罗马时代，并不是用来与君主国相区别的。）所谓 Status，意思约为“现状”，略如英语之 State（本义亦为现状），所谓 Status Rei pullicae，意即指公共市民团体之现状。近代英、法、德各国用于政治学上的国字，如英之 State，法之 ètat，德之 Staat，皆由罗马语之 Status 演变而来。故严格言之，欧西所谓共和（republic），所谓国（State），实同出一源，在罗马时本为一物。[①] 盖罗马本为由市民总体结合而成的共和国，“国”之本身，即为共和团体。但是后来由共和变为帝国，帝国崩坏后进入封建时代，国家变为封建君主的领土，于是德语中的 Landtag,Landesgesetz，

① 参看 Bluntschli, *The Theory of State*,pp. 23—24 脚注。

隐隐含有“国”为“领土”的观念。及到法国君主集权极盛时代，则或视“国”与“君主”为一物，故法王路易十四有“Létat Cést moi”（朕即是国）的话。再进一步，由封建国家进于近代的民族国家，“国”与“民族”两名词又闹个不清，于是“State”与“Nation”又往往混为一物。① 及至北美联邦出世时，各邦不肯放弃其“国”的资格，称之曰 United States，确定各邦仍为 State。但是对于联邦总体又称甚么呢？于是有一些政法学者，把“Nation”这个字用之于联邦总体，State 这个字用之于各邦。但在美国人中虽有这种区别，在欧洲如英法等国，则恒把 Nation 与 State 看作一物，这是国情不同的原故。上面是西方对“国”的观念和用语变迁的大略；概括起来，西方最初的所谓“国”，是指市民总体，封建时代是指封主的领土，专制君主时代指国家最高机关的君主，到了民族国家时代又指民族的总体。

二、现代政治学上国家构成的概念

现代政治学上的所谓国，不如历史上任何时代所谓国的观念那么简单。概括言之，可分为物质的实体方面与精神的组织方面。就物质的实体方面言：第一、国是一种人群的团体；或为一个小市府的人群团体（如古代希腊的各市府团体，如现代的三马利诺、安道耳、摩纳哥等），或为积多数市府多数区域之一大群的人民团体，要之必有一群实在的人群，然后可成一国。第二、这一群人民

① “nation”之语源为 natio 或 nasci 本指种族。

团体，必须固着在地面上的某一部分（此处所谓固着，不是谓一人永久不出某一地方）；如初民时代的游牧部落，中国往时虽称之为"游牧行国"，与固定的"城郭国"为相对的名词；然在今日的政治学上，还不能认之为完成的国家。故在物质的实体上说，国家构成的要素有二：曰"国民"，曰"国土"。

但是仅有这两个要素，还不能成国。因为一群人固着在地面上的某一部分，假使没有一种精神上彼此互相联结的东西，这一群人只是一盘散沙。风吹雨打，便消归乌有了。必定有一种东西，使这一群人，个个致其信仰，个个致其服从；遇有外来压迫侵害的时候，这一群人个个愿舍其生命财产以捍御抵抗之；不受他一群人的压迫侵害。这种精神上互相联结的东西，眼睛看不见，手也摸不着，既不是站在这一群人上面一个或数个的自然人，也不是站在这一群人上面的什么天神；简言之就是由这一群人自身所产生的"国权的组织"。这种"国权的组织"，因为是看不见摸不着的东西，所以在往时或为宗教家所假托，便成为"神权"，或为独裁的野心家所篡取，便成为专制的"君权"，近代的法学家名之曰 Sovereignty，严复音译为"萨威棱帖"，勉强意译为"主权"，或称统治权。然即称之为主权或统治权，其易被人所篡取如故，因是恒有主权在君，主权在贵族，主权在人民的纷议。实际所谓主权或统治权，就是一种有组织的国权，其力量全由构成国民的这一群人自身所产生。其产生或源于环境的需要，或源于习惯的信仰，或源于有意的思虑的结果，随历史的变迁为转移。组织的形式，也随历史的进化为转移。这种"国权的组织"，便是现代国家构成的第三个要素。故现代政治学上所谓国的概念，共含三种要素；曰国民，曰国土，曰国权。

三、与国家有关系的几个名词的区别

现代国家构成的概念，依前节所说，虽已很明显，但是还有与国家有关系的几个重要名词，应该加以区别的说明：

（一）国民与民族应有区别

“国民”是立在同一国权下的人民，不问其血统、语言、宗教、风俗、习惯、历史……的同否，皆受同一国权的支配；民族则以血统、语言、宗教、风俗、习惯……为结合的基础（上举各项虽不必尽备，然至少必有几项），却不必共立于一国权之下。

（二）民族与国家应有区别

这两个名词在我们中国是很容易区别的，但在英美 Nation 与 State 二字常常混用，前节已经说过。实际，一个民族不必同立于一国权之下成为一个国家，如英美虽为同民族，却成为两个独立的国；一个国家也常常地包含几个民族，例如瑞士，便由德、法、意三种民族所构成。孙中山先生对于民族与国家的区别，尝说：“民族是由天然力造成的，国家是用武力造成的。用中国的政治历史来证明：中国人说王道顺乎自然，换句话说自然力便是王道，用王道造成的团体便是民族；武力就是霸道，用霸道造成的团体便是国家。”实际中山先生意想中的所谓自然力，便是由历史文化产生的血统、语言、宗教、风俗、习惯……所谓霸道的武力，便是国权的威力。自然力是情感方面的物产，使我们彼此默契，不能分开；国权的威力，是意志方面的物产，使我们不能不信守而结为一体。这是二者不同的处所。

（三）国家与政府应有区别

这两个名词，在从前也是往往混淆的；如路易十四，妄称“朕即是国”，便是忘记了他自己在法理上说起来，不过是国家最高的一种机关。专制政府下面的人民，畏惧皇帝和官吏，不敢作正当监视政府的行动，也是误将政府认为国家。我们须知道国家的三要素中，虽有两种是具体的，但其第三种所谓组织的国权却只是一个抽象的名词。这种抽象名词的所谓国权，非得别有一种具体的组织，不足以表现其活动的意思；政府就是使国权活动意思表现的一种机关，其本身并非国家。不过政府也有广狭二义；平素泛言政府，多半专指行政部，为狭义的；实则凡属代表国家活动的一切机关皆在“政府”二字范围之内，这是广义的政府。

第二章　国民

前章论国家的基本概念，谓国民与国土，为国家物质方面的两个要素；本章对于国民这个要素，加以较详细的说明，区为下列三节：

一、民族与国民

我们既知道“民族”与“国民”两个名词是有区别的；凡属构成一个政治团体的各个人，都是国民之一分子，各分子结合而成一政治团体的总体即为国民。但是一个政治团体内所包含的国民分子，性质上不一定是单纯的；他们的血统关系，他们的宗教信仰，他们的语言文字和他们习惯上的生活方式，不一定都是相同的。其相同的，我们称为一民族。由一个民族构成一个国民团体。固然也有；但是世界上的国民团体，往往包含几种民族。因此在近代的政治上，便生出许多问题来了。

例如：（一）一个民族，是否应该成为一个国民团体（即一个国）？（二）一个国民团体包含几个民族，到底是有利还是有害？（三）在一个国民团体内的异民族，如有多少数之分，对于少数的民族应该如何处理？这些问题，都是近代国内政治和国际政治上最累人的问题，最不容易解决的问题。兹先就此等问题发生的由来及其进展，略为陈述。再述对于此问题的理论。

（一）民族问题的由来

民族问题，简言之，可说是由历史产生的。人类历史最初的斗争，是氏族部落的斗争；由部落扩大而成民族，于是斗争也就成为民族的斗争。在西史上如希腊之与波斯，罗马之与加太基；在东方的历史上，如周之与獯鬻、玁狁，汉之与匈奴，南北朝之对立……大都皆属民族斗争。但古代虽有民族斗争的事实，民族的意识，不如现代之强烈，容易消失；换言之，就是还没有强烈的民族自觉的观念。因为古代的文化，还未十分发展；文化的构成分子，还不十分复杂；文化简单与低度的民族，容易被吸收于文化高度与繁复的民族。例如高卢日耳曼之于罗马，五胡女真之于中国。当起初相接触时，似不相容，不久便归同化；因此民族的意识，亦渐归于消失。欧洲到了近代，文化的发展，日趋复杂，日益分歧；由语言文字的分歧，构成分歧的复杂的文学与历史；由宗教的分歧，构成分歧的复杂的信仰与习惯；各认自己一群的文化为优而排斥他群，抑制他群，构成分歧的民族利害关系；于是民族的自觉观念，日趋强烈，成为近代的民族意识。就我们中国说，汉民族的文化，以前在东方恒居于最高地位，凡与汉民族相接触的民族，大都为汉民族所吸收；故汉民族的内容，日趋丰富，而在民族观念上，反成为一种单元的世界观；当被异民族所征服时，虽然一时表现最强烈的民族意识，不久那种征服的民族同化于被征服的汉民族，那种强烈的民族意识便渐就隐伏了。但是到了现代，西方的高度文化民族，浸浸相逼而来，与前此所接触的民族不同了，单元的世界观念不能维持了，民族自觉的心，不能不促起来了；所以民族革命成为中国现代革命主义的中心。这是民族问题的由来。

（二）近代民族国家主义的进展

民族国家主义积极的发展，是十九世纪的事。在十八世纪，民族国家的形式虽已存在，民族国家的主义，尚未为一般政治家所认定。其萌芽当溯之于波兰之分割。波兰在十八世纪以前，已经成了一种有特性的文化民族，被两三个囿于封建思想的君主（俄、普、奥）不顾它的民族性，把它分割了；对于它的文化特性，加以摧残抑压，因是促起波兰民族最强烈的反感；是为民族自觉之始。到了法兰西大革命，拿破仑第一，宰割欧洲，用民权自由的旗帜，笼罩欧洲各民族；欧洲各民族，起初受了他的笼络，听他的驱使，反抗封建君主；渐渐拿破仑竟想用法兰西一个民族来宰制其他的一切民族，因是促起欧洲各民族最强烈的反感。拿破仑失败后，维也纳会议，仍为几个怀抱君统观念的旧式政治家所操纵，对于民族观念尚未认识；因是在国境分配的问题上，全不顾民族的区别，专就各王统的均势上着想；于是惹起十九世纪各革命的纷扰。[①] 十九世纪的各革命，除了民权自由的主义外，民族国家主义，实为最重要的一种动力；换言之，就是未能成为一个国家的民族，要求自成一国家。及至意大利与德意志的统一完成，民族国家主义，遂如日中

① 在十九世纪上半期中，如意大利、波兰、匈牙利、德意志等国，怀抱民族革命之思想而被逐者，多逃亡于英、法、比等国，鼓吹民族国家主义，意大利之玛志尼尤为其卓卓者。

天，为一般政治家所认识了。[①] 但是还有许多民族，未能达到组成一个国家的目的，如波兰、芬兰、匈牙利、希腊、斯拉夫各支派……都留待第一次世界大战后的和平会议来解决。大战后的和平会议，虽然因为美总统威尔逊“民族自决”的提倡，用了一番求解决的工夫，但还不能算是澈底的解决。例如波兰、芬兰、捷克斯拉夫、巨哥斯拉夫、立陶宛……新成立的国家，都是根据民族国家主义而来的；但是还有许多民族被割弃在异民族的国家里面，或且故意使他们割裂，不许他们与他们的同民族相结合——如限制德、奥不许合邦，把德民族的 South Tyrol 划归意大利——这是违反“民族自决”的；其例不一，不必悉举。要之，此问题在第一次世界大战后，并未满足的解决，并且有几处的问题，即为第二次世界大战的导火线。

（三）民族国家主义的理论

民族国家主义，是近代渐认定的，故关于此主义的理论，也到了近代，才有学者的理论。第一个学者的理论要算是英国的穆勒约翰（J,S. Mill）。穆勒约翰以前，在十六世纪中，虽有一个意大利学者马其菲利（Ma hiavelli）想用民族主义鼓动意大利人，以谋意大利的统一（因此多以马氏为欧洲民族主义之首倡者）；但是他的议论，不是学者的议论，是一种宣传的议论。穆勒约翰的议论，才是一种学者的议论。他说：“国境与民族的符合，是自由政制

① 一八七八年之《柏林条约》，承认塞尔维亚、门的内哥罗、罗马尼亚等，脱离土耳其独立，即以民族国家主义为口实。

普通必要的条件。”虽然他承认这是理想的条件，虽于处处适合，他心里实赞成各民族自成一国家。因为他是主张民意政治的，政府应以人民的意思为基础；民意的沟通融合，全靠有一种共同的历史传习，尤重要的，为一种共同的语言；假使民族不同，语言各异，共同意志很难构成。所以他说：“假使民族情感存在，有了相当的势力，即宜首先使之结合自治于一政府之下。盖政治问题，应由被治者决定；若不首先决定愿意同何人合作的问题，很难知道作什么。”他又说：“民族不同的国，行自由政制，几于不可能，因为他们没有共同的情感。语言文字既不相同，共同的意见无由造成，代议制度，必不能成立。”[①] 穆勒约翰作此言时，瑞士联邦尚未完成；后来瑞士联邦完成，他的理论遂不能成立了。因为瑞士的代议政治，在近代总算是有很好的成绩的，但是瑞士却包含两三个不同语言文字的民族。不过欧洲在十九世纪上半期，穆勒约翰的学说，很有势力，如意大利、匈牙利、波兰等国的爱国志士，大都皆受他的学说的影响。

与穆勒约翰持反对的议论的，要算近时英国的历史家爱格顿（Acton）。他说，民族国家主义，比社会主义还要不对。他说，一个国家包含许多民族分子，犹如一个社会包含许多不同性质的人民，同为文化发达的条件。其利益：（一）劣等民族与优等民族合作，可使劣等民族进步；（二）衰老的民族，得新加入之民族，可使其复于少壮；（三）异民族各有优点，各有劣点，冶为一炉，知识才能，以互相比较观摩，益趋于扩展丰富。单纯民族的国家，如人之拘于一隅，孤陋寡闻，必日趋于退步。故以异民族结合为一国，

---

① 关于穆勒约翰之理论，可参看穆氏所著之 *Representative Government* 第十六章。

实为促进文明的工具。[①] 此种议论，诚有相当的理由，但在爱格顿氏之为此说，则别有背景存焉，即因大英帝国，包含许多异民族的原故。此说之价值，须附以相当的条件：（一）各不同民族之结合为一国民，须出于自愿，如瑞士、美国不是由征服或强迫而来的；（二）各民族间须有一种共通的精神观念，如瑞士因曾受奥国的压迫，经过长期间的共同奋斗，养成了一种同利害的精神观念；（三）各民族间的权利地位，须彼此平等，彼此的文化信仰习惯，须互相尊重；如在瑞士各民族的语言文字可以并用；如英之坎拿大，虽有法国民族杂于其间，因在政治上取得同等地位，便相安了；如英之南非洲，虽有荷南民族（Boers）杂于其间，自取得同等权利后，也便相安了。他如印度、爱尔兰，则长远的不相安，盖既由征服，非出于自愿，又经久未能取得同等的权利地位也。

中国国民党的民族主义，对外求解放，对内求各民族的平等发展，在第一次改组的宣言里面，便说："吾党所持之民族主义，消极的为除去民族间之不平等。积极的为团结国内各民族，完成一大中华民族；内以促全国民族之进化，外以谋世界民族之平等。"这是极合理的民主主义。因为中国的汉民族，在历史上是一种极有平等精神的民族，对于异民族的吸收同化，从不曾采用压迫抑制的政策，所以中国的文化区域日趋扩大，成为今日内容丰富的大民族。国民党的民族主义，是根据中国国民历史上的平等精神而产生的，所以极为合理。

① 关于爱格顿之理论，可参看 L.Acton, *History of Freedom and Other Essays*, pp. 289—298。Bluntschli 之意见，与爱格顿略同，可参看其所著 *The Theory of State*, p. 105。

二、人口

前节是就国民的原质上说，就国民的数量上说，谓之人口。本节略述人口问题。

（一）关于人口的理论与历史事实

一个国到底应该要有多少人口，这是很难求出一个适当的原则的。往昔的学者，如古代希腊的亚里士多德，近代初期法国的卢梭，对于一国人口数量最大限度与最小限度，曾经想定下一个原则。亚里士多德的意旨，以为一国的人口，不可太少，也不可太多，应该有一个限制。从小的方面说，只能小到可以自立自存；自立自存，是最小的限度。从大的方面说，只能大到统治适当，大到不能统治适当，便越出限度了。这是亚氏的抽象的限制说。[①] 卢梭则以为人口的数量，与国土的大小务必相称。国土的广阔，须足以维持人口；人口的多少，须相当于国境之所能容。但此种配合的数量，不能固定一个定率；因为土地的生产力与气候不一律，因此维持人口多少的力量，也不能用面积来作比例；要之人口的多寡，须与地力相称而已。[②] 这是关于人口的理论。

就历史的事实上观察，亚卢二人的理论，都是一种很难实现的

① 关于亚里士多德之理论，可参看其所著 *Politics*（Jowett 英译本），p.267。

② 关于卢梭之理论，可参看其所著 *Social Contract* 第二编第十章。

理论。一国人口的增减，不能全由我们的理想去支配。人类由原始氏族部落社会，进于国家，发生历史上种种的政治斗争，都与人口的自然增加有密切关系。因为人类天然的不但要图自己本身的生存，并且要图自己种族的繁殖。繁殖到了自己所占领的土地，不能维持的时候，或者发见别个团体所占领的土地，比自己的土地更好的时候，便想去侵夺，因此便有战争，便有民族的移转，便生出历史上种种的政治变化。推源这些变化的所由起，都是由于人口的数量多少，不能全由我们的理想所支配的原故。所以亚卢二人的理论，就历史的事实上观察，是很难实现的。

（二）现代一般国家人口增减的倾向

现代一般国家对于人口问题，都是向增加方面走。就个人方面说，文化程度愈高的国民，感觉对子女的责任与本身生活的困难，不愿意多生子女（如法美人尤多）；但是因为生活优美，卫生适当，生的少，死的亦少，故总算起来，还是增加的多，这是自然的趋势。就国家的政策方面说，国土广大物产丰富的国家——如美国，固然奖励人口的增加；就是国土狭小，物产不丰富的国——如日本，也奖励人口的增加；前者为开发富源计，后者为向外发展计；前者欢迎向内的移民（但以白色人为限），后者奖励向外侵略。如法国因为人口生产率与死亡率相较无增加，尤特别奖励生子。要之，现代各国的人口都是向增加方面走。据澳大利亚统计院一九一六年的估计，全世界各种族人口总数及其增加速率，大约如下：

种族	现有人数	每年每千人之增加速率	每年增加总数
白种（发源于欧洲者）	六五、〇〇〇万	一二·〇人	七八〇万
白种（非发源于欧洲者）	六、〇〇〇万	八·〇人	三八万
黄种	五一、〇〇〇万	三·〇人	一五三万
棕种	四二、〇〇〇万	二·〇人	一〇五万
黑种	一一、〇〇〇万	五·〇人	五五万
总计	一七五、〇〇〇万		一、一三一万①

现代各国的人口，既皆向增加方面走，所以有殖民地的争夺。但殖民地终有限，故其结果。世界前途的和平，绝对不能乐观。其有一线乐观的希望，则在科学的进步，使物质上的无用者化为有用，土地之不能生产者变为可以生产，其能生产者更增加其生产力。但以世界各民族各国家，文化上尚未达到平等的地位，劣等民族的国家，常为优等民族国家的争夺目的物，一面希望和平，一面彼此相忌相猜；科学的进步，用于增加生产，改良生产者，反不如用于战争工具改良之多。故和平的希望，终不若战争恐怖之大。故不进步的民族和国家，非加倍努力，以求达到民族文化平等的地位，终难免不为他人之牺牲。

（三）中国的人口问题

中国的人口问题，第一、缺少确实可靠的统计。通常说中国

① 参看张慰慈《政治学大纲》，七七一七八页。

有四万万人，其实究竟有多少人口，谁也不能知道。依各统计家计算的结果，没有一个相合的；或谓中国本部十八省的人口，便有四万一千一百万，或谓只有三万一千六百万。其实都是一种靠不住的数目字。依我们的理想推测，有一句话是大略可以说的，就是“生产率很大，死亡率也大”；尤其在近来的二三十年。就表面上看，仿佛中国人口，应该增加得很快；因为儒家“不孝有三，无后为大”的学说，深入人心，一般人都有早婚的习惯，十五六岁即生子而为人父母，是常见的事；虽穷而至于作乞丐，尚有“襁负其子而至”者；可见生的一定很多。但是我们须知道，生的多便是死的多的一个原因。因为生的多，才有教养能力不及，流为穷困，以至于早夭、失婚、绝嗣；故多生即为多死原因之一。教养能力不充分，经济能力无从发展，卫生的设备也就很简陋，加以多数人皆缺乏卫生的知识，所以生产率虽大，增加率不一定很大。我这个推测，虽无充分可靠的统计数字来证实，但是确有相当的理由。

第二、中国的人口，分配太不均匀；西北多荒废的地域，东南的人口又太稠密；[①] 过去中国的内乱，半由于政治腐败，半由于经济的知能不充分，不知利用荒废的地域。最可笑的，满清入关以后，把他们祖宗发祥地的东三省作为禁地，不许内地人民迁去，而他们自己的人民，又皆分布于内地变为坐食的驻防军；一方面使满族人口，丧失生产的能力，一方面使东北辽阔肥沃之国土，成为荒芜之域，招惹帝国主义者垂涎。所以东三省的外患问题，是满清政府不明白人口编制分配的方法惹起来的。现在虽渐有明白的人，但是尚为经济能力与纷乱的政局所限，不能充分作移民实边的事业。

① 参看《独立评论》第一卷第三号、第四号，翁文灏所著《中国人口分布与土地利用》。

现在中国的青年应该要有两种精神：一、养成耐劳耐苦的强悍体魄，向边境求开发的精神；二、发展一种创造的欲，不要为争夺欲享受欲所驱使。这两种精神，也可说是解决我们中国人口分配不均匀的问题的条件。

三、国民在公法上的意义

前节是就国民的数量上说，本节略述国民在公法上的意义。

（一）国民与公民的区别

现代国家的人民，在公法上有两方面的资格：[①] 一为具有本国国籍，服从国权，受国权之支配管束，是为被统治者；二为具有本国国籍，并有参与国权行动之权利，即为公法上构成国家之主体分子。以前项之资格而言，则称之为国民；以后项之资格而言，则称之曰公民；是为国民与公民的区别。

（二）公民观念的由来

公民的观念，在中国是到现代才发达的。古代所谓“普天之下，莫非王土；率土之滨，莫非王臣。”人民与土地，都是看作受君主一人支配的物事。虽然《孟子》有“民为贵，社稷次之，君为

① 参看卢梭同书第一编第六章。

轻”的说法，但终不曾承认人民有参与国权行使的资格。《孟子》虽也承认革命，但他的革命理论，还不能算作民主革命的理论；所谓“天视视我民视，天听视我民听”，所谓“残贼之人，谓之一夫，闻诛一夫纣矣，未闻弑君”，仿佛是很激烈的革命理论；但实际不过承认君主可以用武力摧倒，而摧倒仍须由别一个“伐罪吊民”的“我后”出来代替。故在中国虽有“国以民为本”的常语，终不曾有今日之所谓公民观念。

“公民”的名词，由西语之 Citizen 移译而来；而 Citizen 之名，起于希腊的市府国家。希腊的市府就是国，故市民即国民；而希腊的政体又是市府的全民政体，故市民即公民；其无市民资格者，非奴隶，即为不属于本市之客民。罗马初亦为市府国家，故罗马之公民，初亦同于希腊，限于罗马市民。及由罗马市府扩大而为帝国，市民资格，初亦未赋予被征服之人民；其后渐次扩充，虽非罗马市府的市民，亦取得罗马市民的资格，于是市民观念，扩大而为大国家的公民观念了。是为国家公民观念扩大之所由来。但至罗马帝国分裂后，中世封建制度盛行，欧洲各国的土地与人民，都成为封建诸侯的私产，公民观念，几于完全消失；及至中世末期，封建制度崩坏，自由市府发达，市民的观念复活；再进一步，代议制度渐次成立，市民观念，又扩大而为大国家的公民观念。这是欧洲公民观念，在历史上发达的经过。

（三）凡有国民资格者，不一定有公民资格

在欧洲代议制度初发达时，有公民资格的国民，仅占国民全体的一小部分；除贵族地主外，市民有财产上的限制。至近代财产上

的限制，虽渐次减少以至于完全废弃，但尚有以男女性别及知识程度为限制者。最近知识程度与男女性别的限制亦渐趋低减或撤废，浸浸有以全民为公民的倾向。但公民的范围无论如何扩大，年龄的限制，病废的限制，与犯罪的限制，终不能废。故虽行全民政治，所谓公民，终不能包括全体的国民；即此二者之区别终不能废。不过凡属被统治的国民，虽无公民资格者，在法律上仍无不受国权的保护，享受国家利益。

第三章 国土

国土为国家物质方面的第二个要素，本章再就此要素加以较详细的说明，区为下列三节：

一、国土的自然现象①

试从历史上观察各地方各时代的国家发生及其进展，我们不免要发生许多疑问，说：同在地球上面，为什么某部分早有国家的组织出现，而某部分独迟？为什么某部分某时期产生一种市府国，而某部分某时期产生一种大陆国？对于这些问题的简单答案，就是：因为国土的自然现象不同。所谓自然的现象，包括地位的形态，气候的温寒，物产的丰富等项。这些事项，都可以影响当地人民的生活状况及性格，所以产生国情的差别。本节试就自然现象所包括的各项，略略加以分疏：

① 关于国土的自然现象一节，可参看 Bluntschli, *The Theory of State* 第三编第一章至第三章。本节中所引伯克之说，皆见于其中。

（一）地形

地面的形态，随部位而生差别。如河流的大小方向，海岸线的曲直，山脉的起伏，平原的广袤高低，此处彼处，各不相同，因是影响及于其居民之文化。第一、就河流言：大概世界各处初期文化的产生，皆与河流有密切的关系。埃及、巴比伦、印度、中国，皆为古文化发生的渊源地。推其所以成为古文化渊源地之故，则皆食河流之赐。埃及的文化，产生于尼罗河流域；巴比伦的文化，产生于幼发拉底斯河及底格里士河流域；印度的文化，产生于恒河流域；中国的文化，产生于黄河流域；此皆非偶然之事。因为由利用水流以事灌溉，进而至于利用水流以助交通，人类借助天然以适应一己生活的知识能力，自此渐推渐广，终乃成为有文化的政治团体。第二、就海岸线言：其关系比河流更大；海流的制服与利用，虽比河流为难，但是到了能够制服利用时，其所发生的影响，也远非河流所能比。西方古代的希腊与罗马，所以成为欧西优美文化的远祖；近代的西班牙与葡萄牙，所以能首先向海外发展；荷兰与英吉利，所以能成为近代的先进自由国；皆以其所处海上地位不同之故。希腊以爱琴海各岛为吸收外来文化的媒介，亦以此诸岛为向外活动的要屯；罗马以西部地中海诸岛为与迦太基接触的导线；西班牙、葡萄牙西岸，为南北欧航线中途必经之地；荷兰与英吉利国民生活上的需要，尤在海上；故各显其一时代国度之特色。第三、就山脉与平原的形势言：大概邱陵错综的山地，容易产生孤立的部落团体，渐次形成许多独立的小国家，最不容易统一；而被崇山峻岭所环绕的大平原，容易构成一个大陆国家，独立的小团体，不容易存在。例如古代的希腊。一方面虽有海岸线的利益，促成海上的发展；一方面却因半岛内邱陵错杂，割为无数小地域团体，形成许多独立的小市府国，经久不能将全半岛造成一个统一国。如中国在近二千余年的历史上，经过无数次的内乱割据，但割据的局面，罕有能够延长的，这也是中国的地势，适于成为一个大统一国的原故。大概山岳的影响及于人民，有与海洋的影响相似之处，也有相异之处；其相似处，住在山岭中的人民，其勇悍奋斗富于独立图存的精神，与住于海上之人民同；其褊狭峻急，与海上之人民异。内陆平原的影响及于国民，最显著的为迟缓凝重，不易受刺激，故文化政治的进展，较为迟缓。例如在欧洲，法之开发后于意，德之开发后于英，这是很显明的事实。尤不好的，为去海岸辽远的内陆高原。试以非洲内部与欧洲比，以亚洲中部与其沿海各境比，以东欧与西欧比，其利害的异同立见。凡在此等内陆的高原，专制政治组织最容易出现。因为居民受所住地势的影响，养成一种鲁钝服从的性习，最适于专制统治的原故。上面所述，是地形与国家关系的大概。

（二）气候

人类对于天然气候的抵抗力，当然比下等动物为强，无论在热带或寒带，都可以居住，有保持生存的方法。但无论人类的抵抗力如何强，终不能不受气候的影响而生变化。在个人于短时期内由热带旅行到寒带，或由寒带旅行到热带，除了身体上感受不舒服外，于其人的性格上固不能发生若何的大变化；但若一群人由寒带迁往热带，常久居住所迁的地方，经过一二代，性习上的变化，必渐渐地显现出来了。伯伦知理尝说：罗马人久居东方，变近女性；日耳曼人久居非洲沿岸，失其强悍；英吉利人久居印度，渐趋懒惰；可见气候对于人群的影响。所以从前的学者如巴敦（Bodin）、孟德斯鸠（Montesquieu）、伯克（Buckle）等，皆尝欲就气候的关系，说明国民生活的原则。

大概在寒带地方，生活极冷酷，一般人忙于与天然力相抵抗，无暇思及高尚文化事业的进展；因此寒带地方的文化发达，比较为迟。但因居民习于抵抗天然力，却养成了一种独立不屈的精神；不过政治的组织能力，未免要缺乏一点。热带地方，则因气候过热，人民的体气，自然倾于弛缓懒惰；又因生活易于维持，一般人愈失其活动性。所以热带地方的人民，容易被人征服，容易屈服于个人的专制政治之下，极缺乏保护自己的独立与自由的精神。惟温带寒暖适中，四时变化调和，人民的气性，亦感受温和变化的良影响。

但世界各国的国土，不能悉居温带：政治家对于气候的恶势力，没有方法能够抵抗，只可利用他的良影响，避去他的恶影响。教育和法律，多少可以发生一点抵制的效能，要在立法者的细心斟酌。例如寒带地方的劳动者，须要多量的肉食和有兴奋性的饮料；热带地方的劳动者，则不宜滥饮有刺激性的饮料；回教的教祖摩罕默德，把禁止饮酒列为教条的一，未始不与当时回教所传播的地域气候有关系。又如寒带地方的人民，易犯窃盗劫掠等类的物事罪，热带地方的人民，易犯杀人强奸等类的人事罪，也是与气候有密切关系的。所以政治家和立法家，对于自己国境的气候情形，也是不可忽略的一件事。

（三）物产

文化的产生，常在物产不丰不啬之地。因为物产过丰，则谋生太易，不必求进步；过啬则谋生太难，无暇求进步；故以丰啬适中为宜。北方的民族，往往经久为游牧部落，未能构成国家的形式，非徒以其气候苦寒，亦以物产不备的原故。英国的伯克尝说东方的蒙古族与鞑靼族，不能在他自己苦寒不毛之地，使他的文化进步，必定要到物产丰饶的中国与印度，方能得到相当的进步；阿剌伯人的建国，也是在移到地中海滨之后。可见物产太啬的害处。

物产过丰，有下列几层弊害：（一）人民流于懒惰，以生活资料易于取得故；（二）不重劳力，轻视劳动者，以劳力的需要较少故；（三）残忍专制之习，随之产生，这也是因轻视劳力而来的；（四）贫富悬殊，不易发生中产阶级，因天然的富原，恒为专制的首领所支配，而下层的被治者，习于服从苟安的生活的原故。伯克说：印度的阶级制度，由于物产过丰的原故；埃及也是这样。他如美洲的墨西哥、秘鲁，凡初期文化发生之地，往往有停滞不进的现象，大都皆因物产过丰之所致。不过到了今日文化大进步的国家，则惟恐物产之不备，断无有嫌他过于丰富的道理了。

（四）环境的改造

上列所举地形、气候、物产三事，皆属于国土的自然现象，足以影响国民的生活情态。但是人类的知识能力，一天一天的进步，征服自然与利用自然的范围，也一天一天的扩大了。到了科学大进步的今日，用机械可以缩短距离，改变自然的地形；森林的培植，井渠的疏凿，灌溉的利用，可以改变自然的气候；物产也可以用人力增加；无用的废物，可以化为有用，有用物的范围，一天一天的推广。故自然环境的现象，一切皆有改造的余地，只要我们肯从科学上努力就得了。

二、国境的面积

就国土的大小而言，谓之国境的面积。国境的面积，应该以若干大小为合度，也和人口问题一样，不能求出一种理论上的原则来。但是从前的学者，对于国境的面积问题，也有许多理论；不过依历史的事实看去，没有一种理论能够维持下去的。兹分别略述之：

（一）关于国境面积的理论

古代希腊的学者如柏拉图、亚里士多德，都主张国境不要过大。柏拉图以为国境的面积，应有一定的限度，恰如一个人的躯干，大小长短，须受自然的限制；一个人短小过度，固失其人形，长大过量，也成了一个怪物，在社会中必感觉生活上许多不便；国境过于庞大，统治上也必定发生许多困难。[①]亚里士多德的见解差不多和柏氏相同。他以为一国的领土，最好是一举目可望遍；如是，

① 关于柏拉图的理论，可参看 Plato, *Laws*, bk.V,p.737。

国民全体聚起来开会，都能够听见议场发言的声音，行政长官对于大部分国民的面貌性情都能够辨别。他把一只船来比一国，说：一只船总不要长大到人力不能支使的程度。假使一只船长到两个Furlongs（长度名，等于八分之一英里），那就不是一只船了。[①]要之，柏拉图与亚里士多德的理想，都是古代希腊市府国家的理想。他们理想中的政治，是直接的全民政治。如当时波斯马其顿那种面积庞大的国家，由他们的眼光看起来，都是一种专制魔王的怪物，不能算作理想的政治组织。

十八九世纪的学者如卢梭、孟德斯鸠、涂格维尔（Tocqueville）、穆勒约翰等，虽然和古代希腊学者的观念有点不同，但大都也是以国境的面积过于扩大为有害。卢梭的持论，和柏拉图很有相似之处。他也把个人的体躯和国家相比，谓造物对于个人的体躯有限制，国境也应该是有限制的。国境太小，不能维持本身的生存，太大则法律的实施，政务的处理，必有鞭长莫及之势。因为国境过于辽远，人民不相接触，意志不易结合，政治的效能，自然随之减少。所以他觉得小国反比大国为强有力。他这种理论，也是根于他的全民政治的思想而来的，可以说是他的《民约论》的一部分。[②]孟德斯鸠以为政体采定，宜视国境面积的大小以为断；最好是小国土采用共和政体，中等国土采用君主政体（意指君主立宪），大国土则采用专制政体。[③]涂格维尔的意见，约与孟德斯鸠同，以为共和政治，不甚适于大国土的国家；以大国土而行共和制，势难维持久远，因为国境愈广，则人愈多，人愈多则易为浮薄之感情所煽动，

① 关于亚里士多德之理论，可参看 Aristotle, *Politics*, bk.IV,ch. 4。

② 关于卢梭的理论，参看 *Social Contract*, bk. II,ch. 78。

③ 关于孟德斯鸠之理论，参看 *Spirits of Law*,bk.VIII,chs. 16—20。

而德量不足以制之，故多危险。涂氏之为此言，因为在历史上，看见罗马的共和政治，随国境的扩大而崩坏；而当前的实例，则北美的联邦共和国，尚在风雨飘摇之中。[①] 穆勒约翰，以为国境面积过于广大时，宜采分土自治之制。他以为要政治良好，政府有力量，国境只能在相当限度以内。凡国境过于广大，政治必趋于纷乱。除非是一群野蛮人，不能自己独立统治自己，没有办法，否则万不宜以一中央政府强辖之。[②] 穆勒之为此言，是鉴于北美殖民地独立战争的纷乱，所以主张各殖民地自治。

（二）历史的事实

上述各学者的理论，大概都是反对国境的面积过于扩大。他们立论的根据，也大都皆有其所处时代的历史事实作背影。但是历史是时时进展的；事实的变迁，决不受他们的理论所拘束。历史上国境的面积，小者或仅如弹丸黑子，大者至于跨洲越海，虽然至不一定，然有一个自然的总倾向，就是兼并。试就中国的历史一回顾，和传周初的诸侯国共有千八百，到春秋初年仅存百二十余，到战国仅存其七；秦并六国时，所制三十六郡的境域，尚仅限于黄河长江两流域；继并百越，增置四郡，便扩展到珠江流域了。历汉、唐、元、清四代，更造成今日中国的国境面积。欧西的历史，仿佛同中国不同，自从罗马帝国分裂后，一直到现在，还是在一种小国土错杂分立的形势中。但是其中几个强国，领土的扩展，都超过欧洲

① 涂格维尔之理论，可参看 *Democracy in America*（英译本 vol I,p. 170）。
② 穆勒约翰之理论，可参看 *Representative Government*, ch. 17。

以外去了，如英，如俄，比罗马帝国还要大多少倍。北美联邦，立国渐百数十年，也由十三洲，扩展到四十余洲，由大西洋岸，扩展到太平洋岸了。故国土的兼并扩大，可视为历史事实上的自然总倾向。伯伦知理尝说："理想的国家基础，不是各个的国民团体，而是全人类；所以理想的国境，也不是地球的某一部，而是全地球；最好是把全地球各部相差异的特质，调和起来，成一个单一的组织，以互相满足彼此之所需。"[①]这段话，在现时虽然还是一种不易实现的理想；但就已往的历史事实的总倾向看起来，这种理想，将来或者有实现的一日，也不是绝对不可能的事。

（三）现代的新发明与国境的关系

现代有两方面的新发明，可以帮助大国境的统治：第一为自然科学上的新发明；铁道、电线、蒸汽船、飞机，都是把大国土缩成小国土的工具。古代的亚里士多德，以为一只船长到两个 Furlongs，便不成一只船；但在今日，却绝对不成问题了。第二为政治制度上的新发明；就是联邦组织。当北美联邦未完成以前，一般学者总以为国境过大，不适宜于民主的共和政治；就是涂格维尔，对于北美联邦的前途，尚是怀疑；但是近来联邦制的组织，日趋进化，英国所有的殖民地，都采用了；将来合大英帝国成为一大联邦，也是意中的事。所以大国境在今日，绝无不便统治之理，也绝无不适宜于民主政治之理。并且国境愈大，资料愈富，国家的进步发达愈无限量。不过国境的伸缩，与国民的知能情感，皆有最密切的关系；在

① 伯伦知理之理论，可参看 *The Theory of State*, bk.II,ch.IV。

知识能力特别进步的国民，往往恃科学上新发明的利器，滥用其能力，以侵夺他人的领土，扩展自己的国境，这样的国境扩展，虽或一时成功，未见得确实；因为暴力只能取得国土，不能造成国民的情感。在知识能力不进步的国民，有庞大的国土，而不能利用新发明，则徒为致寇之具；其结果必致“日蹙国百里”，流为被压迫的弱小民族；如此，非但为被压迫者的不幸，抑且为国际间的不幸。现在的国际社会，还是在这种暴力肆虐，与不幸的情态中。除非全世界的民族团体，知识能力，都达到水平面以上，伯伦知理以全地球为一个国境的理想，或者可以渐次实现。

三、国土在公法上的意义[①]

国土在公法上通常称之曰领土。领土在公法上的意义，有下列的重要各点：

（一）领土为国权行使的领域界限

凡在一国土内的人与物事，无不受该国的国权所支配；反言之，国权支配之所及，以其所领之国境为界限。因为近世国家的主权观念，为偏于属地主义而非属人主义（法理上船舶亦视为领土之延长）。即欧陆诸国，并重属人主义者，谓本国人民，在他国国境

① 关于国土在公法上的意义一节，可参看 Garner, *Political Science and Government*, ch.V, pp. 77—92。

内犯罪者，亦当受本国国权的惩罚处分，好似国权可以超过国境；但实际行使此种惩罚权，必俟犯罪者回到本国国境以后，不能在外国国境内追捕惩罚。故领土为行使国权不可少的空间基础。

（二）同一单位的领土不容有两个国的国权同时并存

国家所以与其他的社会团体不同，此为其最显明的一点。其他的社会团体，往往可在同一单位的区域内，同时存在几个，国家则不然。假使在同一单位的领土内有两个国权并存，必发生不断的战争。不过有几种例外：第一、在某短时期内，两国并争一地域，或因势均力敌，或因其他关系，一时未能解决，不得已成立一种暂时的调停办法，容许两国权的并存。例如一八六四——一八六六年间，普奥两国，对于 Schleswig-Holstein 的处置；又如一八七八——一九〇八年间，土奥两国，对于 Bosnia 和 Herze ovina 的关系（其他同样的例还有，现在不必悉举）。第二、为国际的礼仪及彼此相互的方便计，对于外国的外交代表，容许其在他国国境内服从其本国的国权，此即所谓治外法权（外国在中国所行使的领事裁判权不属于此例）。第三、为军事上的武力占领；如两次世界大战时代，德国占领比利时等国国土；数年前日本用暴力强占我辽、吉等省。但此并非容许两国权并存于一领土，实为甲国以强力夺取乙国之国权。又如两次大战时代，比国的政府机关及军营，移置于法英国境以内，此亦非法英二国之国土内，容许比国的国权并存，不过为一种暂时的寄托，得法英二国之许可。一九一八年，比国在法境 Havre 的军事法庭，判决一案，后经比国高级法庭宣告废弃；其理由即以比国国权，只当以行使于比国平常的领土内为有效；若任

积微居小学金石论丛 杨树达
现代中国文学史
（外一种：明代文学） 钱基博
等韵源流 赵荫棠
诗言志辨 经典常谈 朱自清
话本小说概论（上、下） 胡士莹
司马迁之人格与风格
道教徒的诗人李白及其痛苦 李长之
明清史讲义（上、下） 孟 森
国史要义 柳诒徵
中国南洋交通史 冯承钧
通史新义 何炳松
魏晋清谈思想初论 贺昌群
中国救荒史 邓云特
认识论 张东荪
科学方法论 科学概论 王星拱
中国哲学史大纲 胡 适
知识论（上、下） 金岳霖
法相唯识学 太 虚
陈康：论希腊哲学 陈 康
康德的知识学 齐良骥
中国文化的展望 殷海光
中国道教史 傅勤家
监狱学 孙 雄
中国法制史概要 陈顾远
新政治学大纲 邓初民
财政学 何 廉 李 锐
中国之棉纺织业 方显廷
中国田制史 万国鼎
南洋华侨与闽粤社会 陈 达
文化人类学 林惠祥

【第三辑 三十五种】

中国小说史略
（外一种：汉文学史纲要） 鲁 迅
现代吴语的研究 赵元任
古典新义 闻一多
谈艺录 钱锺书
唐诗综论 林 庚
中古文学史论 王 瑶
中国近三百年学术史（新校本） 梁启超
通鉴胡注表微 陈 垣
隋唐制度渊源略论稿
唐代政治史述论稿 陈寅恪
中国古代社会研究 郭沫若
古史辨自序（上、下） 顾颉刚
安阳 李 济
绿营兵志 罗尔纲
东汉的豪族 杨联陞
佛道散论 蒙文通
中国哲学史（上、下） 冯友兰
艺境 宗白华
西方美学史（上、下） 朱光潜
近代唯心论简释 贺 麟
康德学述 郑 昕
历代刑法考（上、下） 沈家本
中国商事法 刘朗泉
中国近百年政治史 李剑农
中国政治思想史（上、下） 萧公权
中国国民所得（一九三三年）
（外一种：国民所得概论） 巫宝三
中国棉纺织史稿 严中平
当代中国社会学 孙本文
乡土中国 生育制度 乡土重建 费孝通
滕固美术史论著三种 滕 固
中国古代服饰研究 沈从文
A GRAMMAR OF SPOKEN CHINESE Yuen Ren Chao
中国话的文法 赵元任
MODERN DEMOCRACY IN CHINA Mingchien Joshua Bau
中国民治主义 鲍明钤
THE GOVERNMENT AND POLITICS OF CHINA Ch'ien Tuan-sheng
中国的政府与政治 钱端升
THE POST-WAR INDUSTRIALIZATION OF CHINA, INDUSTRIAL CAPITAL IN CHINA H.D.Fong
战后中国之工业化 中国之工业资本 方显廷
LAW AND SOCIETY IN TRADITIONAL CHINA T'ung-Tsu Ch'ü
中国法律与中国社会 瞿同祖

【第四辑 三十种】

中国旧小说考证 胡 适
文心雕龙札记 黄 侃
卢前曲学论著三种 卢 前
孟姜女故事研究及其他 顾颉刚
中国目录学史 姚名达
校雠学 向宗鲁
唐五代西北方音 罗常培
中国文法要略 吕叔湘
清史探微 郑天挺
中国文化史（上、下） 陈登原
中国文化与中国的兵 雷海宗
佛学研究十八篇（校点本） 梁启超
中国景教 朱谦之
德国古典美学 蒋孔阳
神学四讲 赵紫宸
法律哲学导论 居 正
民国司法志 汪楫宝
国际法大纲 周鲠生
罗马法原论（上、下） 周 枏
马克思的政治思想 吴恩裕
欧美各国现行宪法析要 龚 钺
经济史：历史观与方法论 吴承明
从古典经济学派到马克思 陈岱孙
中国历史上的基本经济区 冀朝鼎
中国教育改造 陶行知
平民教育与乡村建设运动 晏阳初
中国教育制度沿革史 郭秉文
COTTON INDUSTRY AND TRADE IN CHINA H. D. Fong
中国之棉纺织业 方显廷
KEY ECONOMIC AREAS IN CHINESE HISTORY Ch'ao-ting Chi
中国历史上的基本经济区 冀朝鼎
THE CHINESE SYSTEM OF PUBLIC EDUCATION Ping Wen Kuo
中国教育制度沿革史 郭秉文

【第五辑 三十种】

词史 刘毓盘
元白诗笺证稿 陈寅恪
上古音研究 李方桂
从诗到曲（上、下） 郑 骞
训诂学概论 齐佩瑢
唐代进士行卷与文学 古诗考索 程千帆
南朝文学与北朝文学研究 曹道衡
先秦政治思想史 梁启超
中国史学通论 朱希祖
隋唐史 岑仲勉
中国地理学史（先秦至明代） 王成组
中国妇女生活史 陈东原
基督教与中国文化 吴雷川
中国天主教传教史概论 徐宗泽
道教史 许地山
论道 金岳霖
文化与人生 贺 麟
寄簃文存 沈家本
中国婚姻史 陈顾远
中国法律在东亚诸国之影响 杨鸿烈
孔门理财学 陈焕章
上海工业化研究 刘大钧
乡村建设理论 梁漱溟
中国经济原论 王亚南
金翼 林耀华
幼稚园教材研究 幼稚教育新论 张雪门
近代中国留学史
近代中国教育思想史 舒新城
THE ECONOMIC PRINCIPLES OF CONFUCIUS AND HIS SCHOOL Chen Huan-chang
孔门理财学 陈焕章
THE GROWTH AND INDUSTRIALIZATION OF SHANGHAI D. K. Lieu
上海工业化研究 刘大钧
THE FINANCING OF PUBLIC EDUCATION IN CHINA Ronald Yu Soong Cheng
中国教育财政之改进 陈友松

【第六辑 四十种】

齐如山国剧论丛 齐如山
先秦文学 中国文学史讲义 游国恩
中国文学批评史（全二册） 罗根泽
中国文学发展史（全二卷） 刘大杰
宋元明讲唱文学 叶德均
晚照楼论文集 马茂元
汉书窥管 杨树达
欧化东渐史 张星烺
西域史地考古论集 黄文弼
中国疆域沿革史 顾颉刚 史念海
先秦诸子系年 钱 穆
古器物中的古代文化制度 徐中舒
中国社会之史的分析
（外一种：婚姻与家族） 陶希圣
唐代长安与西域文明 向 达
古代神话与民族 丁 山
小屯、龙山与仰韶 梁思永
中国史纲 张荫麟
岳飞传 邓广铭
胡惟庸党案考 吴 晗
等不等观杂录 杨文会
欧阳竟无内外学 欧阳竟无
中国佛教史 蒋维乔

《中华现代学术名著丛书》已出书目

【第一辑　四十种】

马氏文通　马建忠
国故论衡　章太炎
王国维文学论著三种　王国维
吴梅词曲论著四种　吴　梅
中国中古文学史
汉魏六朝专家文研究　刘师培
中国文学批评史（上、下）　郭绍虞
甲骨文字释林　于省吾
中国俗文学史　郑振铎
汉语语音史　王　力
红楼梦辨　俞平伯
中国韵文史　龙榆生
汉魏六朝诗论丛　余冠英
台湾通史（上、下）　连　横
秦汉史　吕思勉
中国史学史　金毓黻
史学要论　李守常
中国通史简编（上、下）　范文澜
国史大纲（上、下）　钱　穆
中国史纲（一、二卷）　翦伯赞
春秋史　童书业
魏晋南北朝史论丛　唐长孺
明清社会经济史论文集　傅衣凌
西夏史稿　吴天墀
中国伦理学史（外一种）　蔡元培
新唯识论　熊十力
东西文化及其哲学　梁漱溟
科学与玄学　罗志希
中国艺术精神　徐复观
论逻辑经验主义　洪　谦
九朝律考　程树德
比较宪法　王世杰　钱端升
中国法律与中国社会　瞿同祖
中国民治论　鲍明钤
中国官僚政治研究　王亚南
通货新论　马寅初
中国经济思想史　唐庆增
中国厘金史　罗玉东
北平生活费之分析　陶孟和
论社会学中国化　吴文藻
第四种国家的出路　吴景超

【第二辑　三十种】

目录学发微 古书通例　余嘉锡

中国宗教思想史大纲　王治心
理学纲要　吕思勉
汉魏两晋南北朝佛教史　汤用彤
两汉经学今古文平议　钱　穆
墨学源流　方授楚
中国哲学大纲　张岱年
中国伶人血缘之研究
明清两代嘉兴的望族　潘光旦
中国乡约制度　杨开道
藏族宗教史之实地研究　李安宅
中国封建社会　瞿同祖
法律教育　孙晓楼
财政学总论　陈启修
社会主义经济论稿　孙冶方
变态心理学派别　朱光潜
旧石器时代之艺术　裴文中
中国教育财政之改进　陈友松
THE SYSTEM OF TAXATION IN CHINA IN THE TSING DYNASTY, 1644–1911　Shao-kwan Chen
清代中国的税收制度（1644–1911）　陈兆鲲
VILLAGE AND TOWN LIFE IN CHINA　L.K.Tao, Y.K.Leong
中国的乡村与城镇生活　陶孟和　梁宇皋

【第七辑　三十种】

世界文学史大纲　吴　宓
唐声诗（上、下）　任中敏
词学探微　唐圭璋
冰茧庵文史丛稿　缪　钺
屈赋新探　汤炳正
中西交通史（上、下）　方　豪
中国古代社会史论　侯外庐
中国古代史籍校读法
中国古代史籍举要　张舜徽
魏晋南北朝史论集　周一良
西域史地文物丛考　马　雍
邓以蛰美学与艺术　邓以蛰
魏晋玄学论稿　汤用彤
中国文化要义　梁漱溟
政治学概论　李剑农
中国御史制度的沿革
中国内阁制度的沿革　高一涵
社会进化史　蔡和森
中国法律思想史　杨鸿烈
货币与银行　杨端六
财务行政论　胡善恒
所得税发达史　朱　偰
农业与工业化　张培刚
江村经济——中国农民的生活　费孝通
职业教育论　黄炎培
家庭教育　陈鹤琴
中国绘画史　潘天寿
中国数学大纲（上、下）　李　俨
中国数学史　钱宝琮
心理学史论丛　高觉敷
意识——心理学的研究　潘　菽
心理学与遗传　郭任远

【第八辑　四十种】

汉书艺文志讲疏　顾　实
十四朝文学要略　刘永济
中国戏剧史长编　周贻白
唐宋词人年谱　夏承焘
清昇平署志略　王芷章
历法通志　历代日食考　朱文鑫
学历散论　高平子
中国古史的传说时代　徐旭生
中国医史（上、下）　王吉民　伍连德
古史甄微　蒙文通
中国近代史　蒋廷黻
中国考试制度史　邓嗣禹
府兵制度考释　谷霁光
大同书　康有为
仁学　谭嗣同
墨辩发微　谭戒甫
贞元六书（上、下）　冯友兰
中国哲学对于欧洲的影响　朱谦之
中国专制君主政制之评议　张君劢
中国政治史讲话　钱亦石
民法总论　史尚宽
中国政治思想史　吕振羽
近代中国政府与政治　钱端升
近代法律思潮与中国固有文化　王伯琦
帝国主义与中国政治　胡　绳
工业化与中国工业建设　刘大钧
中国交易所论　杨荫溥
中国经济建设之路　吴景超
新经济学大纲　沈志远
财政学　尹文敬
管子经济思想研究　巫宝三
中国货币史　彭信威
社会学大纲　李　达
土家研究　潘光旦
凉山彝家　林耀华
战时的乡村社区政治　蒋旨昂
丝绸之路与西域文化艺术　常任侠
西方心理学史大纲　唐　钺
POPULATION IN MODERN CHINA　Ta Chen
现代中国人口　陈　达
THE CHINESE OPIUM QUESTION IN BRITISH OPINION AND ACTION　Wen-tsao Wu
见于英国舆论与行动中的中国鸦片问题　吴文藻

何地方可以行使，实与现代的法律观念不相容。

（三）领土不是私法上的世袭财产

国家的主权，与私人的所有权绝然不同；故领土之于国家，与不动产的土地之于所有主，也绝非一物；前者为公法上的权利，后者为私法上的权利。中国古代与欧洲封建时代，公法上的领土与私法上不动产的土地，恒混而为一；故中国古时，有“普天之下，莫非王土”之说；欧洲在十六七世纪，即至十八世纪时，对于二者，尚有些蒙混不清；法兰西的封建制度首先破毁。成立君主集权的中央政府，却是得这种蒙混观念的助力不少。及至法国革命后，领土与私产的蒙混观念，始被打破，而渐至于消灭。虽然在维也纳会议时，那些顽固外交政治家的脑识里面，尚含有领土为君主世袭财产的余影，但终与神权主义，同时走到它的末路了。

（四）领土与国际地役（International Servitudes）

一国的领土，容许外国国权的行使，如前第二项所述的例外中，为国际的礼仪及彼此相互的方便计，有所谓治外法权。除此项治外法权以外，还有一种所谓“国际的地役”（International Servitudes），使国权对于国土受限制。此种国际地役的关系，或由条约，或由习惯，或由特别的规定而来，例如电报、电话、海电、铁道、军队的通过、税关、邮局、停煤场的设置之类，历史上的事例颇多。现代的国际法学者，对于此种问题，意见颇不一致：一部分学者，谓此与现代的领土主权观念不相容。不过此类事实，现尚存在不少，且对于承役国的国权，确受限制。第一次世界大战后，《凡尔塞和约》以此种国际地役，加于德奥等国的，如（一）允许波兰通过德国领土以达于但泽自由市；（二）允许法国在莱因河右岸建设特种工事，并得通过；（三）允许捷克斯拉夫，于德之汉堡斯德丁画出特定自由区，为设置税关之用，定期九九年，又允其在通过奥境的铁道上行走火车，并得架设专用的电报电话线；（四）凡与德国订约的各国，皆得使用德国开尔运河（Kiel Canal）；（五）德国得造铁道经过波兰国境，以达其与本国不相连属之领土。这都是领土主权，受国际地役的限制的实例。

（五）现代的领土权观念，包括地下、领海及领空

所谓地下者，凡地面为何国的领土，地下亦为该领土国之所领，他国不得在其地下有支配权；如矿产，地底铁道及电线之类，自当受领土国的国权支配。领海为领土的边沿，不过对于领海的界限远近，意见尚未十分一致。普通认为应以三英里为限，从低潮点量起；然有些国家，战时为保持中立之故，平时为保护渔业，防止漏税，或卫生警察等种种问题，实际行使领海权，常超过三英里以外，亦多为他国所默认；然亦时常惹起争论。第一次世界大战时，瑞典、挪威及美洲的乌拉圭行使领海权，超过三英里以外，英德两方皆未承认。现在颇有赞成扩张至三英里以外的趋势。领空为最近代新发生的问题，系由航空工具及无线电的发达而发生。一九一九年和会中的国际航空会，曾议决关于领空权的原则两条：（一）各国对于其领土及领海上之空间，有完全主权；（二）在依循该会所定条件之下，平时得允许无恶意（innocent）的自由航行。

此原则已得欧洲十六国承认，若再得多数国承认，即可成为确定的国际法。有些国家，对于此二条的协定，尚认为不满足，说是对于领空国太厚，对于国际航空太薄。就内陆无海口的国而论，领空国若禁止他国航行，似不可能。因为各国若得自由禁止航空，则无海口的国，将无由本国航出外境的可能；故绝对禁止是不行的。现由领空国指定航线，似不失为一种适当的办法。

第四章　主权

国家第三个要素，为有组织的国权，现代的政法学者名之曰“萨威棱帖”，勉强意译为“主权”。“主权”二字既为吾国一般学者所习用，我们也不必立异。不过主权是一个抽象的名词，没有具体的实物可以看见，因之各学者对于此问题，纷争聚讼，意见极不一致。本章略述其大概如后。

一、主权观念的渊源及进化

（一）古代最高权观念

西语所谓“萨威棱帖”（英语为 Sovereignty，法语为 Souveraineté）为近代初期所成立的名词，其远源出自拉丁语 Superanus，含有“最高”或较高的意思。故现在对于主权的意义，有用“国家最高权”来解释的。推求最高权的观念，并不是到近代才有的；亚里士多德在他论政治的书中，常常说及国家的最高权[①]罗马的法律家及中世纪的民政家也常用及 Summa Potestas 及 Plenitudo

① 参看 Aristotle,*Political*, bk.III,ch. 7。

Potestatis 的名词。这些名词的意义，就是指国家的最高权。可见国家最高权的观念，老早就存在的。因为这种观念若一点不存在，一盘散沙的人民，很难控制使成为一个国家的组织。不过在古代和中世纪时，这种观念虽然是有的，还是很薄弱含糊，不如现代的法学者对于所谓萨威棱帖，俨然构成一种人格化的明确概念。及至罗马帝国分裂后，教皇势力与封建领主的势力并行于全欧，事实上既不曾有一种国家最高权的存在，因之那种最高权的薄弱观念，也在若有若无之间。

(二)“萨威棱帖”名词的成立

萨威棱帖的名词产生于法兰西。法兰西王在中世纪的末期一方对外尽力挣扎，谋脱离罗马教皇的势力；一方对内想消灭那些多头的封建小诸侯的势力，形成一种君主集权的民族国家；于是在十五六世纪时，有一班替法兰西王助长声势的法学者，捧出“萨威棱帖”这个名词来。最初用此名者为十五世纪的薄马诺氏（Beaumanoir）及诺索氏（Loy seau）；薄氏尝说：“国王是立于一切之上的萨威棱帖”（King is Sovereignty above all）。到了十六世纪时，有名的法学者巴敦（Bodin）更进一步，在他的著作所谓 De la Republica 中，把萨威棱帖的性质讨论得很详尽。他的著作，在拉丁文的版本中，仍用 Summu Potestas 的名词，在法文的版本中，则用 Souverai neté 的名词。他对于这名词所下的定义说：“萨威棱帖是在一切公民和臣民之上的最高权力，不受法律的限制”。[①]

① 巴敦及薄马诺之言均见 Garner,*Political Science and Government* 第八章所引。

再过半世纪，再有一位学者名格老秀斯（Grotius）的，助长其说，于是所谓萨威棱帖成为近代政法学中一个很重要的问题；英国学者如浩布思（Hobbes）、洛克（Locke）也相率讨论这个问题，自此萨威棱帖成为政法学中一个很重要的专名词。

（三）萨威棱帖观念的演变

巴敦一辈人的思想背影，是王权虽已抬头，而教皇的势力和封建小诸侯的势力尚未全灭，尚在那里拼命的挣扎；一班法学者想解决这种纷争，只有把王权抬高起来，把那些妨碍王权的分子抑下去的一个方法；这就是《孟子》对梁襄王所谓“定于一”的意思。因此巴敦这班人心目中的萨威棱帖，是与君主不可分离的；国家的最高权是萨威棱帖，萨威棱帖属于君主，故君主就是萨威棱（Sovereign，英国的国王，至今还保存萨威棱的空名）。这是萨威棱帖最初成立时的观念。

到了十八世纪时，君主集权的民族国家；已经成立了好几个，而那种集权君主的威力，又暴横得不可当，于是有一派持自然法主义的学者出现；其中有一位卢梭，倡天赋人权说。但他也相信国家有一个萨威棱帖。他心目中的萨威棱帖，也是含有最高性与不受限制性。故就萨威棱帖的本身性质说，卢梭与巴敦的意见，并无不同之处。但是有一点大不相同的，巴敦的萨威棱是君主，卢梭的萨威棱是创造民约的人民；萨威棱帖不是属于君主的最高权，而是人民的公意（General Will）；于是萨威棱帖由君主身上移到人民身上去了。[①] 于是我们在

① 参看 *Social Contract*, bk. 2。

法兰西革命期中，看见革命党的宣言说："萨威棱帖仅属于人民"；说："每个法兰西人，到了成年，即为公民；每个公民，即为有投票权者；有投票权者即为萨威棱帖。这种权利是绝对平等的，没有那个公民，能够说我是优于你的萨威棱帖。各人想想你们自己的权利，预备行使你们自己的权利，要使你们自己值得握有你们的萨威棱帖"。[①] 这便是法国革命时代的人民主权说。

这种人民主权说，与卢梭原来所主倡的人民主权说实在不同。卢梭的萨威棱帖是人民的公意，是玄想的抽象物，不是有投票权的各个人。假使是有投票权的各个人，则一国有若干公民，即有若干主权者；其结果，主权将不是构成国家的团结力，而为破坏国家团结的危险物。因是，一般学者，一面攻击人民主权说，连带而攻击卢梭；一面却又不能完全舍弃卢梭的学说，而反于君主主权说之旧；苦心焦思，便又构成一种"国家人格"的理想；说国家是由国民总体所构成的一个法律上人格的单位；这个法律上人格单位的国家便是主权者。是即所谓国家主权说。伯伦知理可算是代表这一说的人。[②] 这一说与巴敦一派人不同的处所：巴敦将主权者与君主混而为一，有倾于君主即国家的弊病；而此说则仅认君主为国家最高机关之一部。与法国革命期中人民主权说不同的处所：彼以主权属于各个有投票权的公民，而此则以属于由国民总体所结合的法律上一个人格者。即与卢梭之说，亦微有不同的处所；因为卢梭所谓人民的总意，是纯粹的抽象物，而此所谓法律上的人格单位，比较近于具体的。国家主权观念的演进，至此似将完成圆满。

① 见一八四八年拉马丁的宣言。

② 参看 *The Theory of State* 第七编第二章第六节。

但是一般法学者与政治学者之间，因为各人所处的国情时势不同，观察的立足点各别，对于此问题，至今还是很难得一致。争点的所在，大概不外三点：一、主权究竟的所在；二、主权到底可分不可分；三、主权到底有无限制。再于以下各节，分别略述之。

二、主权的所在

依国家主权说，国家是法律上一个人格的单位，简言之，国家是一个法人。但是法人究竟是一个拟想的人格，它的行为活动和它的意思，究竟要一个或一个以上的自然人来替它表现；结果，主权的行使，还是要寄托于一个或一个以上的自然人。因此虽说国家即为主权者，而主权究竟的所托，还是不易解决的问题。约言之，有下列各说：

（一）制宪机关的主权说与造法机关的主权说

有些法学家，说国家只是一个抽象的名词，其具体的表现，全以宪法为基础；举凡政府机关的组织，职权的分配，活动的范围，以及人民对于国家的义务与权利，无不根据于宪法，受宪法的支配；故宪法为国家最高意思表示的工具。宪法既为国家最高意思表示之工具，则握有创制宪法及修改宪法权的机关，即为国家主权之所托；无论此机关为一人或由一人以上的多数人所组成，在法律上即为国家主权机关。是为制宪机关的主权说。美国的柏哲士（Burgess）即为此说之代表者。[①]依此说，现代各国主权所托的机关，各依其宪法创制修改的程序而有区别。（英国的主权机关为“King in Parliament”，法国第三共和的主权机关为议会的两院联合会，美国的主权机关依宪法上的规定且有几种形式。）此说在法理上甚为适当，颇为多数学者所赞同。但尚有持异议者，谓国家既为活动的人格，它的活动和他的意思表示，不是间歇的，不是要睡眠许多年载才醒一次的。而这种制宪机关，除了英国的巴利门以外，往往要间许多年才发动一次。假使我们把国家主权，专托于这一种机关，未免把主权活动的范围，太看狭小了。且从实际上说，制宪机关的宪法会议，也不过是国家特别机关之一种；并且有许多国家的制宪机关，除了在会议的程序上不同外，实际就是通常的立法机关，若英国的巴利门，连会议的程序都无差别；然则与其说制宪机关为国家主权之所托，不如说一切有造法权能的机关皆为主权之所托，较为得宜。因为国家的意思表示不是间断的；除了纯粹的行政行为是执行国家意思外，凡依宪法规定有参与创制法律的权能的机关，皆为国家意思表示的机关，即为主权之所托。是为造法机关的主权说。持此说者可以美国的韦罗贝（Willoughby）为代表。[②]依此说，则不仅宪法会议，即通常的立法机关、法院、行政机关、选民团体（当行使直接投票权时），都包括在内。或疑：如此，岂不是将主权分割了？则答说：这并不是分割主权，不过是将主权的行使。依法律规定分托于各机关，正是立宪主义的精意之所在。故承认此说者亦不乏人。

① 参看其所著 *The Political Science and Comparative Constitutional Law*,vol.I,bk. 2,ch.I。

② 参看其所著 *The Nature of State*,chs. 9—11。

(二)法律的主权与政治的主权说

前述两种主权机关说，对于主权所托的范围，虽有广狭不同，然皆不失为一种“法律的主权说”。所谓法律的主权，即在法律上，只有这些机关依法所表现的意思，是国家最高的意思，人民应该服从，所以谓之法律上的主权。但是站在这些主权机关的背后，往往有一种最大的势力，使这些法律上的主权机关，不能不屈服。若依主权最高性的理论而言，法律上的主权机关，既是一种主权机关，便不应该再有高于他的势力可以屈服他。但是事实上却有此种高于他的势力存在。这种势力，就是选民团体的舆论势力。在真正民治主义的国内。这种选民团体的舆论势力，常足以左右那些制宪机关和造法机关。然则选民团体，不就是国家主权之所托么。这种主权，在法律家的立场说，是不能承认的；法律家只承认由法定机关依法所表现的意思为国家最高的意思；选民团体的舆论势力，假使没有经过法定主权机关的正式采纳，布之于法，他们是不能遵从的。但在政治家的立场说，则对于选民团体的舆论势力，绝对不能忽视。例如英国的巴利门可算是法律上的主权者，假使站在巴利门中的政治家，失了选民团体舆论的援助，便没有力量。故在政治上说起来，这种选民团体的舆论势力，便是国家最高的权力，故可称之为“政治上的主权”。政治上的主权，是托于选民团体的。

这种法律上的主权与政治上的主权的区别，英国的学者戴雪（Dicey）、蒲徕士（Bryce）都承认的。[①] 或疑一个国家，为什么有

---

① 参看 Dicey, *Laws of Constitution*, 2d.ed,p. 68 及 Bryce,*Studies in History and Jurisprudence*, vol.II 论主权篇。

两种主权？但是持此说者，有一个很圆满的答解，说：这不是一个国家有两种主权，只是一个主权分两方面的表现，在时间上有先后的不同。法律上的表现，是已往的表现；国家既是一个法人，也和自然人一样，其意思不能不随时势环境而有变迁。法律家，站在法律的立场上，不能不尊重法律的威权，即不能不尊重法律上的主权；政治家务在求国家的进步，使与时势环境相适合，故宜时时留心选民团体的舆论势力，使现存的法律势力相与调和。这也是民治主义的精意之所在，甚为合理的学说。

此处有需附带说明者：除法律的主权与政治的主权之外，尚有所谓“合法的主权”（Sovereignty deJure，与“事实的主权”Sovereignty de Facto）的名称。所谓事实的主权，与上述政治的主权有别；为政治上一种主权的变态，意思是指政治上各种没有法律根据的威力，事实上使人民不能不服从，但在法律上却无可以使人民服从的理由。此种事实上的主权者出现，就是革命。大凡革命时代的主权者，都不过是事实上的主权者。不过这种事实上的主权者，其基础全在武力。国家永久的生存，武力虽不可少，然专凭武力是不能成功的。故凡事实上的主权者，若能于相当的时期以内，取得真正多数人民团体势力的援助——上节所谓政治上的主权——则可渐次转为合法的主权；否则终不能构成一种合法的国家主权。反之合法的主权者，若忽视上节所谓政治的主权，也常足以惹起革命的危险，以致产生事实上的主权者，来争合法主权者的地位。

三、主权是否可以分割

主权是否可以分割的议论，有由近代联邦组织的事实而产生的，有由晚近多元主权论的学者所主倡的，请分别各述其大略：

（一）联邦的分权说

联邦的组织是近代才完成的组织。各联邦的内容，虽不必完全相同，但其政府必分为两组，则无不同。一组为联邦总体，一组为各邦。联邦总体有联邦总体的宪法，各邦有各邦的宪法。两组的政府的机关，各依其宪法而组织之。因是有些学者，便说联邦国与单一国的所以不同，全在主权的分割上面。单一国的主权是整个的，联邦国的主权是分割而成两部的，一部属于联邦总体，一部属于各邦。如此则主权并非不可分割之物。是为联邦的分权说。但此种联邦的主权分割说，德美两国晚近的学者，大都皆不肯承认，不过两国学者不承认的理由，各不相同；德国的学者，多不承认主权为国家必要的元素，而承认各邦仍保留国家的资格，可以拉庞德（Laband）与耶律芮克（Jellinek）的学说为代表。他们把主权与统治权别为二物：主权是国家的最高权，为不可分割的；统治权则可以分割，虽不必有最高性，然亦为人民所必服从的；统治权为国家所必具的要素，最高的主权则不必为一般的国家所同具；联邦的各邦，虽无最高的主权，但经联邦最高主权的容许，仍保留他们所固有的统治权，故仍不失其为国家的资格。这是拉耶二人立论的大旨。美国的学者多不承认此说，试以柏哲士的议论证之。他以为主权既不可分割，又为国家必要的元素。联邦的各邦，在未为联邦的构成分子以前，虽为具有主权性的国家，到了变为联邦构成分子以后，性质上就变成一种高级的地方团体了。地方团体的统治权，或为最高的国家主权机关所赋予，或为各地方团体所固有，经最高的国家主权所容许；非但为联邦的各邦所保有，即其他下级地方团体，亦保有之，法律上安能认之为国家呢？这两派的议论见解虽不相同，一认邦为国家，一认邦非国家，但其不承认主权为可分割之物，则彼此一致。

（二）多元的主权说

晚近的多元主权论者，虽亦有涉及联邦分权说的，谓联邦的分权，就是多元的主权的实证；但他们的主要论点，却不在此。他们或以为国家不过为人类社会团体之一种；人类社会的团体，本来就是多元的，各别分立的，不应该只有国家这一种社会团体，独握有最高的完全主权。或以为国家的重要属性并不在握有最高的完全主权，而在能应社会的需要，替社会尽一种公共的职务。大概持多元主权论的人，以倾于基德社会主义或工团社会主义的人为多。他们想把国会的最高造法权，由那些“行会”或“工团”分割下来，别成一种经济的立法机关。要分割国会的最高立法权，非先把国会最高立法权的靠背山所谓“国家主义”，分割而成多元体不可。我们试看英国的多元主权论者柯尔（G.D.H.Cole）所提出的方案便知。他以为国家应有两种议会，一为政治议会，依地域选举制所选出的代表组成之，对于政治问题，行使立法权；二为经济议会，由各种职工团体所选出的代表组成之，对于经济问题，行使立法权；若遇两方权限争执时，则由两方的代表组织联合的机关解决之。这就是柯氏分割主权的方案。[①] 但是正统派的法权者，根本不承认多元的主权论，意思就是不认主权是可以分割的。他们只承认主权可由两个或两个以上的个人或机关共同行使，不承认主权可由两个或两个以上的个人或机关独立行使。假如英国的主权，是由英王在巴利门的上院与下院共同行使之。即如柯尔的方案，在正统派学者的眼中看起来，也不过是将主权交由地域代表的机关与职工代表的机关所联合组织的机关共同行使罢了。仍然没有两个机关，可以独立行使其主权，所以算不得主权的分割。

四、主权是否有限制

主权观念最初的成立，便是以"最高"与"本身不受法律上的限制"为基础。但是事实上既不能真有这样一种绝无限制的权力存在，而在道理上也很难容许这样一种权力的存在；故对于此问题，当分法律、事实与道理的三个方面来说明。

（一）主权在法律上的无限性

现在一般的法律家，大都皆认主权为法律的渊源。不但一切人民的权利义务关系，即国家各机关的职权及其对于人民的关系，

① 参看 Cole, *The Social Theory* 第八章。

皆由法律所决定。而法律既由主权所产生，即主权为“决定一切权能的权能”，自不能别有一种限制他的权能存在。故在法律上说，主权实含有一种无限性。或以为宪法上的规定，就是对于国家主权所设的法律制限；例如制宪机关，便是法律上的主权机关；修改宪法，必依宪法上所规定的程序，即为主权机关受法律限制的明证。又如各国宪法条文中，往往规定某项事件或某项原则，不得由制宪机关修改，也是主权机关受法律限制的明证。但是这一种的限制，虽然可说是法律上的限制，而这种法律，实由主权机关自己所设定，并不是立在主权机关之上别有一种甚么法律上的权利机关所设的限制，简言之，只是主权机关，自己决定自己的行动规则。既是自己决定自己的行为规则，故在法律上还是保存它的无限性。

上面是专就主权在国内法上的地位而言。或以为主权在国内法上虽立于无限制的地位，对于国际公法，则不能不受限制。对于此问题，须看国际公法将来的进步如何。若在现时，所谓国际公法本身的性质，果已成为“实在法”（Positive Law）与否，尚属疑问；战前的所谓国际联盟，亦尚无执行制裁的效能；则所谓国际公法对于主权的限制，亦甚渺茫。（关于国际公法与国际联合组织的性质，俟于下第八章再述之。）

（二）主权在事实上的限制

主权在法律上虽保持一种最高的无限性，但在事实上，行使主权的机关，决不是无限制的。事实上的限制，也可分国内与国际的两方面。就对于国内的方面说。行使主权的人或机关，纵然立于最高无上的地位，第一须受他自己良知上的制裁。所谓良知上的制裁。如顾虑被治者的反抗是。第二须受舆论势力的制裁，前节所谓政治上的主权，实际只是对于法律上的主权者一种事实上的制裁力。就是最专制的暴君，也常怀着一种革命暗杀的恐惧心。并且事实上，往往一种法令颁布后，陷于不能生效的情况，主权者或为默认的取消，甚至有托辞明令撤回的，这就是主权在国内受限制的事实。

就对于国际的方面说：所谓国际公法，现在虽尚未取得实在法的坚确地位，凡国家的国际行为，要不能不受国际所公认的种种规则的限制。强凌弱，大侵小，虽尚为现代国际流行的罪恶，但这仍属一种罪恶，犯此罪恶的国家，仍不能不遇着事实上的惩创。德国日本便是最近遇着大惩创的国。故就国际方面说，也不能不受事实上的限制。

（三）主权在道理上应否受限制

离开法律与事实的两方面，专就纯粹的道理说，主权果应受限制与否？从前德国有一派学者，以为国家是人类最高的目的；人民是为达此目的而生的；人生的意义，不是在发展自己的个性，而是在完成其对于国家之义务。准此理论，人民对于国家，宜牺牲一切以服从之；国家对于人民，行使其主权，绝对不宜受何种限制。是为主权无限说。倡导此说最力的，最初为赫智儿（Hegel），其后有柴西克（Treitschke）。赫智儿倡导此说，在德意志联邦未成立以前。当时德国方在四分五裂的情况之下，国民的思想极复杂，一方面要求一种自由的宪法，一方面又要求民族的统一，一方面又有一种封建余毒的地方势力作梗；赫氏的理论，诚属一种救时的要药。实际上，此种学说，对于德意志的统一成功，也确有助力。[①] 柴西克把这种救济时弊的理论，太看认真了，鼓吹得太过分了；到了德国统一后，这种理论，便成了一种反动势力的前驱。于是别有一班学者，一面仍想保持国权最高的威力，一面想防止反动，创为主权自限说。以为国家的主权，虽不应受外力的限制，却应该受他自己所颁布的法律的限制。其理由：一、须如此始合于法治的精神；二、须如此，法律始有权威，始足致人民的服从，倡导此说者可以伊尔文（Ihering）为代表。耶律芮克也是赞成此说的人。但此说所谓应受限制的道理，还是存于法律势力的本身。到了晚近的多元主权论者，所谓主权应受限制的道理，更复杂了。概括言之，最有势力的，大约有两派议论：一为倾向于工团主义或基德社会主义一派的团体自治说，一为狄骥（Duguit）一派的社会联立关系说。所谓团体自治说者，以为国家不过是以地域为基础的团体组织；在同一地域之内的人，自然也有他们共同的利害关系；因为有一种共同的利害关系，所以才能组成为一个政治团体；但是一个地域内的人民，决不是对于一切问题，都有共同的利害关系；因为各人的职业与地位，都不是相同的，在晚近工商业发达的国家，分业的程度愈进，利害关系的差别也随之愈甚；若把一切问题，都交由一个主权机关处决，万不能处决适当；因是主张国家主权所支配之范围，应以涉及全地域内公共利害关系的问题为限；其涉及各业各行特别利害关系的问题，各业各行的团体得自行处决，国家主权机关不应

① 赫氏议论可参看其所著 *The Philosophy of Right*（Pyde 氏英译本）。柴氏议论，可参看其所著 *Politics*（英译本）。

干涉。这是团体自治说的大旨。此说可以英国的拉思基（Laski）、柯尔（Cole）等为代表。[①] 所谓社会联立关系说的主倡者，为法国的狄骥。[②] 他以为社会的进化，存于一种分工合作的社会联立关系（Social Solidarity）。所谓社会联立关系者，人类有共通的需要，而此种共通的需要，非与他人合作不能满足，因是各出其相同的性能，从事于相同的工作，以满足共同的需要，是为求同的联立关系；但人类又各有各别的性能，与各别的需要，各用其各别之性能从事于各别之工作，与他人互相交换以相互满足其需要，社会的结合，乃益形完固，是为分工的联立关系。两种联立关系，合之即为社会的联立关系。所谓国家的主权，其本身的存在，别无伦理上的根据，只是以维系社会的联立关系，助长此种联立关系的进化为目的。然则主权活动，应以合于此目的为限。凡有反于此目的者，即不能得人民之服从。换言之，狄氏所谓法律的根据，存于“社会的联立关系”上面，而不存于主权之本身，故主权决不应为无限制的权力。这是社会联立关系说的大旨。狄氏的议论，从社会进化的现象上观察，颇与事实相符。故其学说，颇为新派的学者所采纳。

① 拉思基之议论，可参看其所著 *The Problem of Sovereignty*。柯尔之议论，可参看本书第 52 页注①所举之书。

② 狄骥之议论可参看其所著 *Law in the Modern State*。

第五章　国家的起源

人类社会，进于历史时期，已经有了国家的组织；国家的起源，远在有史以前；有了国家以后，才有历史的记载；故国家如何发生的问题，成为政治学上一种推测的问题。政治学者为什么要讨论这个问题？就是因为国家这种东西，在人类社会活动的现象中，虽已成为一种永续不断的现象，但治者与被治者之间的关系，总是不甚圆满；被治者对于治者时常发生纠纷；换言之，历史上无论一种甚么样的国家组织，总不曾使被治者长久感觉满足，而又不能免去这种治者与被治者的关系。因此，便时常有人推想：我们为什么要有国家？假若没有国家又怎么样？这种国家的组织，到底是如何发生的？治者的权力，到底是何由而来的？为什么这些人要服从治者的权力？对于这一类的疑问，想求得一个满足的答解，看国家到底有无存在的正当理由，因此便有政治学上的“国家起源论”。本来“国家的起源”与“国家存在的正当理由”是两个问题，国家发生的原因，不必即为国家存在的正当理由；但讨论国家起源的问题，却是因为想从此探求国家有无存在的正当理由；故不妨将两问题并为一问题。关于此问题的讨论，大约有下列各说，试分节略述之。

一、神权说

初民时代，人类知识幼稚，对于宇宙间，一切不可解说的现象及不能抵抗的灾害，辄归之于神力；一般人的脑识里面，都有一种对神怀畏惧的观念；但是在人与人之间，却往往为天然的野性所驱使，不免有互相侵害，弱肉强食之事；因是，其中有思想比较锐敏的特出人才，窥见一般人对神畏怖的心理，便假神道以设教，利用神的威力来制服人的野性；这是神权观念的由来。无论东西各国，都经过一个神权政治时代；在西方，如古代的希伯来，是摩西利用神权造成的；中世的大食（回教国），是摩罕默德利用神权造成的；在中国，古代的君主，也无不称天而治，凡易姓改朝的君主，都号称"应天承命"；日本的国家起源史，神权的色彩，尤特别浓厚，及到如今，他们的君主还是称天皇；不过利用神权的由来，虽然大略都相同，运用神权的方法，和神权色彩的浓淡，却不尽相同；所以关于神权主义的思想议论，也有差别，约可分为下列各说：

（一）直接的神权说与间接的神权说

直接的神权说，认国家为神直接所创造的；国家一切条教号令，都是神的条教号令；因此宗教的经典，就是国家的法律；例如摩西的《十诫》，便是希伯来的法律，回教的《可兰经》，便是回教国的法律，摩西和摩罕默德，差不多就是神的化身。（中国的太平天国，和蒙古、西藏的活佛与喇嘛，也有这种同样的意味。）他们既以国家为神所直接创造之物，即国家的维持，亦必由于神力。间接的神权说，则不以国家为神所直接创造之物，但认人类一切的休咎，冥冥中都是有神主持，国家的盛衰荣瘁，自然也有神意存乎其间。所以凡国家有重要事故发生，都要用种种方法，去探察神意；事情终了，也要祭告于神。因为他们认定国家的兴亡，是间接由神主持的。这类的国家，表面上绝不如希伯来、大食等国，有那么神权国家的色彩形式，但是把国家的命运间接托之于神，如古代的希腊、罗马及中国的神权观念，大都皆属于此类。

（二）基督教国的君权神授说

中世纪基督教国的君权神授说，虽亦属于间接的神权说，但比前项所述的间接神权说，色彩又浓厚一点。他们把国权集中于君主的一身，认君权由于神授，君主就是代神统治人民的。这种思想议论，自基督教盛行于欧洲后，在中世纪及近世纪初期，势力很大。其渊源由于基督徒保罗（Paul）的几句话。当罗马尼罗帝时代，迫害教士，保罗向人民宣告说：

> “让各人皆服从于高等权力者；因为上帝之外无权力，一切权力皆授自上帝。”

这几句话就是欧洲中世纪政治史的骨子。此后欧洲的政治，差不多与宗教不能相离。渐至教皇与各国君主间，发生争议；教皇认自己是神的直接代表者，君主只是间接的代表，教皇自比于日，比君主于月，说月的光明为日光的反映，君主应该受教皇的支配。

君主起初要利用神权来制服群众，不能不依附宗教；但又不愿事事受教皇的支配，于是说自己的权利也是直接受之于神，以管理民事的，不是由教皇间接得来的。换句话说，就是自己与教皇平等立于神权之下，教区内的民事，教皇不能干涉；僧侣的财产民事关系，也应该受君权的支配；因为君权也是直接由神所授。彼此相持不下，闹到后来，两方面的权力，都被民权所打破，神权说始归于消灭。

（三）中国的神权说的特色

中国的神权说，把国家的兴亡命运，托之于天命，颇似古代希腊、罗马的间接神权观念；但帝王的称天而治，所谓“继天立极”，也有点像欧洲中世纪以后的君权神授观念。但中国的君权神授观念，有一种特色，为欧西各国所不及的处所。这种特色，是由儒家的学说造成的：一、神意的表现，须由民意。《尚书》上说，“天视视我民视，天听视我民听”，意思就是君主的权力虽得自天，但天意是以民意为转移的；民心去了，就是天意去了，君主的权力就没有了。二、神权不单是治者制服被治者反叛的工具，也是被治者防御治者暴虐的工具；君主可以说“受命自天”，人民可以说“天视天听在民”。如法国路易十四，英国惹米斯一世（James I）的神权观念，以为君主是上帝的代表，人民须绝对服从，不能丝毫怀疑：若遇君为良君，人民应该感谢上帝；纵遇君为暴君，人民也应该忍受，因为暴君是上帝所命以惩罚人民的罪恶的。这种观念，在中国的君权神授观念中是不能相容的。

到了现在，无论那一种神权说都无存在之余地了。所以此种学说，在历史上，虽然占过重要的地位，现在已无置重之价值。

二、强力说

强力说，谓治者之权，基于强力。就是说国家是专凭武力创造起来的，所谓 Might is Right 。此说在吾国向来无势力。春秋战国，为竞尚强权时代，也就是儒家力辟强权时代。孟子说，“善战者服上刑”，又说，“以力服人者非心服也”，便是不承认强权的注脚。《商君》书中虽有“民愚则智可以王，民智则力可以王”的话，但此仍为“因时制宜”之说，并不是以强力为创造国家的渊源。秦汉以后的帝王，大都利用儒家学说以治天下，故强权主义的议论，在中国很难立足。在欧西有正反各方面的议论，兹分别略述之：

（一）主张强力说的

主张此说的理由，以为“强者制服弱者，是天然的法则”。有一位传记家名叫 Plutarch 的，在他所著的 *Life of Camillus* 中，假高卢王（Gallic King）之口，说：“一切法则中最远古的法则，自上帝以至于一切动物皆不能越的，就是授强者以支配弱者之权。”[①] 此说的精髓，可以说是剥去外皮的神权说。神权说的里面，也是依靠强力，不过假神权为掩饰；强力说则以天然的法则代神权。不过神权说以盲从神意为主旨，而强力说则以服从武力为主旨。欧洲的君主反抗教皇，就是知道神权是虚假的外衣，强力是比较真实的；他

① 参看 Bluntschli, *The Theory of State*, bk. 4, ch. 8, p. 292 脚注。

们心里就只有强力，不过是不敢把外衣剥去，恐怕惹起人民也用强力来反抗他们。自《民约论》出现后，神权的势力打破，君主所恃的真实强力，也失其依托，民权的议论颇极一时之盛。但是到了十九世纪中期，德国的毕士麻克，用“铁血主义”把四分五裂的德意志，造成了一个联邦，于是强力的思想，又把德意志人民的脑袋充满了。柴西克就是主倡此说最力的人。（柴氏本来是反对强力主义的人，在一八六六年普奥战争以前，很不以毕士麻克的主义为然；普奥战争后，他的思想就变了；至一八七〇年普法战争后，他就完全变为强力主义的讴歌者了。）他的《政治学》里面有一段话说：

“……当我们推想国家如何起源的时候，觉得亚里士多德的说法还不错；他说，国是由家族生出来的。依我们推想，雏形的国，自然就是一个族制团体。……但是倘若一个族团，求久居在一块地方，不生别的变化，尚不能成为一国；必定还有第二步的变化。……第二步的变化就是族团与族团的斗争：强的族团征服弱的族团，渐渐成为一个较大的国。因此我们知道，国的起源，就是由于那最强的族团的强权，不是由于人民的主权。……”又说，“这并不是可悲痛的事，在这种原始状况之下，非用武力作根本的因素不可。……”又说，“我们从历史上观察，再没有别一件东西比战争还能够使国民团结巩固的。……并且国土的扩张，普通都是由征服而来；虽然有时是用条约来确定，那种条约都是诉诸武力的结果。所以战争与征服，就是创造国家最重要的根本因素。”①

① 参看 H.Treitschke,*Politics* 英译本第一卷第一编第四章。

这是柴西克的强力说。可以说是近代强力说的代表者。最近的世界大战，这种学说是要负一部分责任的。现代的日本人也是陶醉在这种思想之中。

(二)反对强力说的

柴西克的思想议论，是由德国的环境造成的；卢梭在他以前，早把强力说的根据摧毁了。卢梭说：

> “最强的人，非把强力变作权利，服从变作义务，不能为人主。故最强者的权利，其取得极可笑；因为以强力造成权利，其效果每随因而变；若有第二强力足以胜第一强力，亦可起而代取其权利。……倘若最强的人，即为合理的人，则人将争为最强者；强力既穷，权利也没有了。……”又说，“压迫众人，与治理社会，判然为二事。没有群理的个人，先后降服于独夫之下，此纯属主奴的关系，而不是国民与政府首长的关系；此等人能成部落，不能成社会；因为没有公产，没有具体的政治可言；此种独夫，纵然把全世界的半部作为他的奴隶，他也不过是一个人；因为他的利害与众人不相关，而仅为私人的利害；他一死后，他的帝国也必定随之瓦解。”①

西方如古代马其顿的亚力山得大王所造成的帝国，东方如秦始皇所造成的大帝国，都是一转瞬而即于破裂，可以为卢梭所持的

① 见《民约论》。

理由的证明。

（三）折衷说

伯伦知理是反对卢梭的民约说的人，但也不赞成柴西克的强力说。他说："历史上以武力创造国家的事，虽然很多，但是这种国，很不稳固，很难持久。纵说战争于创造新国家，很有功效，但也不过是以武力为正当权利的援助，打破正当权利的障碍，决不是权利本身的源泉。我们应该说：'强力不曾创造权利，但拥护权利，迫人承认之而已。'我们从历史上观察，当武力赤条条的出现，没有什么作掩护工具的时候，它就不是一件创造的器具，而变成一件破坏的器具了。"[①] 可见伯伦知理，只承认强力是维持国家生存的，而不是创造国家的。

我们把最近的德国历史作证，觉得伯伦知理的说法正确，柴西克的说法错误了。毕士麻克的铁血主义成功，不是成功于铁血主义的本身，而是成功于铁血主义能为民族统一主义的后援。柴西克把那个重要的因素忽略了。第一次世界大战，德国所受的败创，就是败于赤条条的武力主义；协约国的方面，是有一件"正义"的外套作他们的掩饰工具。故我们只应当承认强力是维持国家生存所必要的，不能说他是构造国家的源泉。

最后我们可用伯伦知理的话，作本节的结论："没有公理作后援的强力，不过是一种暴力，好比吞食小羊的豺狼。强力与公理

① 见本书第 61 页注①所举之书 bk. 4, ch. 8, p. 292。

结合在一起，才成为有价值的人类。”[①]

三、契约说

契约说在近代的政治史上所发生的影响很大。但是这种学说的渊源也是很长，并不是到近代才萌芽的。不过以前的学者，虽尝有契约说的观念，仅仅是一种观念而已，并不曾成为一种学说；且那种观念，并不是认政治团体的产生（即国家的产生）由于契约，不过认政府与被治者之间的关系，含有契约关系的意味而已；故有些学者，把他列为政府契约说，以别于社会契约说。政府契约说，不是追溯国家的起源，现在不必赘述，单就社会契约说，略述其大概。

社会契约说最著名的是卢梭的《民约论》。但在卢梭以前，还有两个学者：其一是英国的浩布思（Hobbes），他著有一书，名曰*Leviathan*；其他一个是英国的洛克（Locke），他也著有一书名曰*Two Treatises on the Civil Government*。这两人都是在卢梭之前的人，与卢梭同为社会契约说的宗匠。不过三人的说法各不相同，兹请分别述之：

（一）浩布思的社会契约说

浩布思生于一五八八——六七九年，曾作过查尔斯二世的数

① 见本书第61页注①所举之书。

学教师。他的社会契约说，以为人类在未有国家以前，生活于一种原人状态之下，各人的才力智识，彼此相等，都不受别人的限制；但是各人都想满足各人自己的欲望，各人都想占别人的上风，得别人的便宜，都怕别人占了自己的上风，得了自己的便宜去；因是常常彼此互相争夺，互相残杀；简言之，未有国家以前的原始状态，是一种战争状态（State of War）。人类生活在这种战争状态之下，只有痛苦，没有快乐；到了痛苦不堪忍受的时候，才彼此相约，成立一种国家的组织，这是成立契约的原因。依浩布思的推想，这种契约，是由人民与人民之间相互结成的，彼此愿意把自己一切权利放弃，让给一个人或几个人的团体，大众都听受这一个人或几个人的团体的支配，这是浩布思所推想的契约内容。依此，受契约拘束的，就只有人民，因为只有人民是契约的当事者；承受支配权的个人或团体，是立于契约之外的，绝对不受契约的拘束；人民既由契约关系将一切权利放弃，对于承受支配权的个人或团体，便不宜再起反抗，应该绝对的服从。这是浩布思契约说的结论。简言之，浩布思的契约说，是主张君权无限，想替君主专制求得一种理论上的根据。他为什么主倡这种学说呢？我们须知道，他所处的时代，是英国的长期革命时代 Stuart 王统将要倾覆的时代；革命的风潮，掀天卷地，闹得国家长久不安宁；他知道当时英国国王所把持的君权神授说，已经失了作用，不足招国人的信仰，想从君权神授设以外，替君主别求得一种理论上的根据，以维持君主的威权，免去革命的祸乱，因此由君权神授说，变为君权民授说。这是浩布思学说的背景。

（二）洛克的社会契约说

洛克的时代比浩布思稍后，他生于一六三六——七〇七年。他的契约说，以为人类在未有国家以前，也是生活在一种原人状态之下；不过他理想中的原人状态，不是浩布思所想的那种战争状态。他相信原人时代，人类都是平等自由的；因为那时候，虽然尚没有国家，没有法律，却有一种自然法；人类皆为有理性的动物，故无不受自然法的限制，人人都知道保护自己的自由权利，不敢侵犯他人的自由权利；不过没有一个公认的裁判机关，人人对于自己的行动，要作自己的裁判者，对自己的权利，要自己尽力去保护，都觉得有点不方便，不安全；因此大家始相约而成立一种国家的组织。这是洛克所想像成立契约的原因。依他的推想，人民相互定约时，只把各人所有权利的一部分，共同让渡于一个治者阶级，其余一部分，仍为各人自己所保留；并且所让渡的一部分，不是放弃不要了，只是委托于统治者去行使；统治者也是立在契约关系的中间，受契约的拘束。这是洛克理想中的契约内容。依此，则受托的统治者，若超过其所托范围之外，侵及个人所保留的权利时，人民得依契约，收回其权利，委托于别人。这是洛克契约说的结果。简言之，洛氏的契约说，是君权有限说，革命合理说。他为什么主倡此说呢？我们须知道，他所处的时代，是英国 Stuart 王统已经颠覆了的时代，革命已经成了功；要证明一六八八年的革命是合理的，免得已经颠覆的王统再来复辟，再惹起内乱；又恐怕新成立的王统，再有专制暴虐的行为，故主张统治者的权利是由契约得来，与被治者同受契约的拘束，是有限的。这是洛氏学说的背景。

（三）卢梭的社会契约说

卢梭所处的时代，比洛克又在后，他生于一七一二—一七七八年。他也推想人类在未有国家以前，是生活于一种原始的状态中；他理想中的原始状态，约与洛克所想像的大略相似；他以为人类原始的生活，是一种极快乐极自由的生活，所谓人生而自由，不受任何人为的法律限制；但是到了后来，因为人口一天一天的繁殖，那种原始的快乐自由状态，渐渐不能维持，于是不得不另想方法来维持，遂相约而成立一种国家的组织。至于他所想像的契约内容，不但与浩布思所想像的不同，即与洛克亦不相同。他的契约当事者，是人民的全体；契约的条款，是人民将各人所有的权利一切归之于国民总体，听国民“公意”（General Will）的支配；国民的“公意”，便是国家的萨成棱帖。他以为人民所以能听命于此“公意”，因为一切缔约者的人民，都立于平等的地位，所让出的权利，实际并未丧弃，还是属于自己，因为各人都是国民总体的构成分子；人民服从国民的“公意”，无异于服从自己；国民公意的威权，虽然是无限的，但于个人的自由权利并无损失。至于政府，并不是缔约的当事者，只是国家的雇佣机关，听命于国民的公意，替国民服务的。国民的公意如何表现呢？就是公民总投票：投票的结果，得到多数的，便是国民的公意；少数服从多数，并不是少数的个人放弃了自己的权利，只是在投票时，误认自己的主张与公意相同，及投票的结果发表，方知道自己的意见不是公意，所以必服从。依他的说法，国家的主权是无限的。但这种主权，常托诸国民的全体，政府不过是国家的机关，得由国民公意的发动随时改造之。这是卢梭的民约说。因为卢梭生在法国君权极盛的时代，又看见英国的代议制度，虽比法国的君主专制为优，但也不满人意；他尝说：英国的人民，在选举时是主权者，到了选举过后便是奴隶了。他的意思，是要采用直接的民权政治，国家一切要政，须由公民总投票表决，故他主张国土不要过大，人口不要太多。这是卢梭的契约说命意所在。

（四）对于契约说的批评

上述三人的契约说，各有各人持论的背景，故结果皆不相同。但是三人有一个共通错误点，就是他们都以为国家的成立与未成立之间，有一个很明显的界限：未有国家以前，人民都是全无组织的一盘散沙；国家的发生，从人民相互结为契约始。这是没有历史根据的凭空理想，与社会进化的实际情态完全不合。他们以为原始的人类，人人有独立自由的意志，不知道人类虽在初民时代，也有一种初民时代的社会习惯、社会关系，人一生下来，便受社会习惯的拘束；法律是由习惯发达而成的，所谓彼此相约而成立一种国家的组织，在历史上是找不出根据来的。虽说一六二〇年英国的清教徒到美洲去的时候，在船上签定一种公约，预备到美洲去组织一个自治团体，可算是社会契约说的历史证据；但英国的清教徒，并不是生活于原始状况彼此无关系的人民，原来都是英国的国民，早有一种共同信仰的宗教结合。北美联邦，与近代共和国的建设，虽也有许多含有契约性的；但这种新国家，是受了契约说的启示才发生，发生于契约学说盛行之后。也不足为契约说的历史根据。故契约说实不足以解释国家的真正起源。这是对三人契约说的共同批评。

就三人的契约说，分别比较观察，浩布思以拥护君主专制为务，虽由君权神授说变为君权民授说，其功效与君权神授说毫无差别；即以息止英国的内乱而言，亦完全失效，英国 Stuart 王统，卒归于颠覆。洛克的君权有限说则比较稳健；英国近代的政治进化，受这种学说的益处不少；十八和十九世纪的二百年间，英国的政治基础，可以说是完全立于洛克的学说基础上面。卢梭的学说，对于十九世纪的革命影响之大，是人人知道的，受人的攻击也最烈。在十九世纪中期，差不多都把这种思想，看作一种最危险的思想。平心而论，卢梭的议论，有许多地方，过于玄想抽象，容易引起人的误会，使人滥用民权，从事破坏；但是他把政府与国家分为二物，说政府不过是国家的机关，这是他对于近代政治学上的大供献，谁也不敢非难他。洛克虽主张政府的权利有限，并不曾将国家与政府分别清楚；卢梭以后，大家才认定政府与国家不可混而为一，国家的主权，虽在法律上立于无限性的地位，政府的职权则有限，这是食卢梭学说之赐。

四、有机体说

有机体说，把社会看作一种与动植物相同的有机体。这种观念的存在，也是很早；例如柏拉图的理想共和国，便是将国家比作一个活的大人；中世纪的政论家，用活的有机体来比社会团体的也很不少；中国古时称君主曰元首，称臣子曰股肱，也是把国家比作一个有机体的活人；就是主张社会契约说的浩布思，把国家比作 Leviathan，也是以有机体相喻。不过以前用有机体来作社会国家的比喻的，都不过是把他作比喻而已，并不曾说国家就是个有机体。十九世纪中的有机体说，则不是单把它来作国家的比喻，意思是要把它来打倒民约说。主张民约说的，说国家是由人类的自由意志创造起来的；主张有机体说的，说国家是一个有机体，是自然生长起来的，不是由人类的意志随便创造的。由人类意志随便创造的物件，可由人类的意志随便破弃；由自然生长起来的有机体，有一个共同的总生命，不能由各构成分子随便毁弃。这是有机体说的根本命意所在。

有机体说的发达，是受近代生物学发达的影响，最初盛行于德国，而由伯伦知理集其成；英国方面则以斯宾塞（H.Spencer）为特出的代表。不过伯伦知理与斯宾塞虽同属主张有机体说的人，其结论所归却不相同。兹将二人的论旨略为陈说如次：

（一）伯伦知理的有机体说

伯氏尝说：国家决不是一种无生命的死机械，而是一种活的有机物；好比一幅油画，不仅是一种油墨颜料的聚合体；一个石像，不仅是一种石块的聚合体；一个人，不仅是一种血肉细胞的聚合的；一个国也不仅是公民积合的总和。国家之所以为有机体，因其含有三种特性，与有机体全同：一、有机体为躯体与精魂结合之物，除所含之物质要素外，还有一种生活力；二、有机体虽为整个的存在，然构成整个的各部分子，各有其特殊活动的机能，须各循其机能以为活动而满足总体之所需；三、有机体的发育，由内向外，故恒呈向外扩展之势。这三种特性，都是国家所同具的，故国家显然为一有机体。[①]

但是伯氏虽认国家为有机体，却并不是把国家看作完全的天然产物，一点不由人为。他以为人类具有一种倾于共同政治生活的自然性，这种自然性，便是国家产生的自然基础。国家虽由人类的活动所造成，人类的活动，不能违反自己的自然性；人类既为有机体的自然产物，故有机体即为造成国家的模形。概括言之，伯氏的国家有机体说，虽然受了生物学的影响，仍以希腊学者亚里士多德所谓“人为政治动物”的一句话为基础。故其在论国家起源的最后一章里说：要找出国家真正产生的原因，我们可求之于人类的天性。人类天性，除个别的活动外，还具有一些趋于社团集合的倾向。由这种倾向的内部冲动，向外发展，以次现实，便是国家的起源。伯氏的意旨，不仅在说明国家的起源，而在说明国家所以不能不存在发展的理由。这是伯氏有机体说的大旨。

（二）斯宾塞的有机体说

斯宾塞的有机体说，见于他所著的《社会学原理》（*Principle of Sociology*）及其他论著中。他把生物学的方法应用于社会学，把社会看作一种与动植物相同的有机物，分析推阐，比伯伦知理还要说得活跃尽致。他以为有机体的生物，由一种极单纯的细胞种子渐次生长演变，其形态由简而变为复，其机能亦由同变为异。例如下等生物，起初或仅具一消化机关，或仅具一呼吸机关；及进于高等生物时，生活的机能变复杂了，机关也有复杂的区别了。国家

① 见本书第 61 页注①所举之书 bk. 1, pp. 18—19。

社会团体，也是由初民的部落演变而来的；在初民部落时代，整族从事渔猎，制造渔猎工具的人，就是从事渔猎的人，生活的机能也是极单纯的；及进于高度的文化时，生活的方式变复杂了，于是有分业的劳动，随之而有职能各别的机关出现。有机体的各部分都是互相依赖的，如有一个部分受了损害，失了作用，全部都受牵累，或竟丧失其生命；国家社会团体的各部分，对于团体生命的关系也是一样，假若部分的农业生产者，或是矿工业者，或是运输业者，停止其工作，全部的社会皆受其影响。有机体以其构成各部分的细胞，新陈代谢而延续其生命；国家社会团体的生命，也是由新陈代谢的国民分子而延续。有机体的生物有营养储蓄器，国家则有生产机关；生物有血液循环器，国家则有交通运输机关；生物有管理的神经系，国家则有政府机关；所以国家，完全是一种有机体。[①]

但是斯宾塞也承认国家社会，有一点与有机物不同的处所。他以为社会缺少了一个感觉中枢；生物的知觉意识，集中于其体内之一小部分；社会的知觉意识，则散布于各个人；有机物为整个的凝聚体，国家社会的各分子则各自离立活动，不是一个凝聚体；有机物以保持总体的生命为目的，国家社会则以促进各个人的生活发展为目的。简言之，斯宾塞到底是一个英国人，不肯放弃英国人所宝贵的个人自由的精神。这是他与伯伦知理不同之处。

（三）将于有机体说的批评

就国家的生长发达上说，有许多地方，与有机体相类似，是不

① 参看斯氏《社会学原理》。

错的。但谓国家竟是一种有机物，则不能相合。因为有机物的构成分子，合之则有生命，分之则无各个独立的生命；国家则除了总体的共同生命外，构成各分子的人民，还各有其独立自存的生命；总体的生命与各分子的两种生命虽然是彼此相关的，不能说总体的生命丧失，各分子的生命也就完全消灭了。此说的好处，在使我们知道国家社会的生存发展，由于各部分的各尽所能，分工合作，即狄骥所谓社会联立的关系。但是用之不得其当，固执此说为完全的真理，将把个人当作团体的工具，说人民是为国家的方便而生的，国家是目的，人民的个人绝无目的可言。所以斯宾塞虽极主张社会有机体说，其归结还是承认社会有与有机物不同的处所。在个人思想太发达了的国家，这种有机体说所含的一部分真理——分工合作的真理——我们还是应该承认的。

五、历史的进化说

上述各种的国家起源论，或者是偏于主观的推测，或者是蔽于一方面的事实而忽略了他方面的事实，因为都是注重在为国权的存在，求得一正当的理由，故不能与历史的事实完全相符合。自历史学与社会学研究的进步，对于人类社会的生长发达，渐渐窥得其真相，政治学也渐知道用社会进化的历史眼光，来考求国家的起源，因此成立了一种历史的进化说。（历史的进化说有与有机体说相似之处，即二者皆认国家为渐次生长发达起来的；惟历史的进化说，并不是把国家看作一种有机体。）

依历史的进化说，国家的起源的动因极复杂，上面所述的神权、强力、契约、自然的有机性，都具有一部分的助动力；但除此以外，尚有他种助动力存在。约略言之，可分为下列四种的势力：

（一）血统的结合

据社会学者的研究，原始的社会团体，大都是无数的图腾社会；图腾社会的血统关系，大都以母性为中心。（中国古代的姓氏皆从女，如姚、姜、姬、妫、姞、嬗、姒……之类，皆为母系社会的余影。）由异母系的图腾社团群婚制，渐次演进，变为以父系为主的氏族社会，于是乃有家长及族长，再由氏族扩大而成部落，乃有酋长；到了部落酋长时代，便略具国家的雏形了。国家的君长，不过是酋长权力扩大的变相，酋长又不过是族长家长扩大的变相。中国的儒家说："天下之本在国，国之本在家"，并不是无根的理论。西方古代的犹太国，也相传是由雅各（Jacob）家长之后十二族组织起来的；罗马的家族法，为一切法权的基础，因为其国家权力，也是由家长权力扩大起来的。国家既为由家族扩大之物，故血统的结合，为国家起源的动力之一种。

（二）宗教的信仰

神权说谓国家为神所创造，固然不合；但宗教的信仰，为国家起源的助力之一种，则属事实。初民社会，既有敬畏神祇的观念，由敬畏神祇的观念发生一种宗教的信仰，而有种种崇拜神祇的习惯仪式。各地各民族所崇拜的神与习惯仪式，虽不相同，然有一点大概相同的，即族长和酋长，大都皆兼有主祭的祭司职权；酋长下面各官职，也多由祭司的分职演变而来。中国到了春秋时代，国家的组织，久已成熟，还有“政由宁氏，祭则寡人”的话说，意思是政权可以让之于宁氏，主祭权则仍须保留；可见这种主祭权，原来是君长职权中最重要的一部分。在西方古昔宗教色彩最浓厚的国家，国家的职官大都皆为僧侣；中国的旧官职，也有许多由祭司演变而来的痕迹。概括的说，宗教对于国家的起源最少有两方面的势力：一、由共同的信仰养成一种国民的团结服从性；二、由酋长司祭权，演进而为君长的统率权。故宗教的信仰，亦为国家起源的动力之一种。

（三）经济生活的进化

经济的进化，为促成国家发生的一种最大的势力，在社会进化史上尤为显著。据一般经济史家的研究，人类经济生活的进化，大部分为渔猎、牧畜、农业、工商业四阶段。在渔猎时代，人类的结合，大都尚不过是一种图腾社会的集团，没有甚么严密的组织；因为既无固着的土地，亦无所谓财产观念，当时可认为财产的，就是各人自己所制造的粗笨渔猎工具。进于牧畜时代，由家畜发生财产权观念，由牧场渐知重视土地；既有财产权观念，与牧场土地的占领观念，则对于本集团的内部与外部，皆不能无争；氏族团体的内部组织，不能不渐趋于严密；对外则不能不有兼并；于是小的氏族团体，渐次扩展而成较大的部落团体；族长的权力扩大而为酋长的权力；由战争兼并而有俘虏，于是又发生奴隶的阶级。此时虽略具国家的雏形，对于土地虽渐知重视，但尚多属游牧不定的部落，仅如中国历史上的所谓游牧行国。再进于农业时代，土地成为经济生活的必要元素；初起还是一种部落的共产团体，土地是部落团体所共有的；各人的私有财产，仅以生产品及制造品为限。但因耕地固定的关系，各部落共产体间的争夺侵略，比以前更趋于激烈，团体的组织，也比以前更进于严密，酋长的权力也更形扩大，成为国家的君长。国家至此就出现了。在渔猎时代，利用工具的知识，已经萌芽；到了农业时代，工具种类以次增多，创造工具的方法也渐次进步，于是渐有手工业的分业劳动，渐有以手工制造品与农作生产品相交换的商贾行为；社会经济的生活，至此益形复杂，将进入工商业的初期。到了此时，团体的组织，因为生活方式的复杂也随之而复杂，国家的生长，已到了相当的成熟时期了。这是经济进化与国家起源的关系。（所谓社会有机体说的思想，一部分是由这种经济关系演绎而来的。）

（四）战争

战争是随经济的进化而来的。在渔猎时代，纯倚天产物为生，人口既少，天产物足以供给，纵有争斗之事，亦不甚烈；到了牧畜时代，发生财产权观念，战争遂不可避免了；再进于农工商业时代，战争的倾向以次趋于激烈，起初是争牧场，再进则争耕地，现在到了争商场的时代了。从争牧场的部落时代起，因为对外作战的原故，母系的中心势力移归于男酋长，再由男酋长扩张，到国家君长的地位，大部分都是凭着对外战争的军事组织，与武力的功绩而来的。故战争亦为国家起源的助力之一种。（强力说的思想，即由此推演而出。）

上述四种原动力，不是单独的，是相附并进的；战争与经济的两种势力，尤为相因而至。由这四种势力，相互推进，使人类由原始的氏族社会团体，演成国家团体。但是到了有国家以后，因为人类知识的进步，生活状况的改变，这四种促起国家产生的原动力，或渐失其作用。如血统与宗教，虽在后来的国家里面，还有一部分的余势，但势力的重心移到经济与战争的两事上面去了。到了近代，经济与战争，虽尚为维持国家存在的重要势力，但因人类思想文化的发展，人格平等的观念渐渐普及，专凭这两种单纯的势力，决不足以维持国家永续的生命；所谓社会契约说，便是由人格平等的观念而产生，以补助经济与战争的两种势力，使国家的组织更进于合理化。故近代新产生的国家组织，大都含有一种民约性。这是历史上国家产生进化的大概。

说到此处，我们应该可以知道，国家发生的原因，不必即为国家存在的正当理由；国家应该存在的理由，不必即为国家发生的原因。以前的治者阶级，往往把国家治权发生的原因，作为永续保持治权的理由，不肯放弃，不知道人类的思想知识，随生活状况而改变，小孩子的华美衣饰已不合成人的服用。新起的势力，谋与旧势力的治者相对抗，又或假想一种国家治权发生的理由，作为治权存在的理由；不知道所假想的理由，在现代人类的思想观念上，虽有成立的可能性，但不能说成人的衣饰，是小孩子曾经服用过的。我们懂得历史进化的道理，便不至有这些固执的偏见了。

第六章　法律

法律久已成为一种独立的学科，因此许多的政治学教科书上，把此题删去了不讲。但实际国家与法律，有一日不可离的密切关系。政治学既以国家为研究的对象，国家的特性，与其他社会团体不同之点，在于有一种最高的国权，使人民及其所属各机关，不能不服从；倘若不服从，便要受一定的制裁。制裁的根据是甚么呢？就是法律。故法律就是国权具体的表现物。然则法律虽久已成为一种独立的学科，在政治学概论的范围内，究不宜把他删去。本章因略述其概要如次：

一、法律的概念

"法律"二字的意义很广泛，宇宙间各种自然现象的原因结果，也往往称之为法：例如牛顿的动力法（Laws of Gravitation），格来舍（Gresham）的货币律，都是指宇宙间特种现象的一定的因果关系，有某种的因，必有某种的果随其后，名之曰自然法则。政治学上的所谓法律，不是这种泛义的自然法则，而是指我们"人类行为的规则"。

我们要懂得法律之所以为"人类行为的规则"，须先懂得人类的社会性。人是一种含有社会性的动物，不能离群独居；因为孤立的人，必不能满足自己的需要，非营共同的生活不可；故社会的共同生活，可以说是根于人类天性的要求。但人类又各有其特殊的性能，特殊的嗜好与需要；各依其特殊的嗜好需要，以发展其特殊的性能，彼此交换劳作，以相互满足彼此之所需；于是构成一种分功合作的关系。这种分功合作的关系，即所谓社会联立关系。这是社会存在的事实。我们不能离开这种事实以谋生存，则不能不维持这种社会联立的关系，并且求其圆满发达；要维持这种关系使之圆满发达，则组成社会各员的行动，非依循一定的规则行动，使各员彼此之间，有互助而无冲突不可。故人类行为的规则，为人类营求社会共同生活的要件。

不过所谓人类行为的规则，意义还是很广泛；法律虽可说是人类行为的规则之一种，不能说所有的人类行为的规则都是法律。例如中国伦理上所谓父慈、子孝、兄友、弟恭……又如说，君臣有义，父子有亲，夫妇有别；长幼有序，朋友有信；这都是指导我们各个人在社会上的行动的，都可称之为人类行为的规则。但是这种规则只能称之为道德律，不能称之为法律。道德律对于社会共同生活的维持与发达，虽与法律有同等的重要，但二者的性质与概念，究不可混而为一。政治学上所谓法律的概念，还不能以单纯的“人类行为的规则”当之。英国的法学家奥斯丁（Austin）说法律是主权者的命令（Command），我以为不如何兰德（Holland）所下的界说较为圆满；何氏说：“法律是拘束人类外表行为，依主权的政治当局者，强制执行的规则。”[①] 依此界说，所谓法律的概念，含

① 参看 Holland, *Jurisprudence*, ch. 1。

有下列各种特征：

（一）法律是政治社会中的行为规则

所谓政治社会，不是指泛然关系于政治运动的团体，而是指具有政治组织的团体。这种组织，由氏族部落渐次发展，到了相当的文明程度，我们便称之为国家。其特征在于这种团体，具备一种统治机关的政府，为团体中的各员所常服从。故称之为政治社会。政治社会，是人类各种社会组织中具有最高性而最有威力的；法律就是这种社会所认定或制定的行为规则，用以指导社会各员的行动的。人类既是具有社会性的动物，在未成为国家以前，团体的构成员，彼此相处，早有一种由习惯而成的行为规则。到了成为国家的时候，治者与被治者两个等级，分别得很清楚，治者即采取从前由习惯而成的行为规则之一部分而施诸被治者，乃成为国家的法律。故称为国家的政治社会，是由原始的氏族社会演进的，称为法律的政治社会中的行为规则，也是由原始社会中习惯的行为规则发达起来的。但是成为法律的行为规则，与以前习惯的行为规则，有一个大分别，即前者称为法律，后者只能称为道德律。在国家成立的初期，道德律与法律尚多混而为一；到了国家的观念愈明确的时候，道德律与法律的界线也随之愈明确。因为有许多习惯上的行为规则，国家或弃而不取；又有许多新制定的法律，为习惯上的行为规则之所无。于是必须适用于政治社会中的行为规则，方可称之为法律。

(二)法律是有强制性的行为规则

这第二种特征，是随第一种特征而来的。因为政治社会，是人类各种社会组织中最具有强制力的，故其所采定的行为规则，也特别具有强制性。假如一个人，有违背道德律的行为，虽然也要受舆论的非难指摘，可以发生名誉上的损失，这种舆论的力量，可以说是道德律的强制力；但是这种强制力的功效，到底有限，决不能直接惹起物质上的损失。人若违背法律义务，则所惹起的报复势力便不同了；因为政治社会，是一种最有强制力的组织体，具有一定的制裁方法与机关，非那种空口说空话的舆论指摘所可比。通常法律上的制裁方法，大约不出下列几种形式：第一、为司法上的所谓强制执行，例如有人负债不肯偿还，可由法庭依照一定的程序，差押他的财产，抵还债主。第二、为损害赔偿，例如有人不履行自己所订的契约，致令对方蒙受损失，或毁损他人的名誉，受损害的人，可以提起诉讼，要求损害赔偿。第三、为惩罚，例如犯窃盗罪的人，须受窃盗罪的惩罚，犯杀人罪的，须受杀人罪的惩罚，这是显而易见的。第四、为不生效力；所谓不生效力者，就是某种行为，若没有遵行某种规定时，不能得到其所预期的结果，例如商标不经登记的手续，若遇别人伪造时，便不能得到法庭保护的效果。通常的法律，大都必具备这四种制裁形势的某一种。执行制裁的机关便是法庭。虽然有特种法律，有时候也不能适用通常一般的制裁原则——例如违反宪法的立法——但也不过是制裁的形式与方法的不同，其具有强制力则一致。

（三）法律是管束人类外表行为的规则

这是法律第三种特征，与习惯的道德律不同的。道德律恒涉及人的内部意志的活动，法律所管束的人类行为，只限于已经表现于外的行为，不及于潜藏于内部的思想意志。在法律与道德分界不明的国家——如从前的中国——往往以法律干涉人的内心意志；如所谓“诛心”，如清代皇帝所下的谕旨往往有“试问居心何等”，或“该大臣应该具有天良”的话句，这就是法律道德界线不明的征象。现代的法治国家则不然，法律所干涉的，只以表显于外的行为为限。不过有一点我们应该注意的：所谓法律仅范围人之外表行为，并不是把外表行为，看作与内部意志全无关系的。外表行为，是由意志所产生的；意志的发动，必有动机。法庭在审查人的外表行为时，还是要审查那种行为的动机，是否出于有意识。假若是出于意识不完具的，如精神病者，或未成年者，又或意识虽然完具，而行为的动机不出于本心意识，则法律上对于这种行为的处置又不相同；因此有所谓“造意犯”“过失犯”“未成年犯”等种种区别。但无论何种行为，非至其行为确实表显于外时，不能用“春秋诛心”的方法，去处分他。故管束人类外表行为，为法律第三种特征。

（四）法律有地域的界限

这种特征，也是根于“政治社会”的特征而来的。因为政治社会，是有地域界限的；全世界的政治社会有许多个数，每一个政治社会，有一个政治社会的法律系统。甲国的法律不能适用到乙国去，也不许乙国的法律，适用到甲国来；假若乙国的法律侵入到甲国来，则甲国即为被侵害的国家。（不过有几种例外，公海上的船舶，军舰之在他国领海的，驻在外国的使馆，皆适用本国的法律。）法律与道德律的所以不同，这也是一个区别点。因为道德律大都是没有地域界限的；虽然道德的观念，各地域容有不同的处所。然其不同的处所，决不以国家的领域为领域；且就道德的本性上说，虽谓全世界皆同亦无不可。

二、法律的渊源及进化

法律的渊源一语，若过细剖分起来，含有数义：一、是指法律的效力之所自出；二、是指法律的实质——法律材料的内容——之所由来；三、是指法律所依以产生的程序。此处所谓法律的渊源，不是专就上列三义中的某一义而言，实概括三义而言。因为就法律的发达来观察，上列三种意义的渊源，不是彼此不相关的。法律为国家意思的表显物，我们既知道国家的本身，是由历史进化而来的，法律自然也和国家一样，它的渊源，具有历史的进化性。若就法律的历史进化情况一考查，可以使我们对于国家的进化状况，看得越清白，并且同时可以明白法律的性质。依历史的观察，法律的渊源，大略如下：

（一）习惯

前节已说过，法律是由原始社会中习惯的行为规则发达起来的。原始社会，除了习惯，无所谓法律。习惯的成立，或由偶然的方便，或由公共的感觉正当有益，渐渐成为普遍默认的行为规则。在宗教色彩浓厚的社会，于这种习惯的行为规则外，或者还加入一些宗教信仰的规则在里面。此时自然没有由国家发意直接制造的行为规则；因为连国家的本身，还不曾发育完具。此时社会间彼此的关系，既甚简单，有了几项很简单而普遍默认的习惯规则，也就没有多大的困难。但是生活的环境，渐次变迁，生活的方式，由简单而变为复杂；于是前此简单习惯的规则，渐渐不能应付新环境；有时候，彼此之间，发生抵触冲突的情形，固有的习惯规则，不能圆满解释，或竟无可参证，各个人的意见，又不能一致，于是又有第二种的法律渊源。

（二）判例

所谓第二种的法律渊源，就是判例。判例的名词，是后起的名词；但是这种事实，是继习惯而发生的，可以说是与国家的出生同时。国家的发生成立，就是因为原始社会的生活，渐趋于复杂了，那种简单的习惯规则，不能应付社会的需要了，遇有争端，无可依据以为解决，只好就正于大家所信服的要人——族长或部落酋长。这种有权解释争端的要人，便渐成为统治者，国家因此发生。故国家的出现，最初不是法律的创造者，只是不完备的习惯规则的解释者，即争端的裁判者。他们的裁判，首先当然是尊重习惯；习惯不具，则依彼等所认为正当公平的条理以裁判之。一次的判决，再次遇有同样的情形时，即用前次判决的方法以解决之，遂成为一种判例。这种判例，随生活环境时势的进展以为进展，其量日积日多。到了国家愈进化，机关愈完备，裁判事业，渐有专司——如中国古代所谓士师或理官，西方所谓法律家（lawyer）——把各种判例及习惯的规则，总合起来，构成一种类似法典的形式——如中国春秋时代郑国邓析所著的竹刑、晋国范宣子所著的刑书，又如罗马的十二铜表。但人类生活状况，变迁无已，旧判例旧习惯，一方面虽然日积日多，一方面仍有与新环境时势不相应的处所，于是又有第三种法律渊源。

（三）法家的学说

到了裁判成为一种专业的时候，于是就有所谓法家。把各种判例及习惯规则，汇为法典，大都是法家的工作。法家既成为一种专门家，他们的意见，自然最有势力，最容易使人信服。旧法典中的判例习惯，因时势环境的变迁而有不适于用者，有须加以修正或增补者，因法家的论列批评，影响于后来司法的人，渐次加以更正弥补。所以法家的学说，成为法律界一种权威。如罗马法家的意见之于罗马法，如蒲莱斯顿（Blackstone）、边沁（Bentham）等的意见之于近代法，皆有极大的势力影响。故法家的学说，为法律的第三种渊源。

（四）立法

特设一种立法机关，专司创造法律的职责，是比较近代进步的国家才有的事。往昔虽有法家，却不曾有专司立法的机关。在君主专政时代，君主是唯一的立法者；法庭是君主的法庭；法庭的解释法律，是由君主所委任的职责；除前述三种法律渊源外，君主的意思，及由君主所发布的命令，当然也有法律的效力。古代的希腊、罗马，固然也有公民会议；但公民会议所取决的事项，虽然也有带法律性质的，大部分是取决政治问题；故彼时公民会议，还不能算是专司创造法律的机关。近代的立法机关，一般为由公民代表所组织的代议会；代议会算是法律最重要的渊源。而这种代议制度，是由封建时代的阶级代表会议演变而来的，其首出者为英国的巴利门。巴利门最初的重要职责，并不是立法，而是承诺新租税；各级代表，往往因承诺新租税，向君主提出各种请愿案，求君主裁可；渐渐由请愿案的形式，变为提出法案的形式，于是立法成为代议会重要职权的一部分。到了代议制度成立，君主的立法权，渐与代议会共有之，再后则成为近代的民主立法机关，君主或根本不存在，或存亦仅具形式。

在君主专司立法权时代，特意创制的法律，大都属于公法的范围（即规定个人与国家的关系，或国家各机关的关系），私法大都以习惯与判例为多。及至近代，既有专司立法的议会，因经济组织变迁，生活情形日趋复杂，私法的大部分，也非由立法机关特意创制不可。故近代的法律渊源，以立法机关为最重要。

如上列所言，法律有四种渊源。就进展的历史言，以习惯的规则为最先，判例与法家的学说次之，立法乃为后起之事。但就现代的国家说，国家最重要的任务是立法，国家最高主权的行使，也首先在立法；这是因为国家进化的原故。国家愈进化，生活愈复杂，思想智识愈发达，一切行为规则，必求其合于理性，适于时势，故立法不能不变为法律最重要的渊源。因为立法有几种特优点：一、立法不仅可为新法的渊源，且可以明白废止不适用的旧法。判例则不然，先例虽有时可以产生良法，其缺点即在不能改变成案。故立法不仅为法律滋长的要具，且为改革法律的利器。二、立法的正式宣告，在于法庭适用之先，可使多数人知道有此法；判例的创造宣示，则在法庭适用执行之时，大都仅有法家知之。三、立法能于事件未发生以前，预先设定规则以待事变；如一法系中有缺点疑端，可依立法程序，随时补充解决；故制定法不若判例法的那样不确定，不完备，必待事变临时，始由法庭去寻求先例。四、立法所产生的法律，形式整齐而有条理，既便于检查，又易于领会，不若判例法埋藏于日积月累的大堆案卷中，使普通人寻不出头绪来。故近代各国除英美尚重判例外，大陆各国不甚重之。即习惯的规则，亦仅视为补充不足之具，偶然适用之，尚须以不违背现代的法意为限。这是近代法律的特色。

三、法律的分类与宪法的特性

（一）法律的分类

人类活动的现象至纷繁，拘束人类行为的规则，也表显一种极纷歧的现象。为便于了解各项规则的作用起见，于是有法律的分类。分类的方法，大概有下列各种标准：一、成文法与不文法。所谓成文法者，非仅有文字记载可供稽考，且其文字全部，为构成法律之实体；不文法虽有见于文字者，但法律实体非以其文字全部构成之。换言之，依立法的程序而制定的规则为成文法，故成文法亦称制定法；此外皆属不文法，如判例法、习惯法，为不文法中之最显著者。二、主法与助法。法律有两个要素，第一是关于权利义务本身的规定，第二是使此等规定见诸实施的手续。例如民律上规定负债不肯偿还，债权者得请求法庭差押债务者的财产以抵偿之，这是关于权利义务的本身规定，为主法；但是要使这种规定，能够见诸实施——实行作到差押债务者之财产——还须经过一种诉讼的程序，规定这种诉讼程序的，便是助法。故民律刑律皆为主法，民事及刑事诉讼法皆为助法。三、国内法与国际法；前者属于一国以内的行为规则，后者则为国与国之间相互关系的法则。此项分类极简单明显，无详加说明之必要。四、公法与私法。严格的说，没有一种法律，全然为社会全体的利益而存在的，也没有一种法律，单为个人的利益而存在的。不过有一部分的法律，特着眼于社会全体的利益之保护；其他部分，则着眼于各个人的利益之保护；前者属于公法，后者属于私法。公法包括国际法、宪法、行政法、法院编制法、刑法、民事及刑事诉讼法；私法所包括的，以民法及商法为主要部分。这第四种分类法，是最普通的分类法，于适用上最为重要。

（二）宪法的特征

宪法为前列第四种分类所举公法中之一种，因为它与政治学的关系特别密切，故在本节中，把它的特征略略加以说明。

宪法的特征，可分形式上与实质上的两方面观察。先就形式上说：第一、宪法是各种法律的根本法，其效力高于其他普通法律。凡普通法律与宪法相抵触时，则普通法律丧失其效力。这是形式上的一个特征。第二、宪法的变更修改，异于普通法律。例如普通法律，可以通常的国会修改变更之，至于宪法，则立于通常国会之上，通常的国会，是由宪法产生的，故无修改宪法之权；若与通常国会以修改宪法之权时，至少其修改的程序方式，应与修改普通法律不同——如法国第三共和的宪法规定。因为宪法的效力，既是高于普通法律，其修改变更，应该另有一种特别机关，或用一种特别的程序。否则那种优越性不能显出。故在理论上，这种特征是附随第一种特征而来的。不过事实上却有例外，现代各国的宪法，也有不兼具这两种特征的；例如英国的巴利门，不惟有修改宪法之权，并且其修改宪法，与修改普通的法律适用同样的程序方式。（故英国宪法，称之曰柔性宪法。）这是因为英国宪法有特别发达的历史的原故。

上面是专就形式上说，但我们要明白宪法的特征，更须就实质上观察。所谓宪法的实质，即宪法的内容。就宪法的内容上，观察其特征，则宪法为规定国家本身的根本组织。其所包含的事项有三：一、国民的基本权利与义务，这是规定国家与个人之间的关系；二、国家各重要机关的组织与职权，及其相互之关系；三、宪法修改的程序。这三项实质，就一般的理论说起来。大概都是应该具备于宪法的。不过在事实上，各国的宪法，也不能完全一致。例如关于人民的权利义务：法国以前的宪法是有规定的，第三共和的宪法便没有了；德国的旧宪法是没有的，一九一九年的宪法又规定得很详明。又如关于内阁制，坎拿大、澳大利亚，有了实质而无明文。即关于宪法的修改一点，也有缺略的，如意大利的宪法。这种详略繁简不同的原故，大都是因各国宪政成立的历史不同之故，大体上是相同的。

第七章　国家与个人的关系

国家的特性，在于有一种最高的国权；国权的行使，在在涉及于被治者的个人，故国家与个人的关系，为政治学上必须讨论的问题。本章对于此问题，分两方面讨论：一、国权活动的范围，二、个人的权利。

一、国权活动的范围

在无政府主义派，根本不承认国家是有益于人类的东西，他们主张无治，就是根本不要有所谓国权，则更无所谓国权活动的范围可言。故关于此派的议论，此处无庸备述。本节所讲述的，只以承认国权有存在的必要的诸说为限。近代承认国权有存在的必要的诸家议论，关于国权活动的范围，大约可分为两大派：一、个人主义派，二、社会主义派。

（一）个人主义派的理论

此派的理论，虽然承认国家是不可少的，但他们以为国家只是不得已而存在。所谓不得已，就是因为人类的天性上有一种损人利己的倾向，不免时有侵害他人的犯罪行为，所以还是要受国权的制限。国权的存在，既以防止个人的犯罪行为为目的，则国权的活动范围，便应该以能够防止个人的犯罪行为为止境。所以在他们看起来，国家的职权，不能超过于维持平和秩序的警察职务；除了消极的维持平和秩序以外，若要再进一步，积极的替人民谋幸福，便是侵越个人的活动范围。从十八世纪下半期到十九世纪上半期约百年间，为此派理论发展最盛的时期。发生的原因，一是因为在十八世纪时，欧洲各国的君主政府太坏，政权太无限制；二是因为此时工业的革命已经开始，在经济的关系上，正要求一种个人企业的自由；三是因为生物学进步，社会科学家，受了生物进化论的刺激，想依生物进化论的原则，来求出一种社会进化的原理。故关于个人主义派的理论，约言之有三种不同的根据。

第一、是政治哲学家的理论，以他们理想中的所谓公道正义为根据。他们以为各个人在不侵害他人权利的范围以内，各图自身的生存，谋自身的发展，不惟为公道正义所容许，并且是各人应有的正当权利。国家既以防止个人侵害他人的自由为目的，其自身便应该不至有侵蚀个人正当自由的活动，始合于公道正义。如德国的康德（Kant）、斐希特（Fichte）、韩鲍德（Humboldt），英国的穆勒约翰，美国的叶斐逊（T.Jefferson），诸人的理论都可列入此派。例如韩鲍德在他所著的“政府的范围及义务”内，尝说：国家不宜过问国民积极的幸福，除了个人自己不能做的事，如维持治安，防御外敌，需要国家的活动外，其余皆不宜过问。康德以为国家最正当的政策，就是防阻自由的被防阻（the hindering of hindering of liberty）。叶斐逊以为最良的政府，就是管事最少的（That government is the best which governs the least）。充其极而言之，就是对于国民教育及贫民的救济问题，都是国家所不应干涉的。他们以为个性的发展，是社会发展的基础；政府的过度干涉，足以阻碍个性的发展，毁损个人的创造力与自重心；其结果徒然养成国民的平庸、懒惰及倚赖性。

第二、是经济学家的说法，以经济学上的理论为根据。固为当时的旧君主政府，对于人民的经济活动，处处加以妨碍；而当时的生产方法，又已经进入新的途径；于是产生一班经济哲学家，第一个要算是英国的亚丹斯密，继起的有李佳德（Bicard）、马尔萨斯（Malthus）及法国的白斯锡（Bastiat）等。其立论的出发点，以为凡人皆为营求自己的生存利益而活动。假使没有政府的干涉，让各人自己自由运用其资本劳力，无不知道选择其最有利的途径；其结果各个人各得其利益，合起来即为全社会的利益。故他们相信自由竞争，是经济学上最好的原则。这种原则，可应用于经济关系的各方面；资本家与劳动家的关系，生产者与消费者的关系，国际货物交换的关系，皆可依此原则得到一种最合理平衡的结果。故关于劳资、物价、对外贸易等一切经济上的问题，无须用政府的力量去调节或奖励。

第三、是以生物进化论为根据的理论，最著名的要算是英国的斯宾塞。斯氏认社会为有机体；凡有机体所具各机关，各有其适当的机能职务，彼此不容紊乱侵越；例如分泌机关，有容作消化机关的事，消化机关，不容作循环机关的事。政府亦仅为社会有机体的机关之一种，其机能职务，以维持社会的安宁和平为限，不能侵入个人的活动范围。又依适者生存的原则，凡不受国家的扶植保护而能以自力生存发展的，必为最适者，反是即为不适者；故对于因劳动而致伤病，以及鳏寡孤独的穷民，政府坐视不予救济，听其死亡，骤然看起来，仿佛是很残忍；但就社会全体的利益计，这种残忍的结果，未尝不是社会的全利益。故依斯氏的理论，凡英国所谓救贫法，工厂法等，皆宜废止。

所谓个人主义派的理论基础，大概如此。这一派理论，于十八世纪下期与十九世纪上期之间，势力确是很大。对于摧倒君主专制，发展新工业，也确有相当的供献。但是他们的理论，实含有许多根本错误点。

第一、误认国家完全是人类罪恶的结果。但以历史经验的事实考之，国家有时候或者是罪恶，有时候确实是保姆；不但消极的防止犯罪，并且积极的助长文化的进步。他们只注意国家干涉的坏处，没有注意国家干涉的好处。

第二、误认各个人皆有充分的知识能力，对于切己的利害关系，比政府判别得更清白。不知道文化越进步，生活的方法越周密，社会的关系越复杂，有许多事情的利害关系，断非普通平民的知识所能辨识；或者能辨识，亦非普通个人的力量所能避就。例如关于卫生防疫的种种新式设施，在我们中国普通人民，就知识上说既未尝梦见，就能力上说更不敢妄想。故所谓个人皆能营求自己生存的利益，实为大误。

第三、误用生物学的原则。有机体的生物，虽有各种具有特别机能职务的机关；但生物愈进化，机关的组织与机能也随之愈形复杂。社会本不是与有机关体完全相同的东西，即就其相同之点而言，政府的机能职务，也决不能不随社会文化的进展而日趋于复杂，安得永久固守初民时代的消极职务为已足。至于适者生存的原则，尤不宜随意应用；若谓因劳而致伤病与鳏寡孤独的穷民，都是不适者，即不能有生存的权利，则因胠箧穿窬剽掠以致富者，都为正当，即政府防止犯罪的职务也可以不要了。

在十九世纪上半期，因为相信个人主义派的理论过甚，偏重自由竞争的原故，生出贫富不均，阶级对抗的大问题来。因之，在此派势力未衰的时候，已有社会主义派的理论代之而起。

（二）社会主义派的理论

此派的理论，恰与前者相反。前派以为国家是一个坏东西，不得已而许其存在；此派则认国家为万能，甚么事都应该由国家管理才好。故前派想把国权缩至无限小，此派则想把国权扩至无限大。他们并不是根本上不要个人自由，只是相信个人的自由，非有国家维持不可；若依放任主义派的办法，人民的个人号称有自由，实际连生存的自由都不能保持；换言之，他们不但要自由，并且要平等；不但要法律之前的平等，并且要经济生活上的平等。此派理论的发生，可以说是由于个人主义的反动。个人主义，应新工业兴起的要求而产生；结果，生产的资本和机关集于少数人之手，产出经济上的大不平等，所谓个人自由，只有一个空名。要救济这种弊害，只有把个人的自由，委托于国家。因为此时的国家，已不是封建时代的国家，不是君主的私有物，而是以国民全体为主的组合体；国家既为国民的组合体，则不妨将一切事情，交由国家经营管理，庶几可以免去那种经济上不平等的畸形发达。这是社会主义派理论发生的由来。

依此派的主张，国家应该为国民全体的财产所有主。土地、资本及一切生产工具、运输工具，都应该归国家所有，由国家经营管理；除了应用的消费品外，个人不能保持私有财产。人民的职业、工作、生活、教育、娱乐，一切应该由国家支配、维持、扶植、增进。他们所持的主要理由，约有下列几点：

第一、他们以为土地及附于土地的天然富源，如矿山森林之类，本是自然对于人类的公共赐物，与日光空气水流无异；把公共的天赐物，归少数的个人所有，很不合于公道正义。

第二、人类生活所资，除了土地，就是加以人工的制造品；制造必需劳力。在现时的私有资本制度之下，利益的分配极不公平。劳力所应得的报酬利益，大部分归于管理支配人的资本家之手。劳动者全为资本家所牺牲。加以近代科学发达，一切生产方法及运输方法，非大资本不能经营；无论专有劳力没有资本的人，不能不向资本家讨生活，就是中产以下的小资本家，要想独立和大资本家竞争，也没有不失败的；因是小资产的所有者，也不能自立生存，其结果皆流为无业的劳动者，变为大资本家的工具。故现在这种私人资本的生产制度，也是很不合于公道正义的。

第三、就社会经济全部的利益上说，私人互相敌对的竞争，有许多物力和人力，是浪费过了的。例如广告费及广告的经营，在私人竞争的制度中，占去资本消耗的一重要部分。若由国家生产，则这种广告的竞争可以免去，即可节省一部分的物力和人力，移到别种有益的用途上去。且在私人敌对的竞争之下，最容易惹起生产过剩，物价暴落，工资低减，劳动失业的恐慌来。若由国家统筹，支配经营，这些危害，都可免去。

第四、根据近世的经验，把国家所管理的范围扩大，不惟没有害处，并且很有利益。因为有些事业，已经废去私人竞争，由国家管理经营的，大都无不满足成功。例如货币的制造，邮便的交通，食盐的专卖，在有些国家，铁道电信及其他公用事业，多归国家经营，皆有相当的成绩。为什么不可将国家的支配管理权，扩张及于国民经济的全部生活呢？

上面是社会主义派所持理由的大概。就他们对于旧制度的弱点所施的攻击说，大部分是很对的。但是他们所主张的新制度，到底能否实现，实现的程度如何，则尚有研究的余地。反对他们的，也有几种很重要的理由。

第一、就社会文化的进步上说，有一点很难解决的：人类生活的进步，一方面固然靠着互助的分工合作行动，一方还是由于人人有一种天然的小我自利心；被这种小我的自利心所刺激，才肯向前奋斗。假使不许个人保持私有财产，不许个人有支配自己生产所得的权利，同时必将那种小我自利心的刺激去了，那种自然的向前奋斗力，也必定随之减退。如此，进步必归于停止；纵然不完全停止，也必定很迟缓。若说新制度一经施行，人类的道德必随之改变，必定全趋于利他的方面进行，恐怕只是一种空想。

第二、就利益的分配上说，也有一点很难于解决的：人类的智识能力，是天然难于平等的。若说在新制度之下，人人有受教育的机会，知能可以归于平等，也只是空想；因为在一个学校内的学生，入学时经过一番考试，入学后受同等的教育，成绩常是难于平等的。智能既不平等，则生产工作的成绩也决难相等。利益的分配，将以何为标准呢？若用“各尽所能，各取所需”的方法，则能者的利益，常为不能者所夺去，公道又安在呢？若用工作的时间为标准，能者的利益为不能者暗中分去亦同。若用“各尽所能，各取所值”的方法，则各人所得仍不平等；所得少的人，或仅够维持生活，所得多的人，或远超过于生活费；但既不许保持私有财产，不许私人经营生产，超过于生活费的余资，也只好把他浪费了，谁还肯储蓄呢？结果也足以阻碍经济的进步。

第三、就事业的管理上说，也不许轻于乐观。因为国家的机关，也是由个人组织起来的；合作的力量，固然比个人的力量大，但是管理的范围越扩大，事情越复杂，区分越繁细，支配就越不容易。若把国家支配的范围扩及于国民经济的全生活，力量必至减退。现在大资本公司所经营的事业，分支的机关，往往散布于全世界，就地域上说，范围算是很大了；但就事业的性质上说，尚仅及于社会经济生活的某一部分。若把一个国家当作一个总公司，所经营的包括经济生活的全部，又不如私人所有的事业有一种小我的自利心去刺激他们的活动力，节制他们的越轨行为，其结果不是纷乱，便是腐败。远的将来不可知，就现在的人类道德上说，这种怀疑，决不是过当的怀疑。

第四、就人生的兴趣上说，也有一点可虑的事：国权的支配管理，若及于国民的全生活，这种国家，须同于一种军队的组织，有绝对细密严切的纪律；各个人的生活行动，须绝对服从国家的指挥支配。如此，个人除了谨守国家所指定的路线行走外，别无活动的可能；所谓自由，将完全取消；人生的意义将等于死板板的机械，还有何兴趣呢？

上面这些反对的理由，也不是没有价值的。

（三）现代各国实际的趋势

自十九世纪下半期以来，个人主义派的势力，虽未完全消灭，确是一天一天的衰落下去了。社会主义派的理想，曾经几度小规模的试验，都是失败。最近苏俄实行大规模的积极试验，尚不能说完全成功；自施行所谓新经济政策后，便容许个人私有资财的部分存在了。其他各国，还是以个人资本主义为国民经济活动的基础。但是最近数十年，各国的立法行政，大都带有倾向社会主义方面的精神性质；国权活动的范围，确是一天一天的扩大起来了。一方面固然受了学说鼓吹的影响，一方面也是为社会经济变化的事势所迫，不能不采国家干涉主义，把国权活动的范围扩大起来。这种倾向最显著的，首先在欧洲大陆的德国。该国自从联邦帝国成立以来，把许多个人经营的事业，收归国家经营管理；国家营业的收入，竟占了国家财政收入的一大部分，依一九一九年的新宪法，国权活动的范围比从前更扩大许多了。其他欧陆各国，把铁道电线、矿山银行、酿酒厂列为国家经营事业的也不少；或且有烟草、火柴、酒类、火药等列为国家独占事业，不许私人经营的；他如戏院艺术馆图书馆科学馆等有关于学术思想娱乐的事业，或由国家经营，或由国家奖励援助的尤属不少；关于人民公用事业，如自来水、电气、瓦斯、电车之类，大都皆由地方自治政府经营管理。英美二国，向来是崇尚个人自由主义的，近几十年来，倾于社会主义精神的立法，也一天一天的加多，例如关于工厂的取缔、劳工保险、年金保险、工人住宅、工人卫生、学童食费等事情，无不由国家干涉。各地方的市政府，也大都管有电气、瓦斯、电车、戏院、图书馆种种公用事业。英国的殖民地如澳大利亚、纽西兰两邦，尤为社会主义精神色彩最浓厚的地方；在这两处，私人的资本，比较缺乏，因之国家的经济活动范围，更特别扩大。国家领有庞大的土地，出租于人民；矿产森林，大概多属国有；铁道电线，也多属国有；邮便运输，邮便储金银行，自然也是国有；工人住宅，也有由国家设备的。概括的说，现代各国国权活动的范围，绝对不是消极的，并且不限于纯政治的；所谓政治的活动，离开社会经济生活问题，几于全无意义了。

二、个人的权利

对于国家，主张个人的权利，最初见之于公文书者，可溯至十三世纪初期英王约翰所承认的大宪章（Magna Carta）；其次为十七世纪英王查尔斯一世所承认的权利请愿书（Petition of Rights），至英王威廉所承认的权利条款（Bill of Rights）。到一七七六年北美十三州离英独立，发布《独立宣言》，宣言中表示人民有若干种不可割让的权利；继之浮几尼亚州（Virginia）制定宪法，即以权利条款（Bill of Rights）列于宪法的首端；其他各州，旋亦仿效。到一七八九年，法国大革命时，议会也首先通过一种“人权宣言”，预备列入宪法。此后立宪各国的宪法上，大都皆列举人民的权利若干种。由此可见对于国家，主张个人的权利的历史来源颇长。但是各时代对于个人权利的观念及其主张的理由，都不尽相同。最初英国人主张个人的权利，目的在于制限君权；美法革命时代，君权已被破毁，主张个人权利的目的，则在于制限国家一切造法机关的权力。二者目的虽不全同，还有一个大同之点，即视个人权利，与国家的权力为两相对抗的；国权活动的范围扩展，个人的权利必随之减少，反之个人的权利扩展，国权活动的范围必须缩小。现代各国所承认的个人权利，却不一定是与国家权力相对抗的东西；国权活动的范围扩展，个人的权利，未见得一定减少。兹就关于个人权利理论上的变迁及种类分别述之。

(一)个人权利理论上的变迁

欧洲在近世纪以前，国权操于君主，行使绝无限制，因是在英国有与君主斗争，主张个人权利的事实发生。自英国对于君主的革命成功后，如洛克等一派的学者，对于个人权利，想造成一种学理上的论据，因是根据自然法的观念，主张一种“人权”说（Right of man）。认人身自由，信仰自由，言论自由等等为人权。“人权”二字的意义，就是——凡为“人”者即有此“权”，若失此“权”即不成为“人”，因为此权即构成人格的一部分，实人类与生俱生的自然权利，故称之为天赋人权（Natural Rights）。人权既属天赋的固有权利，则其存在，实在未有国家以前。国家的成立，全由人类根据这种自然的权利，彼此相约而来。当相约为国时，虽把各人固有的权利，放弃了一部分给与国家，但如人身自由，信仰自由，言论自由等种种自由权利，依然保留于个人，不曾割让；即国家对于这些个人所保留的自由权利不容侵犯。依照这种观念，个人的自由权利，不是由国家的法律所赋予；所以要把它们列入宪法的原故，只是表示这些权利，虽至国家成立后，依然存在，国家不可侵犯；并不是表示这些权利是由宪法所产生。既将这种权利视为个人固有权利所保留的部分，故认国权活动的范围扩大，个人权利必因之减少。这是十八世纪的个人权利观念。

这种观念，在近代民治主义发达的历史上，固然很有功效；但在学理上，实在站不稳。因为在国家起源的历史上，民约说无根，所谓天赋的自然权利，只是一种空想。因为没有国家作保障的自由，只是一种互相侵害，互相争夺的自由；互相侵害互相争夺的自由，安得谓之权利。故晚近的学者，虽然仍旧承认有所谓个人的权利，但对于个人权利的解释，则大不相同。第一、个人的权利，不是先国家而存在，是因国家而存在；有国家，有法律，而后有个人的权利可言；换言之，就只有法定的权利，无所谓天赋人权。故自十九世纪以来，一般国家的宪法，已不复称个人的自由为“人权”。例如一八一四年法国宪法，关于个人自由的规定，称为“法兰西人民的个人自由”；一八三〇年比国宪法称个人自由为“比国人民的权利”，都是有意避用“人权”的名词。第二、国家所以容许个人有各种自由的权利，不是因为各种自由是天赋人权，而是因为某某权的个人自由，有益于社会全体的进步发达。因为所谓个人，不是各个离立彼此不相干的个人，乃是社会中的个人；个人一出生，即在社会之中，为社会构成之一份子；社会的情况可以影响个人，个人的行为，也可以影响社会；发展个人的优性，足以促进社会的发展。国家容许个人有某某种自由，因为某某种自由，为个人优性发展所必需；欲谋全社会的进步发展，故不能不容许足以发展个人优性的自由。依此，国家对于个人的自由权利，必须有两种不可少的限制条件：除了不得妨害他人的自由外，又须不违反国家承认个人自由的目的——发展有益于社会的优性。依照这种理论，则与个人权利相对待的，不是国权，乃是社会的公共福利，国权是立于个人权利与社会公共福利的后方，为两造的公正裁判者，调剂者。故国权的范围扩大，个人的权利不见得一定减少。

（二）个人权利的种类及范围

关于个人权利的根本理论，既因时代而有变迁，即于个人权利的种类及范围，也不能不有变迁。

第一、个人权利的种类。在英、法、美革命时代所发表各种权利请愿书权利条款及人权宣言中，所列举个人权利的条款，虽有繁简多少之不同，但最重要的，大概不外下列几种：一、人身自由，二、居住自由，三、工作自由（或称职业自由），四、保有财产的自由——这是关系个人物质利益的自由权，五、信教自由，六、发表意见的自由，七、集会自由，八、结社自由——这是关系个人精神利益的自由权。现代各国一般宪法所承认的个人自由权利，大都也含有这些种类；仿佛没有多大的变迁。但是这些所谓个人自由的权利，都只是消极的权利。何谓消极的权利，就是认定国家对这些自由，消极的不得无故加以侵犯罢了。十七八世纪主张个人自由主义的学者，认定国家的目的，仅在消极的防止个人自由被侵犯，不应于消极的保障个人自由而外，对于国民的个人，尚有积极的增进其福利的义务。他们以为国民个人的福利，应由个人自谋，倘由国家干与，便自侵犯个人的自由权。但自十九世纪中期以来，社会主义派的理论渐占势力，以为国家对于个人，尚有一种积极的义务；反言之，就是个人对于国家，尚可主张别种积极的权利。依晚近各国立法所表现的事实，积极的权利，约有三种：一、人民的个人，有要求国家供给最小限度的教育之权利；二、老弱残废的人，有要求国家与以特别救济的权利；三、劳工阶级有享受国家特别保护的权利。这是个人权利种类上的扩展。又如人民的参政权一种，在法国大革命时，"人权宣言"中所列举的人权，并未包括参政权在内。他们以为个人自由权，是先国家而存在的人权，为一切人所享有，无年龄、性别、财产、教育等资格的限制；参政权则非有年龄、性别及其他各种限制不可。故在当时，自由权虽普及于一般的个人，参政权则非一般的个人所同有。晚近一般的文明国家，把各种参政权资格上的制限，一件一件的废去，渐趋于普及了。这也可算是个人权利种类上的扩展。

第二、个人权利行使的范围。此可就消极的个人自由权中的工作自由与财产自由两项，略略加以说明。所谓工作自由，就是选择职业的自由。这种自由权，自法国革命时代以来，固至今仍为一般国家所承认。但是在行使这种自由权的限度上，便不能不有变迁。一、工作自由，恒涉及于契约自由；契约自由，在十八世纪末期的人士看起来，是绝对不受限制的，资本主义与劳动者订立雇佣契约，可由双方的自由意志决定，绝无国家干涉的必要；但至近时，因为保护劳工的原故，国家对于劳资契约自由的限制，便一天一天的增加了。二、工作自由，又恒涉及于职业团体的问题；欧洲诸国自中世纪以来，各都会有一种行会的组织，凡欲从事某种职业，非先加入某种行会不可，因此个人的工作自由，常受行会之限制；法兰西大革命后，为保持工作自由的原故，便厉行禁止各种职业团体。但至近时，为谋劳工阶级对于资本阶级保持抵抗能力之故，各国法律，复不能不认工会为合法团体，或且有强制劳工加入工会的。这又是工作自由受限制的一点。

再就财产自由的一项说。在法国大革命时代，“人权宣言”中，固以保有财产为个人神圣的权利，不容国家侵犯。现在主张公产的极端社会主义派，自然反对个人保有私产；就是主张保持私产的国家，对于财产自由的解释，也不能不变更；即一面承认保有财产为个人的自由权，一面却认财产为所有者对于社会的一种义务。因为所有者运用其财产，对于社会有相当的利益，故保护之；若所有者运用其财产与社会利益相违背，或放弃有利于社会的职务时，国家可以干涉；或国家认某种财产，由国家运用，更有利于社会时，更可由国家强制征收之；这种观念，虽在法国大革命时已见端倪（一七八九年“人权宣言”，谓财产为神圣不可侵犯之权利，除显然因公共必要，国家得以公道的与预付的赔偿金收用外，不得强令割让），但认财产为所有者对于社会的义务观念，则至晚近始愈明确。惟认财产自由，以社会的利益为根据，则某种财产的价值增加，如不因所有者之尽力，而因社会环境之改良，则其所增加价值之部分，更应归于国家。故在今日，文明各国，对于个人的财产自由，虽仍保持，行使此种自由的范围，则不能不有所变更了。

概括言之，现代关于个人权利的行使范围，有些地方，确因国权活动范围扩大之故而缩小；但就个人权利的种类而言，则不惟不曾减少，并且还加多了。

第八章　国与国的关系

构成国家特性的最高权，对内可以支配被治者的个人，对外则独立不受干涉侵犯；换言之，即不容别有高于国家的权力存在国家以外，可以支配国家；若有这种权力，则国家即失其独立的特性。然则国与国之间的关系将何如？各个独立的国家，是否如初民时代无组织的个人，彼此全无公共关系？即以初民时代的个人而论，也不能离开所谓初民社会；所谓个人独立的权利，必至有相当之社会组织，其权利始有保障；至社会之组织，进于有法律之国家，个人独立之权利始益确固。所谓国家的独立，对外不受干涉侵犯，亦当与个人同；国与国之间，若全无公共关系，将如野蛮时代的个人，彼此互相残杀，弱者为肉，强者食之，所谓独立不受干涉侵犯者全属理想，事实上很难有此一境。现代国与国之间的组织，虽尚未达到完满的境地如由个人集合所组织之国家；但所谓国际社会，固早已存在；国际社会中，已有各种规律足以拘束各独立国家间相互之行为，名之曰国际法。不过可以使这种国际法绝对如国内法有效之实力，则尚存于各独立国之本身，还没有高于一切国家的何种实在权力，立于各国家之上，构成一个全国际的国家。但是现代国际社会的理想，已有向此方面进展的倾向。兹于本章，将国际关系的进化与现代的国际组织，约略分述之。

一、国际关系的进化

国际关系的进化，当分两方面叙述：一、欧西方面，二、中国方面。

（一）欧西方面

欧西国际关系的进化史，可划为三时期：

第一时期，由古代部落市府国家至罗马帝国成立。在此时期内，各部落及市府国家，除了有一种同血系或同宗教的相互关系外，对于异血系及异宗教的部落团体，彼此之间，全无所拘束，故可说是没有国际的关系可言。但在同民族同宗教的部落或市府团体中，则亦俨然成为一国际社会。例如希腊的各市府，各自成为一小国家，在各市府之间，也有种种互相拘束的规约——如阿林比节日（Olympic Games），须停止敌对的战争行为，公共避难所不得侵犯等；他如市府间的联盟，遇有争议问题，或请第三者的个人或市府执行仲裁，或取决于神祇，固亦俨同于今日国际社会的行动。但此种关系之存在，以对于同民族同宗教之希腊各市府为限，若对于异族的部落或国家，则概以野蛮视之，不认其有与己同等资格，彼此间的仇视战争奴掳残杀，绝无何种拘束之可言。罗马初期，尚在市府共和国家时代，对于意大利半岛其他各部落团体的关系，约与希腊的市府国家相同，也有种种国际形式的规律——如联盟、媾和及其他外交行动，并有一种所谓 lus feciale 近于国际法的法规，凡宣战媾和，皆宜具备某种特定的形式。故在此时代，已略具国际关系的雏形。不过共同关系的范围甚小，仅以同血系同宗教或同语文的团体为限；并且没有何种一贯的有组织的理论，足以维持那些相互的关系，使他们成为确定的国际关系。到了罗马征服地中海沿岸各地，形势为之一变，进入第二时期。

第二时期由罗马帝国至《卫斯特发里亚和约》成立。自罗马征服地中海沿岸各地，变为罗马帝国，构成一种世界帝国主权观念，古代雏形的国际观念全失。因为当时的地中海沿岸各地，便是当地人士所知道的全世界——好比中国以所知道的亚东一隅为天下。罗马既征服全世界，罗马政府便是全世界最高的统治机关，罗马皇帝便是总揽全世界最高统治权的人；换言之，即如中国所谓天下之共主。在这种世界最高统治权力之下，绝不容有所谓局部领域的主权者；所谓对等独立国家的国际观念，无所附托。故在此时期内，只有世界一元的国家观念，没有多元的国际社会观念。此种一元的国家观念，虽至蛮族侵入，罗马帝国衰落时，依然维持存在。因为自基督教传入罗马，罗马皇帝君士坦丁改宗基督教，基督教渐成为全罗马的国教，世界一神的宗教精神，又足以增长世界一元的国家观念维持的力量，故至查理曼（Charlemagne）帝恢复罗马帝国的名称，后来所称的神圣罗马帝国，其所统治之领域远不如前此的罗马世界之广，然其所表现的观念，则依然前此世界一元的国家观念。不过自以基督教一神的宗教势力，维持世界一元的国家观念以后，世界一元观念的本身上，已经含有破绽；因为所谓神界的最高权，与俗界的最高权，在此一元的世界以内，渐成为两个对抗的势力。罗马皇帝与罗马教皇，起初两相依托，以维持世界一元的国家观念；渐渐两不相容，互争雄长，于是一元的最高势力，开始破裂。继之，封建制度发展，由封建领主的领域权观念，产生封建国家的领土主权观念，再进而演为民族国家，于是世界一元的国家观，渐次成为多元的领土主权的国家观。不过在此种多元的国家观念演进时期，宗教上所谓神界的最高权，尚足以维持世界一元的表面形式；君主间的争议，往往诉之于罗马教皇以求解决，亦且间有效力。自宗教的大分裂（Great Schism）继之以宗教革命，罗马教皇的威力堕地，所谓神界的最高权，也破毁不存。于是那些多元国家，陷入无政府状态，演成无数的大混战。到一六四八年《卫斯特发里亚和约》（Peace of Westphalia）成立，始结所谓三十年战争之局，于是进入第三期。

第三时期由《卫斯特发里亚和约》至现代。在十六世纪中（即《卫斯特发里亚和约》以前），欧洲国际间的关系，真是混乱不堪言状。政治上的领土战争与宗教战争，以纠结不可分，加以新航路发现后海外殖民地的争夺，海上商船的掳掠争夺，大家都是自由行动，不受拘束，各凭各的力量，弱肉强食，真无异于无政府的野蛮状态。于是有一班人，对这种混沌状态谋救济的方法，想根据自然法的观念，制定一种国际的规律：说，各个国家，不问其为王国或共和市府团体，都是由有理性的个人所组成的政治社会；然以全人类社会观之，则各个政治社会，又为全人类社会之一员；在各个政治社会中，既根于自然原则，依理性而产生习惯，由习惯而产生法律，以维持各个国家内之秩序；即由各个小社会的国家所构成的人类全社会，亦应有一种国际规律，以维持国际间的秩序；这种国际的规律，亦可根于自然法则产生。所谓自然法则，即国际行动，亦当以人类之理性为根据，或则须由共同的认可（Common Consent）。其意盖欲于神圣罗马皇帝及罗马教皇之最高权以外，别求得一种足以拘束各国行动的势力，使各国当局，觉悟到皇帝与教皇之势力虽已消失，国与国之间，仍不可成为无政府状态，应当成为有秩序的国际社会。此派的议论，初起于西班牙的神学家，索勒士（Suarez）可为其代表；其次为牛津大学的教师意大利人詹遏利（Gentilis）。詹氏曾著有《战争法》（*De Jure Belli*），或称詹氏为国际法之元祖。然集此派思想之大成，于近代国际法创造最有供献者，尤为后起的荷兰法学者格老秀斯（Grotius）。格氏汇集诸家思想议论，及古代与中世历史上国际行为的事例，成一巨著，名曰《战时及平时法》（*De Jure Belli ac Pacis*），于一六二五年出版。书中设定种种关于国际行为规律的原则——如领土主权，国际的独立与平等，则至今犹视为国际关系的理论基础。格氏理论的全部，在当时虽未为一般国家政府所接受，但至一六四八年《卫斯特发里亚和约》，近代所谓国际法与国际社会的基础已经成立。此和约所以为近世国际社会产生的基础，其理由约如下：（一）此会议凡欧西当时基督教国家，不分大小皆到会，其未到会者（英、俄、波兰）亦列名（土耳其以其为异教国之故，则既未到会，亦未列名）；（二）新教诸国，自此不受教皇支配，德意志的各小国，脱离神圣罗马帝国独立，无异正式取消世界一元的最高统治权；（三）默认格老秀斯的主义原则（例如承认各国的领土主权独立不可侵犯，一切国家不分大小皆以平等的资格集于一会，即承认国际平等之原则）；（四）以前欧西各国虽有互派大使之事，然常设使馆者极少，自此和约后，常设使馆的习惯，渐次成立，国际社会的关系，日益密切。因上述理由，学者皆认此和约为近世国际社会成立的开始。此后再经一二百年间的国际斗争，由那些斗争产生许多国际条约，造成许多国际行为的惯例与学者的理论，通称之为国际法，形成现代的国际关系。在现代国际关系的进展中，所谓国际社会构成分子的范围，也渐次推广了。

例如在《卫斯特发里亚和约》时，参与公会的仅以欧洲的基督教国为限；到一八五六年的《巴黎条约》，保障土耳其的独立与领土完全，于是将近东回教国的土耳其，也纳入欧西国际社会的组织中了。再后一等，我们远东各国，也不能不加入这个国际社会的团体了。

（二）中国方面

中国自进入有史时代，似已构成世界一元的国家观；古代所谓群后与元后的区别，就是元后是天下各群后所共戴的共主。中国古代所谓天下，意思就是全世界；天下只有一个元后，好比天上只有一个太阳，于是构成“天无二日，民无二王”的两句成语；《诗经》上所谓“普天之下，莫非王土；率土之滨，莫非王臣”，也是表示同样的意思。这种世界一元的国家观念，在中国到底起于何时，很难考证（《尚书》中的《虞书》，近年的古史家都不相信它是当时的记载）；它的继续存在，可以说是一直延长到清代后期。不过在事实上，也可以分作下面几个段落。

第一、东周以前，世界一元的国家主权观念，当已萌芽。当时虽有各封建诸侯的对立，形式上皆统于最高的周天子。自周室东迁后，形势为之一变。

第二、春秋战国时代，未成熟的世界一元的国家主权，渐就破毁，为趋于多元的国家时期。此时期的周天子仅存空名，正如神圣罗马皇帝；到了战国末年，所谓周天子且降而为东周君与西周君了。中国在此数百年之间，俨然有成立近世初期欧西国际社会的趋势，并且产生许多类似近代国际法的习惯规律，如列国间的通使、结盟、弭兵及种种交际上的礼仪规则。假使没有一个秦始皇，其结果竟不知何如。

第三、由秦至晚清，可说是世界一元的国家主权观念长期的固定时期。因为自秦始皇统一中国后，中国永久在“天然二日民无二王”的观念下生活，中间虽有数次短期间的分裂，但那种多元的国家形式，毕竟不能维持。因为全中国人对于国家的观念，只有统于一尊的一元主权观念，没有多元主权的对立观念，中国的历史家十二分重视所谓正统，也就是不认有两个以上的主权国家，可以并存的原故。清代初年及中年对于西方各国所派来的使臣，概以贡使目之，惹出许多对外的纠纷问题，其后复因之蒙受无数次的巨大损失，也是因为中国人固执这个世界一元的国家主权观念的原故。

第四、中国加入世界国际社会的时期。此为近数十年之事。中国允许与外国互派公使，起于一八五八年，与英法所定的天津条约，至一八六〇年英法联军入京后始生效力。自此中国始设总理各国事务衙门，渐有加入世界国际社会的初步事实。但是一部分的士大夫，还是不肯承认有所谓平等的国际社会，所以惹出一九〇〇年的拳乱。经此惨祸后，始又改总理各国事务衙门为外务部；自此，中国的士大夫阶级，皆不能不承认现代的所谓国际社会，并确实加入为该社会之一员了。

二、国际法及现代国际社会的组织

（一）国际法的性质

现代多数国家虽然成了一个国际社会，有一种称为国际法的共同行为规则，足以拘束各国相互关系行为；但是所谓国际法的性质怎么样，到底可否称为法律，还是有人对于它怀疑。关于国际法的性质，有两点应该注意的。

第一、就国际法存在的根据上说：这种法律是存于列国间的行为规则，不是存于列国上的行为规则；换言之，国际法是列国自己公认（Common Consent）的行为规则，其根据在于“公认”二字，不是从上级的权力机关所制定的行为规则使列国不能不服从的。因为现代的所谓国际社会，虽已成为一种有密切关系的社会，但此种社会的组织，还是不曾完成；换言之，国际社会虽以各个完成的国家为组成分，而国际社会的本身，还不曾构成一个世界大国家的形式；因为立于列国上面的高级权力机关还是不存在。

第二、就国际法的效力上说：因为没有一种高级的权力机关，则国际规律的效力，远不如国内法的强固。若有破坏国内法者，并不要被损失的一方用自力直接去纠正，自然有上级的权力机关去执行制裁，使之有效；国际规律被破坏，则除了被损失的国家用自己的实力去纠正以外，别无办法。例如第一次世界大战发生，德国破坏比利时的中立，德政府公然说条约不过是一束故纸（a scrap of paper），这是公然不认国际条约有法律上的拘束力；纠正的方法，除了对方的武力便别无办法。这是国际法在效力上与国内法不同之点。

因此有不认国际法为法律，谓其仅能同于道德律的。第一次世界大战后，国际法的观念仿佛有点进步。例如大战前的德国，是不认国际法有与国内法同样效力的，战败后公然在新宪法上承认国际法有与国内法同等有效了；奥国的新宪法，也有同样的承认。这不能不说是对于国际法观念的进步了。但是德国到了国力恢复后，依然故态复萌，又视国际规约如无物，惹起了第二次世界大战来。

（二）国际社会的组织

国际联合组织的思想，在第一次世界大战爆发以前，早已存在。不过由这种思想成为一种世界政治运动，则在第一次世界大战期间才开始。当十九世纪末期，世界大战将近爆发以前，各国于一八九九年与一九〇七年，曾在海牙开会两次，草定一种国际仲裁院的规约，其目的就是想防止国际战争，成立一种国际司法机关以助长国际法的发展。但是效力很小。到一九一四年欧洲战事爆发，牵动全世界，各国人士，鉴于战祸的惨酷，共谋改进国际社会的根本组织，成立许多私人团体，盛倡“国际联邦”之说。最后由美总统威尔逊正式向国会发表有名的十四条和平原则，“国联”的组织，即为十四条原则之一。到一九一九年《凡尔塞和约》成立“国联”的组织，遂随之而产生。但是“国联”虽然生产了，却并无防止战争的能力，第二次世界大战的惨酷，更甚于第一次。因此国际的政治家，在大战尚未结束之先，即着手创造现在所谓“联合国”的组织。兹就旧“国联”（The League of nations）与新“联合国”（The United nations）的产生程序，及其组织内容，加以最简单的说明：

第一、产生的程序。旧国联是第一次世界大战结束后《凡尔塞和约》的副产物，新联合国是第二次世界大战将近结束以前单独产生的；旧国联约章为构成《凡尔塞和约》之一部分，而新联合国宪章则属一种独立的国际宪章。此其产生之程序不同，精神亦异。盖在前次凡尔塞和会中，关心世界和平最切，希望国联成立最殷的，要算美总统威尔逊；英法等国的现实利益外交家，虽亦赞成国联的组织，然其注意的集中点，惟在战利品的瓜分。威尔逊惟恐国联的组织不成功，对于战利品的瓜分，处处迁就英法等国；英法等国惟恐威尔逊不承认他们所要求的战利品，亦不能不助成国联的组织。因此乃以国联约章，列为《凡尔塞和约》之一部，凡战胜的强国想取得和约上的利益的，不得不批准国联约章；弱小国欲加入国联以求庇荫的，不得不批准和约；其意旨在求国联之坚确成立。但是结果竟不如其所期：美总统为希望国联组织成立最切的人，而美国国会上院对于《凡尔塞和约》竟不批准；其后与德奥单独成立和约，对于国联竟不加入。国联的精神力量，以此大为减杀。新联合国的创立，不等到大战结束时，即着手进行，始之以顿巴敦橡树建议案，继之以旧金山大会通过宪章；在进行当中，各强国虽密切注意战后猎获品的瓜分，钩心斗角，不肯放松，但方在比肩作战未了的期间，精神比较和协。宪章通过后，主持创制的各强国，未尝有拒不批准，而独立于联合国以外的事情。故联合国的精神力量，比较旧国联，自然要差胜了。

第二、组织的内容。旧国联约章全文共仅二十六条；联合国宪章，则分十九章全文共一百一十一条，条文繁简之殊如此。至其内容差点甚多，兹仅举其重要者四事：

（甲）机构的设置——旧国联仅有大会、理事会、秘书厅三机关；此外尚有国际常设法院及国际劳工局二机关，亦与国联有密切关系，然为立于国联以外的机关，并非隶属于国联。现在的联合国，则有下列六种机关：

（1）大会；

（2）安全理事会；

（3）经济及社会理事会；

（4）托管理事会；

（5）国际法院；

（6）秘书厅。

是机构的设置，比较国联为完备。

（乙）职权的分配与行使——旧国联的大会与理事会，职权几于相等，其活动皆非继续的；大会（除临时会外）通常每年开会一次；理事会亦有一定会期（除临时会外）每年开会四次，亦非继续活动的。联合国之安全理事会则不同：依宪章第二十四条第一项之规定——

“为保证联合国行动迅速有效起见，各会员国将维持国际和平及安全之主要责任，授予安全理事会，并同意安全理事会于履行此项责任下之职务时，即系代表各会员国。”

是安全理事会之职权，较国联理事会为集中。又第二十八条第一款之规定——

“安全理事会之组织，应以使继续不断行使职务为要件。为此目的，安全理事会之各理事国，应有常驻本组织会所之代表。”

是安全理事会颇近于一国的国务院，常在继续活动中了。此亦优于国联理事会组织之一点。

（丙）决议程序——旧国联的大会及理事会，对于处理问题之议决，除程序问题及别有规定外，皆须出席会员国之全体同意；若有一国投反对票者，决议案即不能成立。此为国联工作上最大的障碍。联合国对此较为改善：大会之决议投票法“对于重要问题之决议，应以到会及投票之会员国三分之二之多数决定之”。其他问题，但以到会及投票会员国过半数决定之。（宪章第十八条）安全理事会“关于程序事项之规定，应以七理事国（理事国共十一）之可决票表决之”；对于其他一切事项之决议 “应以七理事国之可决票包括全体常任理事国之同意票表决之”。（宪章第二十七条）是于安全理事会，独予常任理事国以“否决权”，此为非常任理事国之所不满。但是比较国联遇事必须“一致通过”为改进矣。

（丁）对于侵略国破坏和平的制裁——旧国联盟约对于破坏和平的侵略国，虽有第十六条所规定的制裁方法，但是难于实现。联合国宪章第四十一条至第五十一条所规定的制裁方法，极为详密，比较易于实现；且于安全理事会之下，附设了一个军事参谋团，由安全理事会之常任理事国的参谋总长或其代表人组织之。若遇有须用军事制裁的情况发生时，即以此参谋团为之协助。此亦为旧国联之所无。

凡此数端，皆属联合国比旧国联组织改进的处所。其他尚有较好之处，不及一一备述。

但是现在的联合国，仍未能成为全世界的“超国家”（Super-State）。宪章第二条第一项规定，“本组织系基于各会员国主权平等之原则”，并不曾说本组织为各会员国之最高主权者。又同条第七项规定，“本宪章不得认为授权联合国干涉在本质上属于任何国家国内管辖之事件，且并不要求会员国将该项事件依本宪章提请解决”。故本宪章仍属一种国际间的规约，基于公认，而非上级的主权机关所制定的最高宪法。即以对于侵略国制裁方法而论，虽有军事参谋团的设置，可以施用武力，然联合国的本身，并无直辖的军队，所用军队仍须出之于会员国，其征集调遣及使用之程序，与数量配置之多寡，仍须依“特别协议”行之，故谓联合国的组织，较国联略有改进则可，谓其已达于完成的“超国家”地位则不可。

第九章　政府的类别

前列各章，是概论关于抽象的国家各问题。本章以后，将略述关于国家具体的组织各问题，即关于政府的问题。政府的组织方式，因时因地而有种种变化差别；研究政治学，对于这些变化差别不同之点，应该加以比较的观察；于是政府的类别，为政府论的第一问题。

一、政府类别的方法

在论述政府类别的方法之先，有两个名词，须略为说明，即所谓“国体”与“政体”是。国体即国家构成的形体（英语所谓forms of state），政体即政府构成的形体（forms of government）。这两个名词，到底是一是二，随各人的见解而异，在从前一般人对于国家与政府两个观念混而为一的时候，自然无所谓“国体”与“政体”的区别；故对于国家的类别，即对于政府的类别。自近代将国家与政府两观念分别后，于是所谓“国体”“政体”是一是二的问题，随之而起。因之有将国家的类别与政府的类别，各别为之者；或以为国家无类别之可言，欲为类别，仍只能就政府组织的形体上为之。兹先就各家的类别法，略述其大概如次。

（一）希腊学者的类别法

在古代希腊时，国家与政府的两观念，尚无区别，自然没有国体与政体的两种区分。如柏拉图，如亚里士多德，都是以参与政治活动的人数多少为标准，分为君主制、贵族制、民主制三种；由个人统治的名曰君主制（Monarchy）；由少数人统治的名曰贵族制（Aristocracy）；由多数人统治的名曰民主制（Polity，或 Democracy）。这是好的三种制度，都是以被治者的福利为目的。但这三种制度，都可变坏，于是还有三种坏的，专以统治者的利益为目的，即暴君制（Tyranny）、寡头制（Oligarchy）、暴民制（Democracy or Ochlocracy）。但柏氏、亚氏，皆不曾将国体与政体区为二物；所谓三种好的和三种坏的制度，都是以参政的人数为标准；其好坏的区分，不过是就政治活动的目的而言。这种类别法，是以希腊当时各市府国家的组织为背影，谓之为国家的类别或政府的类别皆无不可。[①]

（二）近代初期的学者的类别法

对于希腊学者的类别法，及到近代初期，渐有认为不满足而加以变更的。孟德斯鸠，在他所著的《法意》里面，则不采希腊学者的类别法，而别立君主、共和、专制三种区别的名称。孟氏之所谓

① 关于柏拉图之理论，参看 Plato,*The Republic*（Davies 英译本），bk. 8,pp. 272 以后。关于亚里士多德之说，参看 Aristotle, *The Politics*（Welldon 英译本），bk. 3,cn. 7,pp. 119—120。

君主制，为有限权力的立宪君主制；其所谓共和制（Republic），则包括贵族共和与民主共和而言；其所谓专制（Despotic），则为无限的君权，实际亦为君主制。[①] 这种类别的方法，一般的学者，皆认为不满足，因为类别的标准太不分明；若就第一第二两种的类别言，好像是以参政的人数为标准；但就第一第三两种的类别言，又是以行使政权的方式为标准了。孟氏所立的类别法，亦不曾将国体与政体离为二物，因为孟氏对于国家与政府两个观念，尚无区别的原故。卢梭的《民约论》出世，始将政府与国家严格的分别。但卢氏却也只有一种政体的类别，别无所谓国体的类别。依他的民约观念，国家由人民公意而结合，人民的公意即主权；主权既在人民的总体，故正当的国家，只有民主的一种。惟就行使政权的政府机关而言，则希腊学者所采君主、贵族、民主的三种类别，卢氏亦认为适当。概括言之，卢氏虽将国家与政府离为二物，却也只认有政府的类别，无所谓国家的类别。

（三）卢梭以后的学者的类别法

卢梭以后的学者，大都皆接受卢氏分政府与国家为二的意见。但对于类别的方法上，却因此更趋于支离，不容易得到一致的定论了。或以为政府与国家既有区别，即政体与国体亦应有区别，不应将国体的分类，混作政体的分类。但国体与政体的区分，却以何物为标准呢？大概有下列两种说法：

其一、以主权所在为国体分类的标准，以主权行使有无限制，

① 孟德斯鸠政体类别法，可参看该氏所著 *The Spirits of Law*,vol.I, bk. 2,ch.I。

为政体分类的标准。主权在君主一人者，为君主国体；主权在少数人者，为贵族国体；主权在多数人民者，为民主国体。这是国体的分类。不问握有主权者人数的多少，凡行使主权不受任何法律的限制时，谓之专制政体；反之凡行使主权，需受宪法的限制时，谓之立宪政体。故专制与立宪为政体的分类。主此说者，以为希腊学者，与孟德斯鸠，都不免有将国体与政体混而为一的毛病；如此区分庶为合理。日本的学者多采用此说，浮田和民就此说再加以修正，谓国体与政体，只宜各分为两种：主权在君主一人为君主国体，主权在少数的贵族或多数的人民，可概名之曰共和国体，因多少数无显明界线可指的原故。政体则仍如上述分为专制立宪两种。因此他把日本列为君主国体，立宪政体（因日本主权在天皇故）；把英国列为共和国体，立宪政体（因英国主权在巴利门故）。日本许多的学者，大都相信此说。[①]

其二、以主权所在为国体分类的标准（与前者同），以政府机关组织的方式为政体分类的标准；这是柏哲士的类别法。柏氏认希腊学者的分类法 —— 君主制，贵族制，民主制 —— 可作为国体的分类法；因为在古代和中世的时期，诚有以君主的个人，或少数的贵族为主权体的国家；但近代的立宪国家，皆属于民主国家的范畴；因为近代的立宪国，都是一种 Popular Sovereignty 的组织；或者没有完全成为如此的组织，也都已进入此种组织的范围之内，故都可称为民主国体；虽有保留君主位置的国家，君主已不是主权体，而仅为政府机关之一部；有些人为历史上残余的形式所蒙蔽，仍把君主看作主权体，实在是错误了。至于政体

① 浮田氏之论，可参看该氏《政治原论》第一编第二章及第二编第一章。

的类别，柏氏则不以主权的行使有无限制为标准。他以为主权在法理上既有无限性，故一切国家的根本性质上都是专制的；因此他不认孟德斯鸠的分类法为合理。日本人以专制立宪为政体分类的标准，若以柏氏之说绳之，自然也不适当。柏氏所用政体分类的标准共计有四：

（甲）以政府机关与主权机关有无区别为标准：凡主权机关与政府机关混而为一，即由主权机关直接行使普通政权者，谓之直接政府；反之，政府机关与主权机关分别组织者，为间接政府。

（乙）以最高首长的任期与位置取得的方式为标准：由君主一姓的子孙相继承者谓之世袭政府；由定期选举的方式相继承而不限于一姓者为选任政府。

（丙）以行政部与立法部的关系为标准：行政部须对立法部负责任者，谓之责任政府，或议会政府；反之，行政部与立法部各自独立者，谓之总统制政府，或非议会政府。

（丁）以政府机关职权的集散为标准：宪法上将国家事权全托诸中央机关者为单一制政府；宪法上以事权分配于中央与地方者为联邦制政府；前者又可谓之集权政府，后者又可谓之分权政府。集权政府与分权政府，又可专就中央各机关权力之集散区别之；其权之集于一机关者谓之集中制，分配于各机关者谓之对立制。

这是柏氏政府类别的方法。[①]

① 柏哲士之国体与政体说可参看该氏所著 *The Polititcal Science and Comparative Constitutional Law*,vol.I,ch. 3,vol.II,bk. 8。

二、各家类别法的批评与适用

前述各种类别的方法，到底那一种最为合理，那一种最为适用，当分两层来讨论：

（一）国体与政体应否离而为二

平心而论，卢梭以前的学者，把政府与国家混为一物，固然有欠精当；但他们只作一种类别法，却是无可非议的。因为政府与国家虽不可混而为一，但国家只是一个抽象的概念，无可分类；若要分类，除非从它所赖以表显的具体机关即政府的组织上去区分；否则或从它的其他两要素，即国民与土地上去区别；就国民与土地上区分，于学理的探讨上，既无何种重要的意义，且亦不能得到适当区别的界线标准；故要分别国家的种类，终不能不就它所有的政府机关的组织上去求标准；如此则所谓国体的分类，终不过是一种政体的分类。故卢梭虽为区别政府与国家的首倡者，却不曾将国体的类别与政体的类别，区为两组。就实行两组分类者的标准而言：日本学者所采用的前一说，显然不合理。他们所取政体分类的标准，在于行使主权者有无宪法的限制；不知道主权的本身，在法律上便是有最高无限性的。所谓专制与立宪的区别，并不在主权行使的有无限制，实在政府机关的活动是否须依宪法。故柏哲士说，国家的本性上都是专制的，意思就是说主权在法理上本是不受限制的；然则以主权的行使有无宪法的限制，为政体分类的标准，显然不合法理。并且他们既认日本为君主国体，立宪政体，又认英国为共和国体立宪政体，也未免过于离奇；若谓日本的主权在天皇，英国的主权在巴利门，也只是日本人的一种天皇神圣论；实际上日本的主权，有时尝在元老；若说日本元老的势力，只是一种政治上的习惯例，则英国的主权在巴利门，又何尝不是由政治上的惯例演变而来的。故日本学者所采用的两组分类法，无有是处。柏哲士的政体分类法，比日本学者的政体分类法，当然远胜；但柏氏亦采两组的分类法，其所据以为国体分类的标准，也是在于主权所托的机关；主权所托的机关，终不过是一种最高的政府机关，其地位虽较其他政府机关为较高，终不能说它就是国家的本身。然则柏氏之所谓国体，仍与政体无殊。故两组分类法，徒有叠床架屋之嫌，于实际的适用上，终无可取。

（二）政体的类别法应以何者为适用

若单取政体的类别法，则柏哲士所取政体类别的标准，比其他各种为较细密。希腊学者专以参政的人数多少为标准，不足以包括政府组织所表现的形态各方面；在古代希腊时，有了这一种标准，虽然可以适用；在现代政府组织的形态，进于繁复的时期，决不是那一种标准所能概括。孟德斯鸠的类别法，标准既不分明，已如前节所言，亦不足以概括政府形态的各方面。卢梭的类别法，实与希腊学者无异。故柏氏所采用的四种标准，在现代政治学研究的适用上，实为特胜。惟柏氏所举第三种标准——以行政部与立法部的关系为标准——仅以责任内阁制与总统制相对称，尚未能将委员制包括在内，而委员制又确为现代一种重要的政府组织，不可置诸不议不论之列。兹就柏氏的四种标准，略为变通补正，可将现代的政府，区为下列各种类别：

第一、就国家最高行政首长产生的方式言，可别为君主制与共和制；

第二、就民权表现的方式言，可别为代议制与直接民权制；

第三、就中央各机关的相互关系言，可别为内阁制、总统制及委员制；

第四、就中央与地方的关系言，可别为单一制与联邦制；后列各章，即依此分别讲述之。

第十章　君主制与共和制

从前“君主制”与“民主制”为对称的名词。因为从前的君主制，是君主独揽政权的制度，民主制是由多数人民参政的，故二者可成为对称的名词。现代一般的国家，不问君主之有无，多数人民参政，已成为普遍的形式；政治的精神，都多少含有 Democratic 意味，故民主制已不能与君主制成为对称的名词。不过在政府组织的形式上，有君主与无君主，还是一种显然的差别；然则对于这种差别，又采用什么一种名词来代替呢？一般对于有君主者仍称之曰君主制，对于无君主者则称之曰共和制（Republic）。在孟德斯鸠采用共和制与君主制相对称的时候，还是含有参政人数多少的意味，现代所谓共和制与君主制之差别，则不存于参政人数的多少上，而存于政府机关首领位置取得的方式上；其首领由一家系世袭的方式而来者谓之君主制，其首领由定期选举的方式而来者则谓之共和制。虽在过去和现代的历史上，君主的位置，也有由公选而来的，但非定期永续的公选制，如古代罗马的国王，中世神圣罗马帝国的皇帝，都是由选举而得，但皆为终身任期，且实际终成为世袭；又如英国在革命时代的君主，也尝由议会从外国选拔而来，但当选入承王位后，即自成为一世袭的王统，又如一九〇五年挪威的新王，也是由国会公选后经公民认可的，但嗣后即由当选人的家系世袭。若所谓共和制的首领，则绝不容有世袭主义参于其间，此为现代所谓共和制与君主制之唯一差别点。本章对于两制比较论述，亦以此差别为着眼点。

一、两制历史的演进

（一）君主制的产生及其势力的普遍

国家为历史进化的产物，各种政府的体制自然也是历史进化的产物。就历史上观察，君主制实为最古而势力最普遍的制度。在东方古代史中虽有尧舜禅让的传说，终属一种难于证实的传说，纵或有此事实，也与现代所谓共和制相差很远；周厉王出奔后的共和，也不是现代所谓共和。故在东方的历史几于全无共和制的痕迹。在西方的古代史中，希腊、罗马的市府国家时代，曾行过直接民主的共和制，但其末流皆成为一种君主制的大帝国。罗马衰亡后，北方蛮族侵入，建设佛兰克王国，渐次演为封建领主分立的无数小君主国；除了到封建制将要崩溃的时期，少数的小自由市府，曾有组成共和的自治团体以外，一直到近代初期；都是君主制的世界。为什么最初产生的政制，都成为世袭的君主制呢？因为国家是由氏族部落扩大的，君长是由族长的权力扩大的；故最古的政制，大都皆属一种族长政制（Patriarchy）。由族长政制演为以血系相传的世袭君主制，其趋势最为自然。希腊、罗马的市府共和制，是因地理经济等物质上一时的环境所产生的事态。及至封建制度发达，封建领主经济上的土地所有权，与政治上的统治权，结合为一；领土既成封建领主的私产，可以世袭，统治权亦自成为世袭的权利。故世袭的君主制，愈成为势力最普遍的制度。

(二) 近世立宪君主制与共和制产生的由来

君主制在封建时代，大都皆属有限权力的君主制，君主的威势实甚薄弱；因为站在君主下面的贵族阶级，各有领地，即各有其所统治之人民，实际亦成为无数的小君主。此时社会的情况极扰乱，人民的地位最痛苦，因为政治的势力极不统一的原故。此时最需要的，是一种强有力的中央集权政府，来抑制贵族阶级的势力；独裁的君主制于是应运产生。在中国如战国时代的七雄，及统一六国的秦始皇；在西史中如英国的亨利八世，法国的亨利四世，西班牙的查尔斯五世，都是应时产生的人物。法国的独裁君主制，到路易十四，已达登峰造极的时代；英国则自亨利八世以后，君主独裁的威力，虽日有进步，而一般人民的政治自觉心，也随之增长。因为英国的君主，尝利用平民阶级的势力来对抗贵族，把贵族的势力抑制下去；到了 Stuart 王统的后期，君主日益横暴，贵族的一部分又与平民阶级的势力相结合，来对抗君主；于是平民的政治自觉心，一天一天的扩大，终于将独裁的君主势力打倒，造成立宪的君主制。这是近代立宪的君主制在英国产生的由来。英国的国民，在近世初期，既为政治觉悟心最发达的国民，其一部分，不甘受本国政治压迫的，移殖到海外的北美洲，造成北美大西洋沿岸的自治殖民地；虽与母国的君主政府未脱政治的关系，其不能再受君主势力的压迫，已甚显然；因此到了再受君权压迫的时候，即宣告脱离母国，结果竟将君主制根本废去，造成近代的共和制。故近代的共和制与立宪君主制，同产生于英民族。其所以同产生于英民族中，则以英民族的政治自觉心，较其他各国民族发达为最早。概括言之，立宪的君主制与共和制，都是以国民的政治自觉心，为建设成立的基础。当十八世纪中期，北美共和国尚未产生以前，据席得威（Sidgwick）所说，大家几于相信君权无上的政制，是政制进化最后的一个阶段；[①] 不料竟有北美新共和的制度产生。北美共和制初成立时，大家都不相信它是可以长久维持下去的；不料北美共和制成立不到几年，它的影响即波及于欧洲大陆，而有法兰西的大革命。

（三）法兰西革命后君宪制与共和制进展的倾向

自法兰西革命爆发后，欧陆各国的政制斗争，差不多就是君宪制与共和制的斗争。以法国而论，当一七九〇年国民会议开始制宪时，一方面有英国的君宪制度作标本，一方面有美国的共和制度作标本。但这两种标本的势力，在当时参与制宪人士的脑识中，还是以后者为大。因为多数的会员，皆为卢梭、孟德斯鸠的学说所濡染，卢梭谓主权在民，孟德斯鸠在他的《法意》里面，对于君主制，亦无赞美之词；美国的新标本，以三权分立的形式，立于主权在民的基础上面，最合于他们的理想。不过君主是历史上相传的旧物，一部分人不敢轻易废弃；故一七九一年所制定第一次的宪法，虽然仍将君主位置保留，采用英国标本的形式，实际的精神全倾于美国的共和制。一般顽旧的贵族，不明时代的精神倾向，还想倚托君主的大权作私人权利的护符，谋与外国君主勾结，来抵

---

① 席得威之语，见 *Development of European Rolity*,p.318。

抗民主共和的势力；外国的君主，也怀着一种兔死狐悲的感想，群起干涉，竟激成路易十六上断头台的惨剧。自此法国的政变，如钟摆一般的摆来摆去于君宪共和之间，直到一八七一年以后，渐固定在共和制的一方面。但是在十九世纪的百年间，欧洲各国的共和运动，除了法兰西、瑞士两国以外，大都皆归失败。当一八四八年革命风潮澎湃时，曾经赶走了许多君主，树立了许多共和政府；但一转瞬间，即皆恢复原状。到法国第三共和成立后，再没有起而模仿的了。（葡萄牙的改建共和，迟至欧战爆发前，已入二十世纪时期。）最可注意的事，就是由土耳其帝国脱离独立的各小邦，如希腊，塞尔维亚、罗马尼亚、保加利亚等，皆采用君主制；本国没有君主，不惜到外国的贵族中去找一个来。比利时由荷兰分立，挪威由瑞典分立后，也不采共和制而采君主制。可见君主在欧洲的势力。反之，在新大陆方面，则君主制树立的运动无不失败。如拿破仑第三想在墨西哥扶植一个君主政府，瞬即消灭；一时存立于巴西的君主制也还于颠覆。这是新旧两大陆所谓“新”“旧”的一个最明显的区别点。但因第一次世界大战的结果，旧大陆的旧面目，终于不能维持，君主制的势力，开始大崩溃起来了；最有势力的几个君主国，如德、奥、俄的君主皆颠覆了；德意志联邦所属的各君主，也一律随之废去；希腊的君主制也变为共和制了；新成立的各国，如捷克斯拉夫、伊斯脱尼亚、波兰、芬兰、立陶宛、拉得维亚等，皆采用共和制；不久，西班牙的君主制也颠覆了。但仍有最可注意者，即新国中的巨哥斯拉维亚，仍采用君主制；意大利的法西斯蒂党，把意大利的君主宪法撕毁了，独于君主的位置一项，仍保持之；旧的残余势力，仍可在旧大陆中表现。

二、两制理论上的比较

关于这两种政府制度的利弊如何，有许多不同的理论。迷信君主制的人，总是说君主制利多弊少；迷信共和制的人，议论则恰与相反。我们须知道，无论甚么样的政治制度，都无绝对的利弊可言；其利弊大都皆与时代环境为因缘；离开时代环境，专言制度本身的利弊，大都是相对的。兹就关于君主制与共和制理论上的利弊，略为比较如次：

（一）独裁君主制与共和制的比较

主张独裁君主制的，以为这是一种强有力的政府制度：第一，因为权力集中于君主一人，行动最自由而最敏捷；第二、因为君主的位置没有变动，假使得到一种好政策，可以贯澈到底，不至有中途废弃之虞；第三、因为君主的位置得自世袭，没有党派的关系，既不受党派阶级势力之牵掣，遇有党派阶级势力相持不能解决时，君主处于超然的地位，可为最公道最有力的裁判者。这三种利益，第一种在共和政府的总统独裁制之下，虽然也可以得到；其第二第三两种，则在共和政府，没有可能的希望了。但是反对独裁君主制的可以说：君主的行动，果然常以国民全体的福利为前提，则君主的强有力，诚为吾人所希望；但历史的事实告知我们，君主的行动，以国民全体福利为前提的，远不如以君主本身的利益为前提的多；扶植平民利益抑制贵族势力的，又不如袒护贵族牺牲平民福利的多。让一步说：假定君主的行为目标，常在于国民全体的福利；但聪敏英武的君主不世出，在世袭的制度下面，这种人才能否遇得，全凭命运。就中国历史上说，周朝只有一度的文、武、成、康之治，汉朝只有一度的文、景之治，唐朝只有一度的贞观、开元之治，宋、元、明、清各代，也是一样。就西洋的历史上说，蒲徕士尝谓自十五世纪末年以来，能干的君主而又关心于被治者的福利的，为极少数；西班牙自从查尔斯五世以后，三百余年来，不曾得到任何君主的利益。① 故认独裁的君主制为最好的一种强有力的政府制度，实在只是一种空想，但就历史上某一时代的环境情势来观察，独裁的君主制，在某时代某种文化的阶段中，也确曾表现其有益于文明进步的效能；如中国大一统的告成，何尝不是秦始皇的勋绩；法国贵族势力的削杀，何尝不是亨利四世以下几个君主的勋绩；普鲁士的兴起，何尝不是弗列得利大王的勋绩；俄罗斯的欧化，何尝不是彼得大帝的勋绩。但是时代过了，环境变了，人民智识发达，政治觉悟心增长了，迷顽的君主，仍想把持着独裁的权力，便失去其有利的效能了。聪明一点的君主，能够相机退让，因此尚能维持其相当的地位，而成为近代的立宪君主制。

（二）立宪君主制与共和制的比较

主张立宪君主制的，以为采用现代英国式的君主制，君主不过是一种装饰品的偶像，实际上握有政权者为内阁，内阁阁员的

---

① 蒲徕士之语，见 Garner, *Political Science and Government*, p. 375 所引。

进退，全以议会的信任与否为转移，议会的组织，又以选民多数的意旨为转移。如此，则在政治的实质上，君主制与共和制，并无何种差别，即无何种利弊之可言。就君主世袭与总统选举一点上说，君主既属偶像，智愚贤否强弱，皆无关得失，即由世袭亦无何种弊害；不惟没有弊害，并且省去了定期选举的纷扰与运动选举的浪费，岂不是更为有利？反之由君主制变为共和制，一方面或过于重视总统，以为总统有与君主同样的尊荣，因此酿成争夺总统的内乱；一方面或过于轻视总统，以为总统是阿猫阿狗都可以当选的，不足以致人民的信仰，因此恒有恢复君位的图谋，酿成复辟的内乱。故与其采用共和制，反不若采用英国的君宪制为有利。欧洲大陆，在十九世纪的百年内，所成立的新国家，不采共和制而模仿英国的君宪制，大都皆由抱持此种理论思想的原故。但在主张共和制者，以为虽如现代英国式的君主制，也没有保持的理由：第一、君主既属装饰的偶像，又何必保持此偶像？若谓省去选举的纷扰与浪费，则民主政治，选举的事情，终于不能省去的；且若用法国式的总统选举方法，亦并无何种纷扰与浪费。第二、贵族阶级，是与君主制相因而至的，有君主则有贵族，与现代社会平等的精神相违背。第三、君主的位置，既凭世袭，久而久之，难免有不受民意宰制之虞，智能薄弱的君主，或为特权阶级所玩弄，强干的又恐其有玩弄民意之事。第四、若谓总统的争夺可以致乱，则美国施行共和制百余年来，从未有因争总统而挑内乱之事，可见争夺总统的乱事，不是与共和制有必然的因缘，若有致乱的别种因缘存在，虽采君主立宪制亦不能免。例如巴尔干各小邦，在第一次世界大战以前，都是采用君宪制的，毁宪革命，逐君杀君的乱事，也不减于中南美各邦争总统之乱。足见主张立宪君主制的所想像的利益，并不是该制本身的利益；所想像共和制的弊害，也不是该制本身的弊害。我们既知道现代的立宪君主制与共和制，同立于民治主义范畴之中，二者皆须以多数人民具有相当的政治自觉心为基础。人民的政治自觉心，发达尚未完成的国家，无论采用共和制，不能立刻得到共和制的利益；即采用立宪的君主制，也得不到立宪君主制的利益。此种国家，非经过相当的历练时间，决不能踏上现代政治的轨道，反之，人民的政治自觉心，发达已至相当的程度，可以施行君宪制者，断无不可以施行共和制，德国可为最近的例证。

（三）君主制尚能与共和制并存的真因

欧洲大陆自十九世纪以来，君主制所以尚能维持至今，不至于颠覆者，并不是君主制的本身，有何真正强固不拔的理由存在。其一、因为十九世纪中期以来的君主，大都皆有相当的觉悟，能顺应民治的潮流，自甘退处于“君临而不统治”的地位。其二、因为旧大陆的人民，对于旧制度，尚保留一种不易消失的信仰心。但此种信仰心，只是习惯的、惰性的、残余的，并不若往时的强固。往昔对于君主的信仰是迷信，以为君主在他的血统来源上有何神圣不可思议的尊严，绝对不容侵犯；现在对于君主的信仰，则仅以其为历史上传家的旧制度，好比我们对于习用的服饰，虽至陈旧时，尚不忍舍弃。倘若他对于人民的福利既无妨害，在社会的生活上，又时与以优美有兴趣的调和鼓励，故亦乐为保存之。倘有不明时势环境的君主，仍以为他自己的血系中，含有何种神秘的要素，以此自骄，强与时代潮流相抗拒，其颠覆可立而待。一旦颠覆之后，人民对于他的信仰，便完全丧失了；好比堕入溷厕的偶像。要想再把他扶上神坛、接受人民的香火崇拜，便不可能了。若要勉强为之，只有招致重复不断的纷乱，如法国在十九世纪上半期的故事，徒然耗省国家的元气，终于不能成功。

第十一章　代议制与直接民权

现代一般的政府制度，不问其为君主或为共和，大都含有民主的意味，已于前章说过。但现代的民主制，与古代希腊的民主制，却有一个根本差别之点，即希腊的民主制，是直接的民主制；现代的民主制是间接的民主制，即代议制。因为希腊的国家，是市府国家，国境小而人口少，人民直接行使政权，没有妨碍；现代的国家，国境广大，人口众多，由人民直接行使政权，事实上的障碍很多，故仅能用代议制。不过自从代议制发达以来，盛行的期间，虽不甚久，理论上和精神上却发生了许多变化，现在又有部分的采用直接民权的倾向。本章略述其大概如次。

一、代议制历史的演进及其缺陷

（一）代议制发生的由来

代议制是萌芽于中世纪的封建时代，由封建阶级的代表机关变化而来的。大家知道现代的代议制，以英国的巴利门为先河。然在中世纪时，欧洲大陆的封建国家，也大都有一个由各阶级组成的议会。这种议会，起初大概是贵族阶级参与国政的机关；到了封建制度开始崩坏的时候，渐有平民加入。经济上，由农奴生产，渐进于自由生产，工商业开始发展；十字军东征后，商业的进展益著，封建领主的富力愈衰弱，国家的费用，专恃原来的封建土地的收入，不够支给；要救济王室的财政困难，只有增加赋税的一个方法。要增加土地上的赋税，非得贵族地主的许可不行；贵族地主要把这种增重的负担一部分移到商民或下级地主身上去，商民和下级地主也未见得愿意；于是只得令各都市各县区的平民，也加入几个代表，参与会议；因此便有贵族、僧侣、平民的三级代表各别会议。故中世纪的代表会议，最重要的职务，在承诺国王所提出的增征赋税案；代表是义务不是权利。这是代议制萌芽时期的情形。不得三级代表的同意，不得征收租税，渐成为征税的原则，于是后来有“不出代议士不纳赋税”的成语；到了代议制确立以后，有产阶级应用这个原则来制限人民的选举，便说：“不纳赋税者不得出代议士”，于是选举代议士与纳税构成一种权利义务关系，纳税是义务，选举代议士是权利。

凡所谓权利，必须保持此权利者，有一种实际的利益。选举代议士若专以承诺租税为目的，则所谓实际的利益，不过是一种消极的利益，即希望租税的增征不至于过重或免除而已。但征收租税，既须得各级代表的同意，代表会议，渐成为不可少的东西；人民起初只觉得选派代表是一种担负，因受贵族阶级的领导，渐渐知道向君主提出要求；往往趁君主召集各级代表会议承诺租税时，对于各级人民所感觉政治上不满足的处所，向君主提出请愿案，要求君主裁可；君主因为要人民承诺租税，也就只得予以裁可，于是这个应君主要求所召集的代表机关。渐次变为人民向君主提出要求的代表机关。因承诺租税的代表消极权利，附带取得一种半积极的代表请愿权利。但是人民所要求的，起初还不过用请愿方式而已；人民所请愿的事项，果否成为法律，见诸实施，其权仍操自君主。有时君主对于所接受的请愿事项，过后依然不能见诸事实，人民自然不满；于是再进一步，乘各级代表集会时，渐渐自行草定一种法案，议决通过后，要求君主裁可公布。至此为征收租税而召集的代表议会，渐变为有积极的立法权的议会了。到十七八世纪时代，英国的巴利门，不但握有积极的立法权，并且有易置君主，改造王统，宰制行政的政治全权。于是代议制的政府，首先在英国确立。

（二）代议制性质上的变化

代议制在英国确立以后，英国的代议机关，即巴利门，仍长久保持封建时代的阶级代表形式。到法国大革命时，关于代议制的理论与性质，为之一变。法国的大革命，也是起于财政的穷乏；要救济财政的穷乏，不得已而召集所谓全级会议（Estats General）。法国的所谓全级会议，也和英国的巴利门一样，是由贵族、僧侣、平民的三阶级组织而成的。但英国的巴利门习惯上仅分为两院，以贵族、僧侣合为一院，名曰贵族院（House of Iords）；以自由小地主与市民的代表合为一院，名曰平民院（House of Commons）。法国的全级会议，依封建时期的旧习惯，则三阶级各自独立为一院，合之则有三院；遇三院意见不能一致时，则以联合投票决之，一院为一票；此明认三院为三阶级的代表。但在法国，此种全级会议，到大革命将要爆发时，已一百七十余年不曾召集；此次召集时，平民代表，反对三院分别会议，要求贵族、僧侣两阶级代表，加入平民代表共同会议。贵族、僧侣两阶级的代表，反对这种提议；

平民代表即宣告自行集合为“国民会议”，说彼等代表国民全体百分之九十六，贵族、僧侣所代表者不过占国民全体百分之四，彼辈愿意加入与否，听其自便，即不加入，亦无关轻重。贵族、僧侣两阶级的代表，最后屈服于平民代表之前，加入他们的会议。于是代表阶级的全级会议，竟变为代表国民全体的国民会议。国民会议开会后，于一七九一年，成立法国第一次的宪法；宪法上规定国会为一院制，谓国会议员当为全国人民的代表，不当为特别阶级的代表；并且法律之前，人人平等，根本上不应该承认有阶级的差别，即阶级差别的代表组织无从产生；故国会不得分为两院。于是国会为全体国民的代表说，遂成为近代代议制理论上的原则。这个原则，是由法国大革命时确定的。此后各国代议机关的组织，形式上虽多采用英国式的两院制，但就性质上说，多数学者皆认其为国民全体的代议机关。对于那种组织上的阶级差别形式，仅认其为历史上一种残余的形式而已。（关于院制的理论与事实，将于第十四章述之。）

（三）代议制的缺陷

代议制的发达，不过是近百余年来的事；但一面发达，一面即对于它发生许多不满足的缺陷。缺陷的表现，虽有许多种，大都由于经济组织与社会环境的改变，事实上恒有不能与理论相符合的原故。

其一、国会既为国民全体的代议机关，代表的选举，不但不应有身分的差别，亦不应有贫富的差别，并且不应有男女的性别，这是理论。但事实上这些差别，不能全归于消灭，所谓贵族、平民的身分差别，渐就消失了；贫富的差别，与男女的性别，却是一个不容易消灭的问题。理论上，虽说国会是国民全体的代表机关，实际上总是为特别的阶级势力所宰制。

其二、国会既为国民全体的代表机关，则全体国民各方面不同的意见，都应该恰如其量以表现于国会之中，所谓国会如镜，必使国民的全面目，悉呈露于国会，这是理论。但事实上亦为难能。因为选举的运用，既全靠政党，而政党势力的大小，往往因选区的分割，不能使各党恰如其量，得到相当的势力表现。例如与甲党表同情的选民为万人，与乙党表同情的选民为五千人；选举的结果，甲党当选的代表与乙党当选的代表，不一定是十与五之比。

其三、国会既为国民全体的代表机关，便应该与国民全体各方面的生活利益相关切，这是理论。然而事实上亦属难能。因为近代国民生活利益的差别，因地域差别而生的，不如因职业差别而生的多；经济愈进化，分业愈细密，生活上利益的差别也随之愈复杂；而代表的选举区，则恒以地域的标准；选举的结果，仅能代表地域上的差别利益，不能代表职业上的差别利益。

其四、国会既为国民全体的代表机关，即国会的行动，应该常与国民的真实意旨相印合，这是理论。但事实上常不如此。因为近代的所谓民治，事实上成为一种政党的政治，政治成为政党员的一种专门职业，代表机关往往为政客所独占，变为政客争权夺利的衣食场所。所谓国民的福利问题，往往徒供政党政客的宣传标语之用，成为不兑现的支票。

要救济前列各种缺陷，于是有两方面的运动：一为代议机关的改革，一为直接民权制的部分采用。再于下列两大节中分别述之。

二、代议机关的改革运动

要改良代议机关的本身，须从改良代表的选举方法上着手。关于代表选举方法的改进，有三种运动：一、为选举权的扩张，二、为比例代表制，三、为职业代表制，以次分述如下。

（一）选举权的扩张

选举权的扩张，是救济前节所述第一种缺陷的。在代议制采用的初期，代表的选举权，或则不普及，或则不平等。所谓不普及者，即关于选民资格的规定，除了年龄、国籍、无精神病，无未受刑事处分等条件而外，更规定财产、教育、性别等种种资格。财产的资格，是由于“不出代议士不纳租税”的原则转换而来的，前已说过；后来主张这种资格的，以为纳税是人民对国家一种义务，财产是租税的源泉；要有财产的人，方能尽这种义务；要能尽这种义务的人，方得有选举的权利。但是现代租税的性质，极其复杂，国民对于租税的负担，不限于直接税，即所谓纳税的义务，亦不限于有产阶级，故这种原则站不住了。主张制限选举的，终觉得无产阶级参与选举，是一件很危险的事，于是又认财产与智识是相连属的；谓参政不仅是一种权利，并且是对国家一种职责；要有相当智识的人，方能尽这种职责；要受过相当教育的人，方能得到相当的智识；要有相当财产的人，方能得到相当的教育；于是由财产资格的主张，变为教育资格的主张；并因教育资格的主张而兼重财产资格。但就所谓参政的智识言，如仅涉及代表的选举，则此种智识未必即能用财产的有无，作衡量它的程度标准；故因教育资格而牵及财产资格，实不能成理由。且专就教育资格言，也有与相反对的理论，即国民参政的本身上便是一种政治教育；好比学泅水的人，一生不下水，怎能学会泅水，要学会泅水，除非亲自下水去；要使人民获得参政的智识，除非使他实行参政；则参政的本身上，即属一种教育；故所谓教育资格的理由，亦不能绝对成立。至关于性别资格的理论，反对女子参政的，或以为女子参政不合生物进化的公例，或以为不合分工合作的原则，亦皆非绝对的理由；其比较强有力者，则为女子在经济的生活上多倚赖男子，及对于国家无服兵役之义务两项。但自近时经济的组织变迁以来，女子在经济的生活上，已多自成一单位；第一次世界大战期中，女子对于国家所尽的义务，足与入伍当兵相抗衡；故上记两项理由亦皆不能成立。要之，自十九世纪中期以来，经济的组织上，发生极大的变化，人民政治觉悟的范围，亦随之扩大，施行代议制初期所定选举资格的限制，不能不随时势的进展而一一打破。现代一般进步的国家，对于选民资格的限制，大都仅存年龄、国籍、住所、无精神病、未受刑事处分等几项；关于财产、教育、性别等限制，或已完全撤消，或大部分的撤消了，这是选举权由不普及而进于普及的运动。

所谓选举权不平等者，即对于有选举权的人，设为投票效力上或数目上的差别限制，使一部分的选民，独占优越的势力。其一、如前此普鲁士所行的三级选举制，将各选区之选民，依纳税额的多寡，分为三个选举团体，使各举出同等之代表。（例如某区纳税额共为三万元，其中一万元为一千人所纳，此一千人为一选举团体；其他一万元为二千人所纳，此二千人为一选举团体；其又一万元为三千人所纳，此三千人为一选举团体；三团体各自分别投票，所选出之议员名额，三团体皆相等。）这种代表制，是纯粹代表财产，因财产的不平等而选举亦不平等；到欧战以后不复为普鲁士人所容认，今已完全废去了。其二、如前此比利时所行的加重投票制，即一般选民，只有一票的投票权；选民中纳税达于某种数目者得投两票；具有特殊教育资格或曾从事特殊职务者亦得投两票；其兼具上列数项资格者得投三票（但至多以三票为限）；此种加重投票的制度，也是一种不平等的制度，到一九二〇年，也宣告废止了。其三、如英国前此众议院的选举法，名义上虽不是加重投票制，事实上也是不平等；因为英国以有独立住宅为选举资格取得的条件，而各选区的投票，又不必同日举行，于是有些阔绰的选民，在几个选区以内，占有几个住宅，事实上可以行使几次的投票权。但依一九一八年改正的选举法，此后各区投票将同日举行，且明白规定无论何人，不能在两个以上的选举区投票；前此多次投票的事实，也大受限制了。这是选举权，由不平等进于平等的运动。概括言之，选权普及与选权平等，已成为现代选举上的两个重要原则。

（二）比例代表制

比例代表制的运动，是救济前节所述第二种缺限的。因为选举权纵然普及平等，而各选民所属的政党势力，恒不平等，小党恒为大党所压迫，不得选出相当的代表；随之，少数人的意见，不得表现于议会。要救济这种缺陷，只有采用比例代表的方法。所谓比例代表制者，其目的在使各党所选出代表名额的多少，恒与各该党所得的选票多少成比例。要达到这个目的很不容易；因为法定的选举投票的目标，在候选者的个人而不在政党。故起初关于比例代表制的运动，大都专在选举区的划分上着想。希望达到比例代表的目的的人，辄主张采用大选区制，而反对单选区制。因为单选区制，每区仅由议员一人，当选者恒以得到该区选票过半数或比较多数者为限，小党很难有当选的希望；若采用大选区制，一区可出议员数人，则小党亦有取得议席的可能了。不过专恃大选区制，尚难一定达到目的；第二步须更从投票的方式上着想。于是以大选区制为基础，产生两种投票的方式：（一）制限投票法（Limited Vote）。例如每一选区，可出代表三名，每一选民仅以投选一名之票为限，以得票较多者为当选；如此则少数党，若能得到全体三分之一以上的票额，即可选出议员一名。（英国在一八六七—一八八四年时代曾采用此制。）（二）积累投票法（Cumulative Vote）。例如每一选区，可出议员三人，每一选民，可投三名之票；但此三名之票，或分投于三人，或积累而投诸二人或一人，皆听选民的自由；依此方法，各党的运动者，可各依其所得选民之多少，定投票目标的积散；结果，小党亦可取得一小部分议席。（英国地方的教育团体及美国的各邦，曾经采用过此制。）

上述两种投票的方式，虽可使少数党有取得议席的机会，尚只能称为“准比例代表制”，不得称为真正的比例代表制。因为在选举法上，仍以个人为选举投票的目标，并且所得的结果，代表多少的名额，未必能恰与各党所得的选票成比例。真正的比例代表制，其投票的目标，则以各党所提出的荐选名单为主。（亦有以荐选名单为主目标，而兼采个人目标者。）关于实行的方式，经过许多人的研究，很难得到一种精密完全的办法。经各国实验过的方式很多，且很复杂，此处不能一一备述，略举其大概，可分为下之二类：

第一、为选举商数法：其法以各选区应出议员名数，除各该区的投票数，再以其所得之商数，历除该区内各党所得之票数，即得该区内各党所应得的议员名额，例如下式：

$$\frac{\text{投票总数}}{\text{议员名额}}\ \frac{30,000}{6}=5,000\ \text{商数}\qquad \text{甲党得票}\ \frac{15,000}{5,000}=3\ \text{即得三名}$$

$$\text{乙党得票}\ \frac{10,000}{5,000}=2\ \text{即得二名}\qquad \text{丙党得票}\ \frac{5,000}{5,000}=1\ \text{即得一名}$$

依上式甲党得议员三名，乙党二名，丙党一名。但在事实上各党所得票数，决不能恰恰如此合巧；往往各党皆有残余的票数，致有残余的议员名额，难于分配，试依前式改变如下式：

$$\frac{\text{投票总数}}{\text{议员名额}}\ \frac{30,000}{6}=5,000\ \text{商数}\qquad \text{甲党得票}\ \frac{11,500}{5,000}=2+\text{残余票}\ 1,500$$

$$\text{乙党得票}\ \frac{10,200}{5,000}=2+\text{残余票}\ 200\qquad \text{丙党得票}\ \frac{8,300}{5,000}=1+\text{残余票}\ 3,300$$

如此甲党得议员二名，乙党亦得二名，丙党得一名，共为五名，尚有议员残额一名，究应归于何党？其救济方法有二：

（甲）为最大残数法：视各党残余票额的数字以何党为最大，议员的残额即归何党。依前式，丙党的残票数字比甲乙两党的残票数字皆大，即议员残额的一名应分配于丙党，于是丙党亦得二名。依此分配，丙党最得利益，因彼仅以八千三百票而得议员二名，甲党以一万一千五百票，乙党以一万零二百票亦仅各得二名；乙党所牺牲的票数虽仅二百，甲党则牺牲达一千五百票之多。但依此式，三党所得票数之差，尚仅略如梯形，未到加倍的程度；有时大党得票，比小党多至一倍，而其所得议席仅与小党相等，例如下式：

$$\frac{投票总数}{议员名额}\ \frac{30,000}{3}=10,000 \qquad 甲党得票\ \frac{15,500}{10,000}=1+残票5,500$$

$$乙党得票\ \frac{7,500}{10,000}=0+残票7,500 \qquad 丙党得票\ \frac{7,000}{10,000}=0+残票7,000$$

如此式议员名额共三名，投票总数共三万，依商数法，每名应得一万票，方能当选；甲党得一万五千五百票，可得议员一名，尚余残票五千五百；乙丙两党所得之票，皆未达到商数的数目字，即皆不能当选；然则尚余代表二名，如何分配？若依最大残数法，则第一次计算，以乙党的残数为最大，故乙党可得议员一名；第二次计算，以丙党的残数为最大，故丙党亦可取得议员一名；合之，即三党各得议员一名。但实际甲党所得的票，超过乙丙两党皆一倍有余，而所得议员名数则相等，未免牺牲大党过甚。故最大残数法，不是救济残票的好方法。

（乙）均数计算法：其法先用一、二、三等数字，历除各党所得票数，求得各种当选的平均票数；如每区甲议员名额为三名，则取其平均数较大的三个中最小的一个，作为议员当选票数的标准。（如每区有议员名额四名或五名，则取其平均数较大的四个或五个中最小的一个为标准），依前式数目字，改如下式：

	甲得票数 15, 500	乙得票数 7, 500	丙得票数 7, 000
各以1除之得	15, 500	7, 500	7, 000
各以2除之得	7, 750	3, 750	3, 500
各以3除之得	5, 166+	2, 500	2, 333+

依上式所得九个平均数中，以15,500；7,750；7,500的三数为较大。而较大的三个数中，又以7,500一数为最小。即以此为议员当选票数的标准。甲党得票超过此数一倍，应得议员二名；乙党得票恰如此数，应得一名；丙党不及此数，故不能取得一名。

此法比较最大残数法似为较善，但其结果，也有受牺牲的残票；并且就乙丙两党所得票数比较，丙党少于乙党的票数仅五百，乙党得一议员，而丙党的票竟完全牺牲，故仍不能目为完美无缺的方法。

第二、为票额均一法：其法预先用法律规定一个当选的票额，不论在任何选举区内，任何政党，凡得票满此法定额数时，即得议员一名，倍于此额数时二名，再倍于此额数时三名，以此递推。然依此法，亦不能不有受牺牲的残票。对于此法的残票救济方法，则有"残票转移"一法，可举第一次世界大战后德国所采用的比例选举法为实例。德国的比例选举法，其特点如下：

（甲）分全国为三十五个选举区；

（乙）连结二区以上为一连合选举区，计共十七个连合区；

（丙）合十七连合区为一大国选区；

（丁）议员每名当选票数为六万票，但议员总名额不预定；

（戊）各党各得提出三种荐选名单——基本区名单，连合区名单，国选区名单；

（己）各党在某基本区内，得票满六万时，即于该区的荐选单内出议员一名，加倍时出二名，以次递推；如有残余之票数，则移转于连合区，与该党在同一连合区中其他选区的残票相加，若满六万票时，即在该党连合区名单中出议员一名；如再有残票时，则再移转于国选区，以同一方法相加计算分配之。如此方法，虽仍不免有残余的废票，但为数极为有限。故此法，可称为比例选举制最精密的方法。

上列所举不过是比例代表方法的大概，此外尚有许多计算的方式与理论，此处不及一一备述了。

（三）职业代表制

职业代表制的运动，是救济前节所述第三种缺陷的。这种运动的首倡者，当推法国的工团社会主义派，与英国的基德社会主义派。依此派人的理想，以为政治社会的组织，在过去的历史上，是由民族部落扩大的，故以地方团体为组织的单位；但自近代工业革命以来，经济的关系，发生大变动，社会的组织，亦当随之变动；将来的政治社会，必以职业团体为组织的单位。换言之，社会结合的利害关系，由于同血系同地域而生的，将不如由于同职业而生的密切；即由地域团体的组织，变为职业团体的组织，亦为自然之趋势；则国民代表机关的组织，亦当以职业团体为选举的单位。平心而论，将来政治社会组织的归结，到底如何，此时虽难为确切的断定；但现在许多国家的职业团体势力，往往超过议会之上，使议会渐成为外重内轻之势，则为最显明的事实。因是议会的威望信用，渐次低减。主倡职业代表制的人，以为现代议会威望信用之所以低减，即由于议会的代表，是以地域区分的基础选举而来的，不能与社会生活利害关系相切合；若要维持议会的权威，恢复它的信用，除非采用职业代表制，把所有职业团体的势力，集合于议会之中，方能有效。且为充实议会内部的专门知识起见，亦莫若采用职业代表制；若现时一般的议会选举，既以地方区域为标准，而一地域内的选民，所操的职业既各不同，其所选出之代表，势不能为特殊的专门人才，对于职业生活各方面的问题都不能不加以注意，因是恒为“无所不知”而实“一无专长”的政客；有专门经验知识的人才，插入议会的机会绝少。但在现代生活关系极复杂的时代，立法的问题亦极复杂，非罗致各方面的专门经验知识于一堂，常有不胜任之虞。若采用职业代表制，则选举时，各种职业团体，自然皆以其同业中的杰出人才来应选，即议会中所包含的知识种类，亦随之丰富。凡此皆主倡职业代表制者所持一般的理论。

但是对于职业代表制怀疑的人也不少。其怀疑的理由，恰与前述的理由相对：以为社会的生活利害关系，既由分工合作而来，一方面不能无冲突，即一方面须要调和；以地域区分为基础的代表较易保持调和的功用。若打破地域代表制，而专采职业代表制，则所选出的代表将各以维护其同业的利益为务，议会内部的冲突将更激烈。其结果非陷于四分五裂，使立法事业不能进行，即演为游移不定的党团结合以相倾，使政局恒呈混沌的状态。若谓专门的经验知识为议会所需要，普通的基本理解力尤不可缺乏；因立法是关系社会全体的，不是纯为各特种职业彼此不相关涉的事业。专门家的专门经验与知识固极充足，但不免恒有蔽于一曲的毛病。议会的组织，若悉以专门人才充之，对于现代关系极复杂的立法任务，是否适当，亦不能不成为疑问。

因为有这些怀疑的意见，所以职业代表制运动的进展，尚未达到普遍实行的地位；即关于职业代表制施行的方法形式，亦尚多属于未经实验的设计；其已经实验的设计，或亦仅属部分的实验。就现代已经实行，及各理论家所提议的职业代表制言，约有下列各种方式。

第一、纯粹的职业代表制——根本的废去地域代表主义，专由各种职业团体选举代表，组织议会。法国的工团社会主义派，有此主张，但在法国，却未实现；实现的仅有苏联与法西斯蒂的意大利。苏联全国苏维埃大会的代表，虽由各城市及各省苏维埃选举而来，而各城市及各省的下级苏维埃，则皆由各职业的劳工团体选出之代表组织之。故苏联可称为纯粹的职业代表制，不过是用间接选举的方法而已。然据一九三六年第二次宪法所规定的选举方法，则不分职业，惟以"劳动者"为积极资格，且一体由直接选举。法西斯蒂的意大利，议会仍有两院，下院名曰职业联合院，以全国各种业主联合会及工人联合会的代表组织之，亦可称为纯粹的职业代表制。

第二是职业代表与地域代表并行的方式——主张用此方式者，有两种设计：一种为法国学者狄骥的设计；他主张议会仍设两院，上院由职业团体所选出的代表组织，下院则由地方团体所组织的代表组织；两院的立法权同等，彼此立法的范围，也不必画分，凡法律案皆须由两院通过。但法国的两院，终未曾采用此种方法。其他一种为英人柯尔所提出的设计；他主张国家应设两个议会：一个经济议会，由各职业团体选举的代表组织（为生产者的代表机关）；一个政治议会，由地域团体选举的代表组织（为消费者的代表机关）。经济议会对于经济问题有完全的立法权，政治议会的立法权，以涉及全国的政治问题为限。但英国也至今不曾采用这种制度。

第三为采用柯尔的设计而加以变更者，即第一次世界大战后德国所行的职业代表制。依德国新宪法，于普通议会之外（仍有上下两院），又别设一个中央经济院，其构成分子，分为四种：一、各企业雇主的代表，二、各劳工团体的代表，三、消费团体的代表，四、政府代表。然三四两种代表的人数极少，实际该院为雇主势力与劳工势力对立的机关，即职业团体的代表机关；三四两种代表，处于左右调和的地位而已。不过此种机关的立法权，极为有限，依宪法规定，仅有下列两种权限：一、得向普通议会提出关于经济的立法案；二、政府提出关于经济及社会问题的立法案，须预经该院审议。故所谓中央经济院尚仅为关于经济及社会问题建议及审议的机关，并未取得立法的全权。故此种制度，只是部分的试验柯尔的设计。自德国用此办法后，欧洲各国，仿照德国设立劳资代表会议的也不少，但都不过是部分的试验柯尔的设计，并未曾取得立法机关的地位。

三、直接民权制部分的采用

在现代一般国境广阔，人口众多的国家，要完全采用直接民权的政府制度，在事实上，本为不可能；但因为代议制度的信用不及从前，要救前第一节所述代议制第四种缺陷的原故，部分的采用直接民权制，渐次成为事实。关于直接民权行使的表征有三：一为复决（Referendum），二为创制（Initiative），三为罢免（Rocall）。以次分述其大略如下：

（一）复决权

所谓复决，就是将议会已经通过的法案，重付公民团体投票表决。这种表决，只是“赞否”二字，没有讨论修改的可能。这种制度，在十八世纪末期法国革命时代，即已萌芽。因为当时的革命人物，大都是服膺卢梭《民约论》的人；卢梭《民约论》的主旨，就是要采用直接民权的，当时革命人物认宪法为民约，非经人民批准，不得成为宪法，故法国一七九三年第二次的宪法，由宪法会议通过后，复提交公民总投票表决，是即近代采用复决制的发端。及拿破仑第一篡取政权，取得终身执政官并皇帝的名位，皆以公民总投票的方式行之。以后法国的人士，觉得这种制度，在人民智识未充分发达时，施行起来很危险，容易被野心家所利用，便不敢采用了。在十九世纪中，欧洲大陆，继续采用此制的只有瑞士诸州及瑞士联邦；美国的各州，亦有渐次采用此制的；到第一次世界大战后，新造的各邦，如德奥的新宪法上，也有采用此种制度的规定了。

主张采用此制的人，以为这是实现民权主义的必要的条件（此仍根于卢梭的理论）；又以为富有政治教育作用（谓法案既须经公民复决，公民对于各种立法的问题，即不能不加以注意）；但主要的理由，还是在于防止议会的专擅与失职。盖因晚近的议会，多成为政客猎逐私利的场所，有此办法，可使议会立法，在事前有所顾虑，在事后亦有所补救。但是反对者，却以为此种复决制度，人民对于复决的问题，既无共同讨论之可能，专凭政府所颁的说明书，不能得到充分判断的资料；并且在近代经济组织极复杂的时候，立法的问题，亦极复杂，即专门家尚有判断错误处所，何况普通的公民；加以各人生活的忙迫，绝少潜心研究的余暇，若把立法的重要问题交他们解决，不是盲从的糊涂通过，便是放弃投票。若说复决的立法，可以增长一般公民对于国事的责任心，但在他一方面，又实足以减少议会的责任心。这种顾虑，也是很有理由的。故复决制度的采用，不能专从制度的本身上考究，须从国民教育的程度，及一般公民对于政治的兴趣与环境上加以考量。

现代各国，采用复决制的，在适用的范围上及方式上，至不一律：

第一、就复决制适用的范围言：有仅适用于制宪问题者，认宪法为国家组织的根本问题，特别重大，凡关于宪法的制定或修改变更，须经公民总投票复决。前述法国第二次的宪法，即经如此的程序。现时列国所采用的复决制其初亦往往以宪法问题为限；美国的各州，亦大半如此。有并适用于普通的立法问题者，瑞士的各州。除 Fribourg 一州外，几皆适用于普通的法律案。美国的各州，亦有扩及于普通的法案者，但尚居少数。第一次世界大战后，德奥新宪法的规定，对于普通的法案，也有可以适用复决的处所。

第二、就适用的方式程序言：有强制的复决，与自动的复决之区别。所谓强制复决，不问公民提出要求与否，依宪法的预先规定，凡对于某种问题的法案，必须经过复决的程序，方得成为法律。此种复决，以对宪法问题为多，瑞士联邦宪法及各州宪法，若要修正，皆须经复决后，始得成立；即对于普通的立法，各州中也多采用强制复决的。美国的各州则大都限于宪法问题，普通法案，用强制复决者尚为极少数。所谓自动的复决者，则凡议会通过的法案，须经公民复决的程序与否，法律上并无强制的规定；但在法定的相当期限内，若有公民若干人或议会本身，或其他机关，自动提出要求，交公民总投票复决时，亦须复决后，方得成为法律，否则无须复决。公民提出，要求的人数，如瑞士联邦宪法的规定，须有公民三万人的联署提议；德国新宪法的规定，须公民全体二十分之一。规定由议会自动提出者，在于给予少数党或多数党以诉诸公民之机会（美国的密奚干州（Michigan），且仅以此种提议委诸议会，公民反不能提议）。由行政机关提出者，如德国新宪法所规定总统对于议会所通过的法案，有提交公民复决之权，其目的在于解决议会与内阁的冲突。联邦制的国家，有规定各邦对于联邦议会所通过的法案，得提出复决的要求；如瑞士宪法的规定，若有八州提议，即须交公民复决是。

（二）创制权

“创制”权的名词，或译为公民发案权。因为复决权，公民只有对于议会已通过的法案，加以复决，其用意在防止议会制定人民所不愿接受的法律；创制权，则由公民团体，自己提出法律草案，交由公民全体投票表决，其用意在防止议会对于人民所希望制定的法律而不制定。凡采用复决制度的国家，以为公民既可以复决权，决定法律成立的命运，何不可以由公民直接创造法律呢。主张采用此制者与反对者所持的理论，大率与前述关于复决制的理论相同。在主张的方面，以为必兼采创制的方法，公民的直接立法权，始充分完成，对于议会的流弊，始能充分防止。在反对方面，则谓采用此制，法律的实质将更流于草率粗恶，多数压迫少数的弊害，将更甚于议会。但是复决制既见诸实施，创制势不能不用。故凡采用复决制的国家，大都兼采创制的办法。在适用的范围上及方式上，亦各不相同。

第一、就创制权适用的范围言，亦与复决制同，有专适用于宪法问题者，有并适用于普通法律问题者。适用于宪法问题的创制，即公民对于宪法若得到法定人数的连署，即可提出修正案。瑞士诸州，除 Fribourg 一州外，创制权适用于宪法及普通法律问题；瑞士联邦，则仅适用于宪法的修正。美国的各州，因视宪法为特别尊严，仅容许公民对于普通法律问题得行使创制权，而反不及于宪法问题。

第二、就创制权适用的方式程序言，亦可大别为二类：（一）仅由公民向议会提出法案的几项原则，并不自行草定法案的全文。议会若赞成其原则，即由议会依此原则制成草案，交公民投票表决；议会若不赞成，则须先将此原则交由公民票决取得多数后，方由议会制成草案，再交公民总投票。瑞士联邦，关于宪法问题的创制程序，即属如此。依此程序，自然可以防止草率粗疏的流弊，但草案的成立难免不与最初所提出之原则有相出入之处。（二）提案者径行草定一种完整的法案，交由公民总投票表决。其意即在防止议会舞文弄墨，变更提案人最初的原则；但为防止草率粗疏计，亦往往附以条件，即议会如对于公民所提出之草案不赞成时，可由议会提出一种不同的草案，与原草案同时提交公民总投票表决。瑞士联邦宪法，即兼采此方法；美国的加里弗尼亚州（California）亦采用与此类似的方法。

关于提案联署的法定人数，亦各不相同，最低者仅需公民总数百分之三，如美之阿海阿州（Ohio）；或定为百分之八，如美之阿列根州（Oregon）；瑞士联邦宪法规定为五万人，德国宪法规定须有公民十分之一，方可提出法案。

关于创制权与复决权实施的成绩，据英人蒲徕士的观察，谓在瑞士，其成绩很有可观，美国似尚比不上瑞士；因美国试行的时期，不及瑞士的久远。但在美国也尚未发现何种大弊害，不过尚未到可以下最后批判的时候罢了。

（三）罢免权

罢免权，为直接民权表现的第三种，是与选举权相对待的。选举权，由公民选出对于国家服务的公职员，罢免权则公民对于其所选出之人，可由公民用投票的方法直接罢免之。主张采用此方法的理由，以为议员或官吏，既由公民选任，如失去公民的信用，公民当然有罢免之权；若但能选举而不能罢免，则将如卢梭所说在选举时有权，选举后便变成无权的奴隶了。且就实际的利益上说，公民如能直接行使罢免权，则公职员舞弊营私，贪赃枉法，不顾舆论责备的行为，必可以减少。但是反对者，以为用此方法，必使公职员相率流于畏葸规避，失去负责任事的勇气；凡爱惜名誉之人将皆不愿为公众服务；因罢免案的通过，虽须由公民总投票表决，然提案仅须一小部分的公民，凡为公众服务的人，总不免有失欢于一小部分人的情事；故凡爱惜名誉的人，将以服务于国家为畏途。不过主张用此方法的人，则谓真正公廉勇直之人，既不因此而规避，亦不因此而损其名誉，且可因此而增长其勇气，保障其名誉。然此都不过是一种理论，实际可否采用此方法，须视其国民的素质何如以为断。

采用直接罢免制的国家，在第一次世界大战前，仅瑞士联邦的各州，及北美联邦的各邦；大战后则欧洲新造的各国中亦有采用者；其适用的范围与方式程序，也各不相同。

第一、适用于议会的议员：或仅对于议员中之个人行之，即一选区中之公民，对于其本区所选出之议员如不信任时，得到法定人数的连署，即可提议罢免；交由该区公民总投票表决之；可决时，即另选他人补充。美国各邦所采用的，多属于此类，或对于议会全体行之，即议会在未满法定期限以前，如有全国选民之一部提议，即可由全国选民票决解散，另行选举。瑞士的各邦中，久已采用此法，第一次世界大战后，普鲁士之新宪法，亦采用此法。

第二、适用于行政官：瑞士及美国的各邦，对于民选的行政官吏，有可由其本选区选民之一部，提议罢免，交由选民投票公决者；甚至有对于非民选之官吏亦采用此方法者。德国宪法，且用公民的直接罢免权，为解决行政元首与议会冲突的方法；即总统在任期未满以前，联邦下议院，得提议要求总统退职，交由公民总投票表决；如经公民可决时，总统即须退职；否决时。总统等于重新当选，下议院须立即解散。不过此种罢免权，仅由公民决定罢免与否，公民无直接提案之权。

第三、适用于法院之法官：此惟美国诸州中之少数行之。因为美国各州的法官，也有由选举而来的；而美国的法院，有解释宪法之权，恐怕法院根据宪法，否认公民所票决的法律，故用此法以防范法官。但直接罢免制若适用于法官，必使司法渐失其独立的精神；故又有主张用公民票决直接撤销裁判，来代替直接罢免法官的。但若如此，法官的地位，虽不因此动摇，而法院的裁判亦将失其尊严。严格的说，法官由人民选举，即非良制。美国独立时，因醉心卢梭的民权主义，故各州中对于法官，亦有采用选举制者。法国大革命时，亦曾采法官选举制，旋因流弊百出废止之，美国各州之采用此制者，亦以积重难反之故，一般学者皆反对之（近惟苏联各级法院由同级苏维埃选举之，人民法院则由人民直接选举，皆有一定任期）。法官由民选，既非良制，则直接罢免之不宜施诸法官，更不待说了。

概括言之，直接民权的行使，如复决、创制、罢免，都是救济代议制度的弊病的不得已的办法；若非其国的人民，对于政治生活有相当的历练和兴趣，断不可轻于采用。即在政治生活历练最深的国家，尚有其他方法可以救济议会的失职，亦不轻于采用，如英国即其实例。因为英国凡遇重要的问题，辄施行议会总选举，以探察民意的倾向，故无采用直接行动之必要。苏联第二次宪法，选民对于各级苏维埃代表虽可行使罢免权（宪法第一百四十二条），至于立法权，则“仅由苏联最高苏维埃行使之”（宪法第三十二条），其在各盟员共和国亦然（宪法第五十九条），皆不用复决或创制方法。惟在四十九条规定苏联最高苏维埃主席团之职权时，有“自动或根据某一盟员共和国之要求，举行全民公决”一项，此大概涉及特殊重要问题之解决，非涉及通常之立法。我们须知道，在现代国土广漠的国家，公民总投票，是一种很繁重累赘的事情，一方面是权利，一方面却是一种负担；投票的事过多，即政治历练最深的国民，亦难免不生厌倦之心。故即采用直接民权制的国家，亦以不轻于行使为宜。

第十二章　内阁制、总统制与委员制

现代一般的政府制度，不问其为君主制或共和制，其中央的机关，必定含有三大部门，即立法、行政、司法。这三大部相互之关系，不是一律相同的。司法一部。大概都是采严格独立的原则。但就行政部与立法部的关系言，则现代各国的政府，可别为三种形式：其一为内阁制（或曰责任内阁制，或曰议会政府制）；在此种制度之下，行政部与立法部，表面上虽然仍为两个分立的机关，实际上两个机关不惟不是分立的，并且是相依为命的。其二为总统制（或曰非议会政府制）；在此种制度之下，行政部与立法部，不但表面上是两个分立的机关，实际上也是彼此独立不相侵犯。其三为委员制；在此种制度之下，行政部完全成为立法部的委员会；其形式同于一个大机关中的小机关。这三种制度中，前两种虽不相同，却于同出于一源；以前的学者多注重这两种制度的同异与利弊上的比较研究；第三种，以前采用者较少，故注意研究它的人不甚多。本章先就前两种的来源及其利弊上加以比较的叙述后，再及于第三种。

一、内阁制与总统制产生的历史

内阁制与总统制，形势上及精神上的差别，异常分明。但两制历史上的来源，却是一个。现时内阁制的代表是英国，总统制的代表是美国；但美国政府的组织，最初本是想模仿英国的，为甚么模仿的结果，却生出这样不同的差别来呢？要答复这个疑问，须将英国在十七八世纪时代的政治情况，及当时的学说，略为叙述。

（一）十七八世纪时英国政制的演变

十八世纪以前，英国的政争，或为贵族资产阶级对抗君主，或为新教徒对抗旧教徒，皆据巴利门为作战的堡垒。因为巴利门操制定租税法案之权，君主苟非将巴利门操诸掌中，则在财政上不能行动自由。内阁阁员，全由君主任免，君主既为代表国家的元首，又为行政的元首，内阁仅为辅弼君主的机关，听君主的指挥。君主想操纵巴利门，以便于租税法案的容易通过，间尝以内阁阁员的位置授诸巴利门有势力的议员。巴利门要防止君主的专制，则不许内阁阁员的势力侵入巴利门，恐怕为君主所操纵。故在一七〇一年，巴利门曾通过一法案，规定“若下院议员，受官于君主时，即丧失其议席”。这就是主张立法行政分立的人，谓“议员不得兼为行政官”的根据。故在此时，英国政府制度的形式，还是一种行政立法分立的制度，与今之所谓总统制相似。但是英国的政府制度，由两机关分立主义，演变而成为今之融合主义，即在上述法案出现的时候。在当时的巴利门中，非格党（Whigs 即后来的自由党）独占优势；前此威廉三世即位之初，所用阁员，非格党与脱利党（Tory 即后来的保守党）都有，常彼此互相抵牾，行动极不圆满；至一六九三年，就纯粹用在巴利门占多数的非格党员组织内阁，行动异常敏活，这就是由巴利门多数党组阁之始。巴利门的人恐怕因此失去了巴利门的独立，所以就有一七〇一年的法案规定。但自此法案成立后，又觉得有不方便的处所；因为阁员不能到议会里来，阁员固然减少了活动力，议会也失去了宰制阁员的机会。所以前述的法案成立后不过几年工夫，到一七〇七年，又把前此的法案加以修正："若下院议员，受官于君主时，即失其议席，但依再选当选时，仍得保留其议席。"从此，阁员兼任议员，虽须经过再选的手续，但已成为法律所明许的事实了。随后汉洛菲（Hanover）王室继统，君主在政治上渐失其把握实权的地位，政府以内阁为中枢。在十八世纪之中，内阁与议会，依一七〇七年所修正的法案，事实上已成为不能分立的联环体。自此英国的政府组织，形成下记数条习惯的原则：

（甲）内阁阁员须兼任巴利门议员；

（乙）内阁须以在巴利门占有多数议席之党派组织之；

（丙）内阁阁员须对于巴利门负联带责任，内阁如失去巴利门多数党之信任，非君主解散巴利门之下院施行改选，内阁即须总辞职。

这便是现代所谓内阁制的根本原则。但英国的政府组织，演变到这种形态，是因谋政治行动上的便利，渐次成为习惯的事实，并没有整然明白法律的形式可寻（即前记一七〇七年之法案，亦仅允许阁员得兼任议员而已）。这种事实，在当时的法学者，大概都少有明白认识的。

（二）孟德斯鸠三权分立的学说

孟氏三权分立学说的精神，不但在于三种机关的分立，并在于三种权力互相抵衡（Checks and balances），以均势为原则。与孟氏时代相去不远的洛克，在他的政府论中，也曾有三权的分别，曰立法权，曰行政权，曰外交权。不过外交权，在现代皆认为行政权的一部分，实不能与行政及立法相对立。立法行政两部，洛克虽主分离，但是他的根本主见，不认二者为平等对立的，而认立法权为国家的最高权，行政权须隶属于立法权之下。孟说则不如此。孟说的特色，在以三种权利，相互抵衡，为保障人民自由的要件。他说："设使一人（君主）或一团体（元老院）既握行政权，又兼有立法权，自由乃不可得睹。吾恐该君主或元老院，行将制定专制之法律而专制的执行之。又设令裁判权，不与行政立法两权分立，亦无自由之可言……"孟氏的三权分立说，见于其所著《法意》第十一篇第六章，总题为"英国宪制"。他所主张的三权分立说，即以英国当时政府组织的形式为背影。孟氏所著的法意，出版于一七四八年，起稿于二十年前；故在他著书的时期，正是英国政制由立法行政分权，演变而成立法行政互相联结的时期。孟氏所陈说的，是英国政制表面的形式，已与当时英国政治的实质相远。盖从实质言，正是英国责任内阁制发达的时代。孟氏对于这种变化的情态，也不是完全没有认识；他在末章的结语说："英人今日，是否实际享有此自由，非予所问；予但认法律树此自由，其他不深究。”我们要批评孟说，须知道他所处的环境和立论的本旨。他是一个法国人；那时的法国政府是一种君主大权的政府，立法行政司法的权力，都操于君主一人之手。孟氏谋改革政体，只有英国，是当时的好模范。所以他尽力分析英制，说英制是三权分立，如何可以保障自由。他所谓三权分立，可以保障自由，就是各机关相互抵衡，不能专擅为恶罢了。英国也有一个法学家蒲徕斯顿（Blakcstone），盛倡抵衡之说；谓英国的宪制精神，在于各机关互相抵衡；也是就英国政制的形式上立言的。戴雪尝说：孟氏辈的议论，是法家的议论，不是政家的议论，实在一点不错。

（三）美国采用总统制的由来

北美联邦政府的组织，经过两个阶段：十三州宣告独立之初，仅有一个由各州代表所组织的联合议会（Congress），没有一个有力量的执行机关，及独立战争结束后，深感不统一的弊害，才开始第二步的运动，谋组织一个强固的中央政府。当时草宪人士的心目中，蒙受两方面的影响：一为学理上的影响，即相信孟德斯鸠，及蒲徕斯顿等所倡导之学说，以为政府各机关，彼此分立，互相抵衡，是保障人民自由必要的条件。一为事实上的影响，即在事实上，既鉴于前此联合议会之失败，希望得一强有力的中央行政部，又鉴于英国行政部的势力侵入议会，议会有失其独立的征象，希望中央行政部虽强固而不至侵及其他各部；因此便在联邦宪法上规定一种中央政府的组织，具备下记各项根本原则：

（甲）总统为统辖行政机关的元首，议会为立法机关，皆由民选。

（乙）内阁阁员皆由总统任免，受总统的指挥监督，惟对总统负责任，不对议会负责任（各阁员间亦无所谓联带责任）。

（丙）内阁阁员不得同时兼为议员（自哈密敦任财长以后，且不得出席于议会，参与立法问题的讨论）。

（丁）总统与议会，各有一定的任期，在任期未满以前，议会不得因为总统政见不同之故，用不信任投票的方法，推倒总统，总统亦不得因与议会政见冲突之故，解散议会。

这便是现代所谓总统制的根本原则。在北美制宪人士的心目中，这不过是就英国固有的政治制度，稍稍加以修正，使合乎行政立法完全独立的学理，既可望行政部之强有力，又不至有侵害其他各部权力或危及人民自由的弊病。但此时英国政制的精神，已不重在这几点了。自此总统制与内阁制，遂成为后来立宪各国两种楷模。

二、内阁制与总统制利弊的比较及其运用

内阁制与总统制产生的历史，及其差别之点，已如前节所言，前者以立法行政两部打成一片为原则，后者以两部分立互相抵衡为原则。然则两制的利弊到底如何？在实际运用上又发生何种现象？分别略述如下。

（一）理论上利弊的比较

两制根本的差别点，既在于立法行政两部的分离独立与否，我们要辨别两制的利弊，即应着眼于此点。

第一、非独立不能保障自由说。这是孟德斯鸠的旧说，认行政立法两权分立互相抵衡，为有利的。在君主势力极大的时候，此说有相当的价值；因为那时候内阁是君主的囊中物，可以随意任免，假使内阁的势力侵入议会，便是君主的势力侵入议会；以立法行政两权悉托之君主一人，自由的保障，自然有不稳固的处所，故只得以两权分立为限制君主行动的方法。但是现代的政治势力，既由君主一人移于多数人民所拥护的政党，抵衡主义，已不存于立法行政两机关，而存于议会中的政府党与反对党。换言之，以前是人民与君主对抗的时代，立法部的议会，是人民对抗君主的机关；现在是人民团体以政见利害相歧互相对抗的时代，立法部的议会本身中，至少必含有两个互相对抗的势力，用不着立法部去抵制行政部，人民的自由也可得到稳固的保障。譬如甲乙二党，甲为议会的多数党，内阁由甲党组织；倘若甲党阁员恃其在议会的多数，想专擅立法而专擅执行之，当他们的议案提出于议会时，反对的少数党，可以唤起舆论变换议会中党派的多少数；假使舆论最有势力，政府党的议员，认定多数舆论确是反对政府的政策，不待议会改选，就跑到反对党方面去了；万一政府党的多数议员不觉悟，到了改选的时候，不能不受选民的裁判了。故只要舆论有势力，选民有裁判的能力，并不必立法行政两部，彼此独立互相抵衡，作自由的保障。故所谓保障自由说，现在已不能成立。

第二、两机关独立的弊害。现代的政治，有两个特点：一、多数的共同行动，二、立法问题的复杂。多数共同行动的弱点，就是彼此互相牵制，进行不敏活。立法行政两机关打成一片，可以救济此弊；两机关彼此独立，互相抵衡，则此弊更甚。美国的威尔逊尝说：现代的政治，与其信牛顿的动力主义，不如信达尔文的生物学理。其所谓动力主义者，即两力互相抵衡之义；所谓生物学理者，即有机体主义；[①] 他的意思，就是政治行动，不应该像一种机械，以互相牵制为事，应该像一种有机体，指臂相使，行动一致。这就是赞成内阁制不满于总统制的表示。又就立法问题复杂的一点说，非身当行政之冲的人，不能确实了解那种复杂的实在情形。站在立法机关的人，若与行政绝无关系，就只能知道问题的大概，创作的法案，多不能应付时代的切实需要；或者大体上虽然可以应付，施行起来，不能合拍，随处发生阻碍。有时候立法部与行政部隔阂起来，彼此争持，竟至无法解决。故就理论上说，立法行政分立的总统制，实不如两机关打成一片的内阁制好。

（二）就两制实际运用上利弊的比较

就两制实际的运用上观察，行政立法分离的总统制，有产生政府外无形政府之弊。因为行政部既无参与立法之权，势必要有一种非正式的机关，去操纵立法部。一九一五年鲁特（E.Root）在美国纽约宪法会议的席上演说，有曰："卜拉特（Platt）统治此州垂二十年；州之政权，不在州长，不在议会，也不在各种民选之官

① 参看 Wilson, *Constitutional Government in the United State*, ch. 3,pp. 55—57。

吏，而实在卜拉特一人；其首都不在此地，而在百老汇路九十四号（94.Broadway），盖此为卜拉特与其党羽所居之处。……自予与此州之政府发生关系以来，四十年之间，实觉统治此邦之人，无一为宪法或其他法律所承认者。……政党之领袖，并不出自何人选举，不对何人负责，并无就任宣誓之拘束，无人能黜退之。……盖彼非人民所立之政府，乃常位于人民所立政府之上。”[①] 还有一位斯剔姆逊（Stemson）也有几句演说词，谓：“今日吾联邦与各州政府所病之弊害，大都可以归咎于彼牢不可破之曲说（指行政立法分权说）；这种曲说，就是限制我们的行政部于立法场所之外的。”因为立法行政两部的行动，非有一种连合关系，是行不通的；而宪法上既把两部离而为二，不许接近，非有一个法外的无形政府作联锁，在事实上就行不去。但那个无形政府，在宪法上无责任，就没有裁制他的方法。所以鲁特和斯剔姆逊，有如上述的指摘。这是总统制运用上所表现的弊害的一点。

再就英美两国的政治人才上比较，行政立法分离有足以阻碍政治人才发展之弊。英国的白芝浩（Bagehot）尝说：屏斥阁员于议会之外，此为总统制之精髓，然不可把他的大弊病忽略看过了。因为他的影响，及于人的心理，把议员看作不甚重要的东西；凡有政治抱负的人，苟非于演说之外，别有所事，坐而言即可起而行，决不愿投身于议会。故以不许议员兼任阁员的议会，与容许议员兼任阁员的议会相比较，人才能力的厚薄，必大相悬殊。总统制，把政治活动，截为两半，半属行政，半属立法，本一可贵之业，分之则不值一钱。人之愿以周身精力供献于政治，而即以为终身不断

① 参看 Root,*Addresses on Government and Citizenship*, p.202。

的生活事业，如吾英之内阁总理者，将决不愿往取其半。[①] 这段话，并不因为他是英国人，袒护英国的制度，说美国制度的坏处；事实上确是如此。美国的大政治家，由议会中活动出来的绝少（上院比较多有几个名人）；美国怀抱政治发展的人，总不愿去作代议员。英国的政治家，就没有不从议会中奋斗出来的。他要想发舒他的政治抱负，第一步就要插身于议会的下院；所以英国议会，就是一个政治家的制造场所。还有一层，美国的政治家，要表现他的政治才能，幸而取得了总统的位置，活动期限，在第二次世界大战前，至长不过八年；八年满了，不管人民对于他的信仰何如，他的政治才能，就全归于埋没了。在第二次世界大战期中，罗斯福的三次连任算是美国政治史上新开的特例。英国的政治家，只要常保多数人民的信仰，终身可以活动，内阁有一期可以延至八年之久的；就是失了信任退了职，还是坐在议会中尽监督政府的责任；多数的信任回复了，又可以再组内阁。所以英国的政治人才，从不会埋没。这也是实际的运用上，总统制不如内阁制的一点。

然则美国何以施行总统制，经过如许的长时期，不加以变更呢？这是有两层道理：

第一、美国的宪法，是所谓刚性宪法，本来是不容易修改的。加以那些吃政党饭的暴狮（Boss），要利用这种制度，来操纵政治，盛唱宪法精神不可轻易破坏之说；以为美国宪法的精神，无论从那一方面看，都是离不了“分权”二字；若把这一部分改变了，便是破坏宪法的根本精神。这种议论，很足以唤起一般人的迷信；所以至今还是守着这种制度。但是一部分的学者，总想把他纠正；

① 参看 Bagehot, *The English Constitution*, pp. 27—28。

威尔逊，在许多年以前，在他所著的 *Constitutional Government in the United States* 一书中，就极力指陈美国政府制度的缺点。玛利兰（Maryland）州的州宪法改正，预算案须由行政部提出；议会须就州长提出之原案投票；惟得删除款项或减少经费，不得增加。联邦自一九二一年改行新预算制后，预算案亦由总统提出。此即所以救行政立法分离之弊。

第二、美国尚能继续运用此制的原故，一以舆论势力的伟大，两机关不能一致时，终以舆论为裁判；其与舆论重心相违反的一面，最终无不让步。二以议会下院的任期甚短，上院的分子，也是二年改选三分之一，行政部与立法部，有时不属于一党彼此相反，有时又属于一党彼此可归于一致；但是不一致的时候，政府的行动就濡滞了。

（三）英法两国内阁制运用上的比较

现代采用内阁制的国，不仅英国，欧洲大陆各国，如法国、比利时、（欧战前的意大利也是），荷兰、瑞典、挪威、丹麦等国，都是采用内阁制的。但是运用这种制度最圆满的，只有英国；最不圆满的，恐怕要算法国。法国运用不圆满的现象，就是内阁时常倾倒。从一八七五年到一九一二年的三十七年间，内阁更迭之数凡四十五，平均算起来，一个内阁没有一年的寿命。一八八九年以后情势略为改善，如华德罗梭（Waldeck Rousseau）的内阁从一八九九年延长到一九〇二年，算是第三共和以来内阁生命最长的，克内满梭（Clememceau）曾有二年零九个月的内阁，但是比起英国的内阁生命来，则远不如了。英国内阁的生命，三四年的是常事，延长至八九年的都有（如第一次世界大战前爱斯葵斯所主持的自由党内阁，就延长至八年有余，欧战中始改组）。同是一种内阁制，为甚么英国运用如此圆满，法国如此不圆满？这是因为两国政治的习惯上及运用的条件上尚有许多差别。

第一、议会内部的组织不同：英国的议会内部，常由内阁阁员指导，一切议事日程的排列，委员会的任务分配，全由政府党院内督率员称之曰 Whip 的操纵。法国的议会，从总选举告竣后，第一次开会，就用抽签的方法，分为各种委员会；议程及任务的分配，都依各种委员会的性质配布；因此政府党就减少其指导操纵的机能了。

第二、质问的方式与结果不同：英国的所谓质问，多属于通常的个人的发问（Question），其目的不过是对于某问题，探讯其内容；每天开会之初，都有照例的问答，问答之后，并不提出甚么信任问题来。法国的所谓质问，除个人的通常的发问外，还有一种所谓 Interpellation 的质问，不徒以探讯问题的内容了事。凡遇此种质问案的提出，就是预备倒阁；因为一有质问；内阁就须答辩；答辩之后，就有所谓临时议程的动议（An Order of the Day）；意思就是把原来的议事日程变更，专讨论内阁所答辩的理由充分不充分；讨论结果，就举行信任投票；信任的若占少数，内阁就倒了。这种质问，是随时可以提出来的；往往为着一点小问题，内阁不曾留意，忽然间遇着这种质问，内阁的生命立即结果了。

第三、中央与地方的关系不同：英国的地方政治，是自治的，中央议会的党派，不受地方政治问题的影响。法国是一个中央集权的国，中央的党争，常脱不了地方政治问题的关系。一方面看来，中央的权力极大，因为行政部可以支配各地方机关；但从他一方面看来，中央的权力反形薄弱了，因为中央的议员，都是由各地方选出来的，都受各地方的党群或私利机关所支配；要达到他们的目的，就争着去夺取内阁，内阁的势力就薄弱了，他位就不稳固了。

第四、对于议会解散权的虚实不同：法国的议会下院，依宪法上的规定，在未满任期以前，虽然可以解散另选，但必须得上院的同意。自从一八七五年以来，只解散过一次；改选的结果，还是政府党失败了；以后的内阁，就不敢再用此种方法去对付议会了。所以法国对议会的解散权，是虚设的。内阁既不能改造议会，就只有内阁受议会的挟制，失去指挥议会的机能了。英国则不然，一方面，议会可以宰制内阁；一方面议会也受内阁的宰制，因为英国的解散议会权，不是虚设的原故。而且近若干年来，英国内阁制以演变的结果，内阁运用解散权以宰制议会易，议会运用不信任投票权以宰制内阁难，内阁对议会更占优势，与法国恰相反了。

第五、政党的形势不同：英国自有政党以来，恒成两大党对立的形势（即所谓保守党与自由党，近来劳工党势力扩张，与从前形势略有不同）。法国则恒为无数小党群的分立。这一点对于责任内阁制的运用上，关系最为重大。因为责任内阁制最紧要的，是阁员的政见须全体一致，然后可负联带责任；内阁的阁员，若非出于一党，则决难达到一致的目的：故责任内阁制，又可称为政党内阁制，因内阁的组织，须以政党为基础。在多数小党分立的国家，没有一党能取得议会的多数议席，即没有一党能够单独组织内阁；其结果，内阁恒由数小党妥协联合而成；妥协都不过是暂时的，妥协一破坏，内阁的生命即告终了。故法国的内阁总是短命，即前举第四项谓法国的议会解散权，等于虚设，也是因为小党分立的原故。盖既成小党分立的形势，即解散议会，诉诸选民，选举的结果，仍为无数小党的分立，没有一党能够取得绝对多数的议席，仍不能由一党单独组成一个内阁。故两大政党的巩固存在，为施行内阁制最重要之条件。其他采用内阁制的国家，运用多不如英国的圆满，大都皆以此重要条件不完具的原故。英国自劳工党得势，两派对立的形势似不能维持。但自由党日趋没落，于内阁制运用的习惯，仍未发生重要的变化。

三、委员制

委员制的政府，所以不同于内阁制与总统制，因为行政部仅为立法部的委员会；行政立法的大权，全托于议会。行政委员，皆由议会选任，其行动亦必俯从议会之意旨，绝不能与议会相对抗；故在事实上与法律的形式上，行政部都是隶属于立法部，其地位绝非平等。不过采用这种制度的，实际上的组织与运用，亦各不相同，兹就历史上及现代采用这种制度的国家，略为分述如下。

（一）历史上及现代各种委员制的组织

关于委员制的历史，或溯之于古代的罗马。因为古代罗马共和时代的双头执政官，称之曰康修尔的（Consul），与近代合议的委员制有约略相似之处；但实际上近代的委员制，只宜溯之于法国革命时代的督政委员会（Le Dire toire）；其次则为瑞士现行的委员制及最近苏联所采用的委员制。先就三者的组织特殊点，分别言之。

第一、法国革命时代的委员制。从一七九五年至一七九九年，法国的督政委员会，由五个委员组成；议会分为上下两院：由下议院推选加倍的督政委员人数，交由上院决选五人。委员任期定为五年，但每年须改选一人；第一次选定诸人，用抽签法改选。（委员解职后，五年内不得再应选。）五委员权位皆平等，轮流充任主席，每次仅以三个月为限。五委员又不兼管行政部务，仅为指导行政的会议机关；管理部务的，另有由委员会任命的国务员。这种组织的规制，处处都是以防闲个人的专制复活为主旨。实际施行起来，个人的专制，虽可防止，其脆弱无力，自可想而知。在通常的平稳时代，或可久延其生命；但法国当时，正在内忧外敌交迫之顷，这种制度实不足以应付难关；故到一七九九年，遂为拿破仑第一所破毁。拿破仑篡取政权之初，仍保留委员制的形式，由五人的委员会变为三人合组的执政政府（Consulate），三人之中，其实权又集于所谓第一执政（Consul），而已任之；盖已变为一人的独裁制了。自此委员制在法国，就成为历史上的过去事实，不曾再出现了。

第二、瑞士联邦的委员制。瑞士是民治素养最深的国家。在未结为联邦以前，各州的政府，大都皆属一种民选的合议机关。到一八四八年，组织联邦，采用合议的委员制，将政权的重心托诸议会，自属当然的倾向。其组织方法，联邦议会，分为上下两院：最高行政机关，由议会两院开联合会，选举七人组织之（被选的人，依法不必定为议员，但事实上多由议员中选出），名之曰 Bundesrath，即联邦委员会。委员任期，原为三年，一九三一年后，改为四年（与议员任期相同）。议会每年又从七委员中选举一人为总统，一人为副总统（任期以一年为限，满任后的次年，不得继续当选）。但总统的职权，除了对外为联邦形式上的代表，对内为委员会的主席外，一切皆与其他六委员平等，每委员各长一部，总统也长一部。委员会有提出法案于议会之权，但不能参加表决。议会所通过的法案，委员会只有服从，不能要求覆议，亦不能解散议会。委员在任期以内，他的政策虽不为议会所采纳，也不必辞职，无所谓不信任投票；因为在原则上，委员会纯为隶属于议会的执行机关，政策决定之权，全操诸议会。两方遇有争执时，委员会终须对议会退让，依照议会的意见行事，故无所用其不信任投票。这是瑞士委员制组织的大概。

第三、苏联的委员制。苏联的政府制度，就一九二四年第一次宪法上形式的全部而言，含有三个机关：一为最高机关的全国苏维埃大会，其次为中央执行委员会，再其次为人民委员会；实际还有一个位于人民委员会之上的机关，即中央执行委员会之常务委员会。这三个机关产生的方法，全国苏维埃大会是由全国各低级苏维埃所选出的代表机关；中央执行委员会是由全国苏维埃大会选出的；人民委员会又是由中央执行委员会选出的；然则非先有全国苏维埃大会，人民委员会即无从产生。但事实上，原有的人民委员会，是一九一七年十月，布尔塞维克党人革命时所已产生的机关，而为当时的全俄苏维埃大会所承认的。一九一八年七月苏俄宪法，仍保持这种制度；其后一九二四年苏联第一次宪法，也保持这种制度。就三机关的职权与关系言，全国苏维埃大会，是一切权力的源泉，地位最高。但他的会员人数甚多，开会时当然不方便；因此开会的次数最少，会期也最短；实际上，他的权力，全委诸他所选出的中央执行委员会行使之。所谓中央执行委员会，名曰“执行”，实则兼立法行政司法而有之，因为他是最高权力机关的代表机关。但中央执行委员会的人数也很多，决不能作“执行”的职务，故实际就是一种次级议会；不过他所立之法，须受全国苏维埃大会追认。真正的最高行政机关，是由中央执行委员会所选出的人民委员会。人民委员会的组织，为委员若干人，其中有委员长一人，并有副委员长。委员各长一部。委员长在宪法的条文上，并不享有何种特权，诸事皆须由委员会议决定。人民委员会的任期，宪法上虽没有明文的规定，但因每届全国苏维埃大会集会后；成立新中央执行委员会时，该委员会即举行人民委员会的新选举，故人民委员会的任期，可说是与中央执行委员会相同。但依宪法，人民委员会须对中央执行委员会负责，故中央执行委员会，有随时撤换人民委员之权，同时对于人民委员会议决的事件，并有停止或撤消之权。

至一九三六年，苏联颁布第二次宪法，委员制的根本原则，虽未变，委员的产生及组织方法，又略有变动：（一）最高政权机关为苏联最高苏维埃；最高苏维埃，由两院组成，一院代表苏联总体之公民，一院代表构成苏联之各民族。（二）废去了中间一级之中央执行委员会，而代之以“苏联最高苏维埃主席团”——其组织，由苏联最高苏维埃之两院开联席会，选出一主席团，包括主席一人，副主席及委员各若干人，秘书一人，其人数远少于前此之中央执行委员会，职权则约略相同，主席团之主席，对外对内皆为形式上之国家元首。（三）行政机关，仍为“苏联人民委员会”。惟前此之人民委员会，由中央执行委员会选出，此则直接由苏联最高苏维埃组织之。其成分为人民委员会主席一人，副主席若干人，此外则为各人民委员部部长，及其他各人员等。人民委员会对苏联最高苏维埃负责任，在最高苏维埃休会期间，则对最高苏维埃主席团负责任。主席团在最高苏维埃休会期间，得依人民委员会主席之呈请，任免各别人民委员，以后再由主席团提请最高苏维埃追认之。

故人民委员会之主席地位，又颇近于责任内阁制之内阁总理。此为苏联委员制生长发展之大略。

（二）瑞士委员制与苏联委员制的比较

前述法、瑞、苏联三国的委员制，法国的一种，不过昙花一现就消灭了，现在不必深论。但就瑞、苏联两种略略加以比较的观察。

第一、就两国的历史国情说，瑞士是适于行委员制的国家，而苏联则否。因为瑞士在历史上民治的素养最深，而苏联则向为君主独裁的国家；瑞士的国境又极小，一般人民与中央政府机关接近极容易，苏联则国境庞大，多数人民与中央政府机关的关系，间接而又间接。而委员制的主要精神，则在于事事取决于多数共同的意旨，使不与多数人民的意旨相背；行政委员个人行动，既须取决于委员全体的合议，行政委员会，又须取决于代表人民的议会机关的合议；议会又须取决于人民的多数，因此在历史上缺乏民治素养的国民，及国境过于辽远的国家，若要施行委员制，极难保持委员制的真精神。瑞士的委员制，形式精神，可称一致；联邦委员会，事事仰联邦议会的意旨；联邦议会，事事仰承多数人民的意旨。苏联的委员制则徒具形式，精神上，则一切政策的制定，皆取决于行政部的人民委员会，而人民委员会则由主席一人指导之；全国苏维埃大会对于其中央执行委员会或最高苏维埃对于其主席团的行动，及中央执行委员会或主席团对于人民委员会的行动，名为予以裁可，实则听命而已。

第二、就两国对于委员制的运用上说，瑞士的联邦委员会，超越党派的势力，而苏联的人民委员会，则全以共产党的势力为基础；换言之，瑞士政府的生命，不托于党而托于全民，苏联政府的生命，则全托于共产党。本来委员制与独裁制，在精神上是极不相容的两件物事；苏联既以无产专政，共产党的独裁为精神，却要施行民主的委员制，以全国苏维埃大会或最高苏维埃为最高权力机关，由此机关以次产生所谓人民委员会，保持多数合议的形式；这种形式如何能保持呢？就全靠立于政府机关背后的党的严密组织。人民委员会，形式上隶属于中央执行委员会或主席团，中央执行委员会或主席团，形式上又隶属于全国苏维埃大会或最高苏维埃，实际这些层累的机关，都是依照共产党的命令行动；共产党的组织，不许党外有党，不许党内有派；党的重心，在于党魁，党魁的地位，俨同于一个军队的长官，其命令俨同于军令；故就全国言，党是整个独裁的，就全党言，党魁的地位又是独裁的；只要党魁的地位不动摇，其命令可以递次及于全党，以及于全国，则一切政府机关，即如身之使臂，臂之使指。居于政府机关最下层的人民委员会的主席，却同时站在与军队长官位置相同的党魁的位置上，所以独裁的精神，能够在合议的委员制中运行。这是苏联委员制的运用，与瑞士委员制运用不同的处所。在没有民治素养的国民如苏联，国境如此广阔，又要施行革命的政治，除了采用这种挂羊头卖狗肉的方法，要想施行名实相符的委员制，也是不可能的事。在列宁当国时，列宁是唯一的党魁；列宁去世后，脱洛兹基与史单林两头并立，党魁争斗的问题，几于使苏维埃政府发生动摇；脱洛兹基的势力被推翻后，始得保持苏维埃政府形势的安定。故苏联的委员制形式能否永久保持，须看其将来国情与政党的变化如何，此刻尚难预断。

第十三章　单一制与联邦制

现代各国政府，有所谓单一制与联邦制的差别。这种差别，是由中央政府机关与地方政府机关的关系不同而生的。兹先就两制的区别点加以说明，再进而论述关于两制的其他各问题。

一、联邦制与单一制的区别

(一) 释名

我们看见许多政治学的书上，将联邦与国际联盟列在一个篇目里面讲述，或者在国家分类的篇目中，将联邦制列为国体一个种类，仿佛联邦制之所谓"邦"，还是具有国家的资格，"邦"与"国"是一样的物事。其实我们说话所用的名词，多根于历史的习惯，往往一件物事的实质已经变了，而指这件物事的名词还是不曾变，例如 Democracy 的名词就是如此。"联邦"的名词在德语为 Bundesstaat，与联邦相近的还有所谓"邦联"，德语为 Staatenbund；北美联邦，称之曰 United States；英语的 State 与德语的 Staat 本来就是"国"的意思；中国的所谓"邦"也本来与"国"没有多大的区别。因此有许多人，以为联邦的"邦"，还是具有国家的资格。我国从前反对联邦制的政客，因为怀着这种观念，以为中国向来是统一的国家，若施行联邦制，无异将二十几省，裂为二十几国，然后再把二十几国联合起来，反不如原来的统一。关于这种名词的误解，就是在德美二国也有许多争端。例如德国的主张邦权论者，以为各邦还是国家，国家不一定要有完全的主权，只要有“统治权”或“自组织权”，便可称为国家；美国的主张邦权论者，也多抱如此的见解。其实所谓“邦”，所谓 States 或 Staat，不过是历史上遗传的一个名不符实的名词，我们须知道联邦之所谓“联”，所谓 Unite 或 Bund，不仅是使数个国家发生一种联锁的关系而已。在所谓“邦联”或国际联盟的组织之下，所谓“联”者，诚不过使数个国家发生一种联锁的关系，而数个国家之各自为国如故，若所谓联邦之“联”，则一联之后，而被联之邦的国家资格即不存在，其降于地方团体的地位。英语通称联邦组织为 federation，这种组织的目的，就是要把不统一的数个政治团体 federalized，使归于统一。federalize 的意思，与 unify 的意思相去无几。故所谓联邦制的政府（federal government）与单一制的政府（unitary government），应同属于一种统一国家的政府。federal 与 unitary 只能用之为政府的状词，不应用之为国家的状词。不过在这两种政府组织之下，中央政府与地方政府的关系各不相同。故应保存这种状词的区别。若认联邦的“邦”尚保有国家的资格则大误。

（二）联邦制与单一制的区别点

联邦制与单一制既属于区别政府的状词，其区别存于地方与中央的关系；然则其关系的区别点何在？联邦制的“邦”与单一制的地方，究有何不同之处否？或以为联邦制的政府，是一种地方分权的政府；单一制虽然也有地方分权的，但单一制的地方分权，限于行政，联邦制的地方分权，则兼及行政与立法；凡地方团体，有独立的议会，依据宪法，在一定范围内，可以自由创设法律，自由施行，而不仰承中央政府的意旨者即为联邦之邦，否则为单一制的地方。这种区别，不能说是完全错误，但是不十分确切；所谓联邦的“邦”，根据宪法有自由的立法权与行政权是不错的，但单一制的地方政府，也尝有取得这种权力的，英帝国的殖民地政府，便多如此，然英帝国的政府组织，却未成为联邦的组织。或以为联邦的“邦”有“自组织权”，而单一制的地方则否。然所谓“自组织权”，还是要经宪法的容许，换言之，就是要经最高主权机关的容许；既须经最高主权机关的容许，则所谓“自组织权”，还不是真正的自组织权。或以为邦与地方的异点所在，亦惟地方承权于邦（此处所谓地方，指邦以下的地方），由于承示而无定性；邦承权于国（最高的主权机关），由于容许而有定性。这种区别的界说虽不错，然太过于抽象了，不能令人容易捉摸。柏哲士对于联邦制有一个很简明的界说：“联邦云者，亦‘二元政府’（Dual Government）立于同一萨威棱帖之下耳。”[1] 意思就是“邦”政府与中央政府，在宪法上立于对等的位置；单一制的地方政府则否；这个界划最确切。英国的蒲徕士尝说：“……联邦政府，政权分寄于中央立法机关与地方立法机关；某项立法权属于中央，某项立法权属于地方，

① 参看 Burgess, *The Political Science and Comparative Constitutional Law*.vol.I,bk. 2, ch. 3,p. 79。

各有其所守之范围，由联邦宪法所决定，彼此不相侵越。故在北美联邦，对于某种事项，中央议会有无上之立法权，对于其他事项，则各邦在其本邦内亦有无上之立法权。”① 蒲氏这段话，就是所谓“二元政府”的注脚。我们既知道联邦制是一种“二元政府”，则“邦”与单一制的地方的区别，便容易了解了。即单一制的地方政府，其权力根诸通常的法律，通常的法律，是由中央政府的立法部制定的，可以随时由中央的立法部变更，在法理上，这种地方的权力是无定性的；故所谓单一者，即立法权集中于中央的立法部成为一个单元体，地方纵有立法权，其权源实由此单元体出发。联邦制的邦政府，虽亦属于一种高级的地方政府，但其权力实根诸最高的宪法，或为宪法所容许，或由宪法所付与；宪法则不是中央政府的立法部所能随意变更，因为中央的立法部，也与各邦的立法部同受宪法的拘束；在法理上，邦政府的权力视普通的地方权力比较有定性；故所谓联邦政府为二元政府者，即邦的权力，与中央的权力同由宪法出发，成为对立的二元体，中央立法部不是法律唯一的源泉。这是两制根本的区别点。

二、联邦制与单一制的比较

有些人往往怀着一种不甚正确的见解，以为政府制度，就权力的集散而言，凡分三级：单一制最为集中，联邦制不及单一制，邦联又不及联邦；故由邦联进于联邦，为进化的现象，因有由不统一

① 参看 Bryce,*Studies in History and Jurisprudence*,vol.II,essay. 10,p. 7。

而渐进于统一之势；若由单一制而改为联邦制，则为退化的现象，因有由统一而反于不统一的倾向。这是预先认定联邦制不如单一制的好，以为一切联邦制的政府，都应该由邦联进化而来。但就联邦制发达的历史考查，却有例外，再比较两制实际上的利弊，足证此种见解实为不正确。

（一）联邦制产生的历史与采用的条件

就历史上说，联邦制是近代的产物，第一个创造联邦政府的是美国。在美国以前，如古代希腊各市府国家所组织的亚嘉亚联盟（Achaean League），伊脱尼亚联盟（Aetolian League），中世纪欧洲各市府所组织的莱因联盟（Rhenish Confederation），汉西联盟（Hanseatic League），都只能算作一种邦联的组织；因为联盟组成分子，始终各保持其独立自主的资格，并未能化成一个统一的国家。自美国开始为联邦的组织后，继之而起者有瑞士、德意志，英属殖民地的坎拿大、澳洲……。就美、瑞、德三联邦的历史发达言，都是先有邦的存在，第一步由各邦而组成邦联，第二步再由邦联而组成统一的联邦。如美国，先有英属殖民地的十三州，每州各有一个殖民政府，具备行政及立法等机关的雏形，这是邦的存在；及十三州宣告离英独立，便组织一个联合会议，发布一种联合条例（Articles of Confederation），但联合会议所议决的事项，须仰赖各州政府执行，故仅能达到邦联的地位；到一七八九年现行联邦宪法成立，整个联邦政府产生，始完成为一个统一的国家。其次如瑞士，在法国大革命以前，早有许多小自治团体存在，称之曰康顿（Canton），拿破仑第一颠覆后，由二十二个康顿制定一种联合条约名曰（Federal Pact），组织一个公共会议（Diet），但除此公共会议的机关外，也别无中央政府机关，故也是在一种邦联的形态中；各分子间因为宗教利益的不同，发生大结合中的小结合，惹起一八四七年的战争，至一八四八年，始成立一种联邦宪法，完成真正的联邦政府的组织。再次如德国，在神圣罗马帝国时代中欧各邦，事实上已渐成为独立的国家，至拿破仑第一正式宣告神圣罗马帝国的解散，各邦的独立存在更无拘束；至一八一五年，始由三十八个不同的政治团体（王国、公国、侯国、自由市）结成一个联盟，组织一个公共会议（Diet），构成一种邦联的形态；到一八六六年普鲁士将奥国逐出于邦联团体之外，作成联邦的初步；一八七〇年普法战争后，始完成联邦政府的组织。因此事例，于是便有所谓“先邦后联”说，以为联邦制的产生，第一、必定要先有邦的组织存在，第二、必定要以邦联为过渡的组织（此即主张邦有“自组织权”说的根据）。但考诸其他各联邦政府产生的历史却不一定如此。例如英属殖民地坎拿大的联邦政府，虽先有各分立的殖民政府（邦政府）存在，却不曾经过邦联的过渡组织。又如美洲的巴西联邦政府及墨西哥联邦政府，不但不曾经过邦联的组织，并且是由单一制的政府改组而成的，换言之，即并不曾先有邦的组织存在；又如最近苏联联邦的组织，也是由单一制的帝国瓦解后，随即组成的。瓦解后虽然经过各邦独立的时期，然为时极短。（或以苏联的各邦，在宪法上有自由脱离苏联之权，最近并有独立的军事权与外交权，故有人说苏联尚只能算作“邦联”。实则其中央政府对于各邦控制之严密，尚超过一般联邦制国家，此等权之规定，并无实际上之重要性。）则所谓“先邦后联”说，实非绝对的正确。然则各联邦政府产生的条件何在？

第一、在调和两种不同的情感利益。所谓两种不同的情感利益者，一为地方的情感利益，一为共通的情感利益。大概联邦的各邦，各有一种特殊情态，或因地域上经济状况各有差别，如北美的各邦及坎拿大、澳洲的各邦；或因民族宗教各不相同，如瑞士的各邦；或因统治组织各有其历史的渊源，如德意志的各邦；因是不愿将各邦的特殊组织，完全消灭，是为地方特殊的情感利益。但各邦虽有此特殊的情感利益，却又有不能不结合为一之势；或逼于外力之压迫，或欲图国力的维持，经济的发展，非结合为一，则不能达此目的；此所谓共通的情感利益。联邦的组织，既可以达统一之目的，又不使各地方特殊的团结完全归于消灭。此其所以为调和两种不同情感利益的制度。

第二、在图政治上的方便及效率的增加。大凡一个国家，或国境过于广大辽远，或民情习惯及经济情势过于复杂，若用单一集权的组织，就立法上说，中央所制定的各种法律，未必皆能适用于各地方，使不与地方情势相抵触；就行政上说，中央监督力量亦有鞭长莫及之势，决不能处处周到。故为政治上的方便，及行政效率的充分计，联邦的组织可以弥此缺陷。故虽无邦的组织预先存在如巴西等，亦由单一制而改组为联邦制。

（二）联邦制与单一制利弊的比较

专就制度的本身而言，联邦制与单一制的利弊，在理论上仿佛是彼此相反的。试就历来各学者所指陈关于两制的利弊，概括的列举出来：

第一、单一制之利，在于全国立法统一，联邦制的立法，或有应统一而失其统一之弊；

第二、单一制之利，对于地方的失政，中央可以随时救济，联邦制各邦的失政，中央常有陷于不能救济之弊；

第三、单一制之利，全国只有一重机关，财政上比较经济，联邦制有两重对立的机关，财政的组织比较复杂而且耗费；

第四、单一制之利，外交上比较圆活而强有力，联邦制常有对外发生困难，使中央不能行动自如之弊；

第五、单一制之利，各地方常在中央权力宰制之下，不虞割裂，联邦制的各邦，常有自相为群或分裂背叛之患。

这是就单一制有利的方面说，在联邦制则为弊。但是换一个方面，就联邦制有利的处所观察，在单一制则为弊：

第一、联邦制的立法，使各地方各与其地方情势适合，单一制或恒有不能处处适合之弊；

第二、联邦制遇有新方法，试验于一地方，或良或否，可资借镜，良则各邦摹仿施行，苟有弊害亦仅限于一区域，不至漫延全国，单一制则失此便利；

第三、联邦制立法行政，中央与地方分立，可以减轻中央机关的负担，使政治的效率增加，单一制之中央，则常有负担过重效率缓慢之弊；

第四、联邦制各邦自治，可以培养地方人民自治的能力与习惯，单一制之地方人民团体，常有倚赖中央，失其活动能力之弊；

第五、联邦制可以防止中央机关的专横，使不致任意削夺地方应有之特殊权利或利益，单一制则恒有失于专横过度之弊。

如此说来，两制的利弊仿佛都是相对的。但这都不过是一种抽象的理论。若从各联邦制政府与各单一制政府实际的政象上，加以勘查比较，则不尽然。例如说：联邦制可以培养地方团体的自治能力，单一制的地方则恒有倚赖中央的倾向，此以北美联邦或瑞士联邦与法国相比则有然；若以德意志联邦与英国相比，则在单一制的英国，地方自治的精神却甚发达，而德国反远不如英。又如说：联邦制可以防止中央的专横，但各邦常有自相为群分裂背叛之虞，单一制的地方，常在中央监视宰割之下，不虞分裂，惟虑中央之专制；这也不过是以法美二国相比，美国曾有南北对抗的战争，而法则地方全无活动的余地；但中国不是单一制的国家么？袁世凯专政以来，不曾将一切地方的议会消灭，将一切地方的权力收归中央么？何以各省常有自相为群，陷于分崩离析的景象？又如大英帝国在法理上，本是个单一制的帝国，巴利门为一切法律的源泉，无论在英本国的各地方团体，一切自治权力，是由中央的巴利门所付与，即海外各自治殖民地的政府机关及权力，也无不由本国中央的巴利门所创造付与；在理，由巴利门所创造者，即可由彼废止之，由彼所付与者，即可由彼收回之，巴利门若要专横，仿佛没有方法可以防止；但事实上巴利门已无此能力，各自治殖民地的组织，已同于一个完整的国家，不惟本国的巴利门，不敢对他们专横，他们若要分离独立，立刻就可以实行。故上列所陈两制理论上的利弊，不一定固着于两制的本身上；虽然有些是根于制度而来，但也有可以转换修正的。因为制度不是一种板滞不可变易的物事，常随时势环境为有意无意的改变。有些国家，虽然在法律的形式上，还是一种单一制的政府组织，但实质上几与邦联无异，如今日的大英帝国是。故说单一制为政权最集中的制度，联邦制不及单一制，不是绝对正确的见解。

三、联邦制与联邦制的比较

前节所述，是联邦制与单一制的比较。若专就联邦制而论，则各联邦政府，亦各有其特殊不同之处，须略略加以比较的论述。

（一）分权的标准及方法上的比较

联邦制的特点，在于用宪法将中央与各邦的事权划分，使彼此各不相侵。但事权的划分果以何为标准？以原则而论，应依事件的性质而定，凡在性质上有关于全国者应属于中央，仅涉及于一地方者，则属于地方的各邦。但此种界限，很不易分别，故在事实上，各联邦政府分权的标准不尽相同。关于外交、军事、国际交通及商业关系，邦与邦之间的交通及商业关系，货币制度，版权法等，大都皆划归中央管辖范围，此其同者；但以美国与坎拿大、德国相较，则美国中央所管辖的事权范围，不如坎、德的中央；例如关于民法、刑法、诉讼法、商法，离婚等项，在坎拿大、德国，皆统一于中央的立法，而在美国，则除关于商事之产权独操于中央，关于民事及刑事立法权亦有一小部操于中央外，余则为各邦自由活动的范围。这是美国不若坎、德的处所。至于宪法上划分事权的方法，也多不相同：其一，宪法上单独列举中央的事权，而以宪法上未经列举的残余事权归诸各邦；此北美联邦分权的方法（瑞士与澳洲联邦亦同）。其二，中央与各邦的事权，皆列举于宪法，而未经列举于宪法的残余部分亦归于中央，此坎拿大联邦分权的方法。二者比较，坎之中央权力，比美、瑞等国的中央为优。其三，中央的事权虽为列举的，但列举的范围异常广阔，各邦的权利虽然是保留的，但保留之中有与中央同占的范围，又有虽在各邦保留范围之内，得由中央立法规定其原则；故各邦的权利虽为保留的，实际活动的范围甚小。此为德意志联邦第一次世界大战后新宪法上的分权方法。这三种分权的方法，当然以最后一种为最好；美则虽为创造联邦制的国家，但因当时主张邦权论的势力太大，百方调和容忍，才能达到统一的目的，故仅为中央取得最低限度的事权为已足。后起的各联邦，皆鉴于北美中央的权力太薄弱，故关于事权划分的标准及方法上，皆有所改进，而以最后出的德国新宪法为更完密。盖依德国的新方法，联邦制立法不统一的弊害，可以防止也。

（二）中央监督方法上的比较

联邦制的中央与各邦，其事权既由宪法划分，同受宪法的宰制，中央对于各邦，似无监督权之可言。但中央对于各邦的立法，宪法上常与中央以特殊监视的权力；例如美国宪法，规定各邦政府须永久保持共和制的形式，若由共和变为君主，中央即有干涉之权，且有必须干涉之义务，即不得已而以武力从事，亦属中央应负之责任。德国旧宪法，关于此点无规定，新宪法亦规定中央有监督各邦维持共和制之义务，并须同采普通直接平等的选举制及责任内阁制。瑞士的联邦宪法，也规定各邦宪法的创制或修改，须得中央之保证，若各邦宪法有与中央宪法主义相抵触之处，中央得拒绝其保证；未受保证以前，其宪法无拘束人民的效力。这是关于各邦宪法上的监督。至对于普通立法问题，各联邦的中央，大都无监督各邦立法之权。但德国的中央，对于各邦的立法，有可由中央否认的处所；坎拿大的中央，对于各邦所立之法，纵令在宪法上畀与各邦立法的范围以内，也有否认的权力，这是坎拿大中央权力特别优越的处所。坎之中央，除了对于立法有优越的监督权以外，即对于各邦的行政首长，亦有免黜之权，此尤为各联邦的中央所无者。德国的中央，因有许多事项，系由中央委托各邦执行，故也有相当的行政监督权。概括言之，也是德国的办法比较适宜。

（三）联邦法律执行上的比较

联邦政府，既为对立的两组政府，则中央所立之法，似当由中央的机关执行；但各联邦关于此点，亦甚不一致。在北美联邦，中央所立之法，概由中央的机关执行之；例如租税的征收，及其他一切行政事项的处理，皆有中央所特设的机关，不与各邦机关相涉；偶有委托各邦机关执行者，必以各邦的承认为条件。欧洲大陆的联邦如德意志与瑞士，则联邦中央的执行事项，除特种重要者（如外交、国防、造币、邮政等类）外，大都皆委托各邦行政机关执行之。二者利弊的比较，由中央特设的机关执行，未免有机关重复，财政上过于縻费的弊病，其利则在于效力的确实；委托各邦代行，可以减去重复的机关，节省财政上的糜费，但其弊则使各邦的负担加重，或不免于怠忽放弃。但宪法上规定中央对于各邦有相当的行政监督权，则怠忽放弃之弊，亦可免除。故德国新宪法，付予中央政府以训令指导监督各邦政府之权。

概括言之，现代各联邦政府的组织，美国虽为首创者，其缺点特多；德志意联邦，除了各邦区域的大小，为历史上传来的情势所限，大相悬绝，以致各邦在政治上的势力亦不平等，为其一大缺陷外，若论法律上的组织，则似比较其他各联邦的组织，皆为周密，可以说是最进步的联邦组织。

第十四章　中央政府机关

前列四章，是就近代各种政府全部组织的体制上不同之点，分别加以比较的说明；本章将专就中央政府各机关之组织，分别略述其梗概。

论述中央政府机关的组织，须先明政府职务的分配。在前列第十二章的开端，曾说现代的政府，不问其属于何种体制，其中央机关，必定含有立法、行政、司法三大部门。盖国家的政治行为，不能废去三项中的任何一项。故在希腊的亚里士多德，即用议政、行政、司法，来区分政府的职务；至孟德斯鸠，遂因此造成三权分立的学说。但政治行为的性质极复杂，三种职权说，并不是绝对的。即以三种职权说而言，洛克在孟氏之前，却不以司法与立法行政相对立，而分政府职务为立法、行政、外交三项。孟氏以后，法国的学者，又有唱两种职权说的，谓政府的职务，实际仅可分为两大部，即立法与行政；惟行政一部之下，又可分为三小部，即行政（指挥监督）、执行（指分科机械的执行）、司法（解释法律与适用法律）。美国的学者，又有就政府职务之性质，分为五种的：如Gettell 氏分为一、计划或审议（即 Deliberative），二、立法，三、行政（Executive），四、执行（Administrative），五、司法。[①] 韦罗贝

---

① 参看 Gettell, *Problems in Political Evolution*, ch. 9, pp. 247—248。

则分为一、选举，二、立法，三、行政，四、执行，五、司法。[1] 孙中山先生的五权说，则为立法、行政、司法、考试、监察。以学说言，各有各人立论的理由，难于加以绝对的轩轾。惟现代大多数国家中央机关实际的组织，以分为三大部门者为最普通；惟吾国现行的中央政府，则遵从孙中山先生的遗教，别为五院。本章姑分为五大节述之。

一、议会——立法机关

一般人对于议会，通称之为立法院或立法机关（实际各国议会的职权，不限于立法，说见后）。关于立法机关的组织，首先所当注意者，即为两院制与一院制的问题，其次则为职权分配的问题。兹先就院制问题略述其要点，再及于职权之分配。

（一）两院制的起源

就现代一般的国家观察，以采用两院制者为多，但也有采一院制的。吾国在民国初年，对于此问题，发生许多争论。若就议会制度起源的历史上说，最初采用两院制的英国，并不是根于一种甚么政治学理，不过是根于偶然的事实。在中世纪封建时代的欧洲各国，大都有一个代表贵族和宗教领袖的议会，都只是一院。到了封建的经济势力衰退时，都会的自由市民与各地的自由小地主，因

① 参看 Willoughby, *Government of Modern State*, ch.XI, p.229。

对于君主贡输课税的关系，渐有派出代表加入会议的事实；于是这个议会团体中，含有阶级差别的不同分子了。自此各国议会的组织，渐起变化。变化的趋势极不一致，有仍维持一院的形式的，如苏格兰当未与英格兰并合以前是；有别为三院的，如法兰西大革命以前的“全级会议”（Estates General）是；甚至有别为四院的，如一八八六年以前的瑞典议会是（瑞典旧议会贵族、僧侣、市民、农村地主各自成一代表机关）。英国在一二九五年以前，巴利门之制度未确定，各阶级代表会议，尚聚于一院；自一二九五年的所谓模范国会（Model Parliament）成立后，贵族、僧侣、平民三阶级渐有分别会议，分别投票的习惯，似有分为三院如法国“全级会议”的倾向。未几因下级僧侣，以实际利害不同之故，谋脱离参与会议之义务，自成一特别团体，以票决贡税问题；上级僧侣适与贵族大地主同利害。无分别议事之必要，遂与贵族大地主结合为一，构成所谓贵族院的上院（House of Lords）；下级的小贵族（Lesser Barons）适与市民及各自由的小地主同利害，愿与平民结合为一，因此构成所谓众议院的下院（House of Commons）。于是成为两院制的巴利门。故英国的巴利门，所以组成两院者，并不是根于何种学理，而实根于历史上偶然的事实。在克林威尔专政时代，因贵族院袒护国王，克氏曾将贵族院废止；复辟后，因贵族势力未可蔑视，始再恢复两院制，以后遂无变动。北美十三州离英独立，创造共和联邦，已不承认有所谓贵族阶级；其对于立法部的组织，所以仍采两院制者，一则有模仿母国的意思（如各州之州议会），二则因联邦的组织，须有两种不同性质的代表机关（其一代表各州，其一代表国民全体），以调和各邦与国民总体的利益。法兰西大革命之初，第一宪法采一院制；第三宪法采两院制；拿破仑创造执政政府（Consulate）时代，且曾采三院制；一八四八年革命时又采一院制；四年后，又采两院制；一八七一年第三共和之初采一院制，至一八七五年始复成立两院制以至于第二次世界大战时代。要之，在法兰西的革命期中，关于两院制与一院制的利弊，经过许多人的争辩与实地试验，可称为关于院制的学理构成时代。请于次节略述关于院制的理论。

(二) 关于两院制与一院制的理论

据上面所说，英国的两院制，根于历史上偶然的事实，并不根于学理。但在孟德斯鸠著《法意》时，即颇赞扬这种两院制，以为一个国里面，有一派以门第资产荣宠特著的人，在参与立法的地位上，应该与彼等在国中所享他种利益相比例，使彼等自组为一团，有权可以制限平民的计划，犹之平民有权可以制限彼等的计划；如此，则立法权将委诸贵族平民之两院，使各自集会，分别讨论立法，分别代表其意见利益。且以为立法与行政二权之间，也应该有一种节制调剂的机关；立法机关的一部分，由贵族组成，恰合乎这种调剂的作用。① 这是孟氏称许两院制的大旨。但自北美离英独立至法国革命期间。主权在民的思想大行，激烈的革命派，咸以为立法权就是国民公意的表现，就是主权的表现；国民的公意只有一个，主权不可分，即立法机关，也不应分为两院。抱持这种主张最著的，在美国有弗兰克林（B.Flanklin），在法国有席叶（Sieyss）、拉马丁（Lamartime）等。弗兰克林尝将两院制比一匹马和一乘车子，

① 参看孟德斯鸠《法意》第十一编第六章严译本，微有出入。

两者虽然联系在一块，但是一个向东，一个向西。席叶的议论更尖刻，他说："法律就是国民的意思；国民对于同一问题，不能同时有两个意思；所以代表民意的立法部，也只应该有一个；假使分为两院，则意见的分歧，必成为不可避免的现象，民意将无从表现。"又说："第二院的设立，若自始即期其分歧，则无异于一种恶作剧；若预期其和同，则又徒为多事。"拉马丁也以为两院的设置，就是将主权不可分的大原则牺牲了。所以凡属法国的理想革命派，都坚持一院制。不幸法国屡次采用一院制的时候，都是革命风潮最激烈，感情的冲动最盛旺的时候，一院制的施行，都不曾得到良好的结果。因此一般思想较缜密，态度较温和的学者，都不赞成一院制，就当时的政象，演成一种赞美两院制的学理。所持理由最深入于一般人的思想的：第一、说两院制可以防止议会的专制，第二、说两院制可以防止立法的草率与粗疏，第三、说两院制可以减少行政机关与立法机关的激烈冲突；要而言之，不能越出孟德斯鸠以"分权对立，彼此互相抵衡，为自由之保障"的主义范围以外。十九世纪新造的国家，大多数皆采用两院制，也是相信由此种主义所演绎的学理。平心而论，席叶、拉马丁一辈人所主张一院制的理由，未免偏于主权在民及主权不可分的迷想；蒲徕士讥讽席叶，说席氏的两刀论法（dilemma），和加利弗阿马（Khalif Omar）赞成毁灭亚利山得里亚图书馆时所持之理论相同——谓该馆所藏之书，如与《可兰经》旨全同，则无保存之必要；若不同，则应该毁灭。[①] 席氏的论法，诚不免含有此种可笑的意味。但征诸各国采用

① 本节所述弗兰克林、拉马丁、席叶及蒲徕士之语，均见 Garner, *Political Science and Government* 所引，可参看该书 ch. 20,pp. 601—603。

两院制以后的事实，学理上所描写两院制的利益，往往不如其流弊的显著，使主张一院制者又获得有力的新理由：其一，即两院制常使法律案不易成立，足以阻碍社会的改革与进步；其二，即两院制恒足以诱起立法部本身的冲突，与行政机关以操纵的机会，使立法部失去对抗行政部的力量。这两种理由中，尤以第一种为有力。故晚近以来，一院制的主张，又渐占势力。美国的里蒲拉斯加州（Nebraska）议会，于一九一四年曾组织一个联合委员会，讨论院制问题；阿列根州（Oregon）也在一九一四年，组织一个“民权联合委员会”，讨论院制问题。依此等委员会的报告，皆主张废止上院采用一院制。大旨都是说：所谓两院的抵衡主义，依经验的事实，都不能不认为失败；盖以两院相持之故，往往造成一种不能解的死结（deadlocks），对于人民所不愿接受的法案，未见得都能阻止，而对于人民所希望成立的法案，往往陷于不能成立的地位，徒然阻碍社会的改革。即两院制发祥地的英国，在一九一一年，也通过一法案，把上院的抵衡权力削夺了。其殖民地澳洲联邦的昆士兰（Queensland）州，于一九二二年，竟把上院正式废止了；一九〇九年南非洲联邦组织时，除联邦立法院不能不保持两院制度外，各邦的立法部，都将上院废去了。他如希腊、保加利亚（Bulgaria）、科斯他利加（Costa Rica）、罗马尼亚（Rumania）等，皆采一院制。战后新造的国，如巨哥斯拉维亚（Yugoslavia）、芬兰（Finland）、拉特维亚（Latvia）、伊斯脱尼亚（Esthonia）、也都采用一院制。其他仍采两院制的，非因其为联邦组织，即将上院的职权，制限在仅小的活动范围以内，可见两院制在现代不为一般人所信任了。

概括言之，关于两院制与一院制的普通理论，各有其一面的是处，亦各有其偏于想像之处。实际上第二院的存在，大都根于两种特殊的事实：其一，即其国尚保存君主制的形式，有与君主相附丽的贵族团体；其二，即其国采用联邦式的组织，有一种所谓邦的地方利益，须得一个代表机关，若无此种事实，第二院的存在，似非有真正的必要。即如穆勒约翰所主张的，以下院代表民意，以上院代表特殊知识与经验，如此的上院，非但温和稳健，可以纠正下院的错误失当。并且可以引导人民走入进步的途径；这种主张，似亦偏于理想。近时更有一种新理想，即以上院代表生产上的职业团体，以下院代表普通消费的人民（法国狄骥的主张，已见前第十一章）；此种理论，是由现代的社会经济情势所产生，或者有试验的价值。

（三）议会职权的种类

议会主要的职权是立法，故称之为立法院；然实际上现代各国议会的职权，除立法外，还有别种很重要的职权。其范围的广狭，各国议会虽不必全同，大体皆有三种职权：第一为立法权，第二为监察权，第三为间于立法与监察之间的所谓财政权。

立法权的行使，第一是法律案的提出，第二是法律案的议决。关于法律案的议决，大概都要经过一读二读三读的程序；有时于一读之后，还要经过交由审查委员会审查的程序，法案的成立与否，往往于审查报告时决定之。采用两院的议会，恒须在两院经过同样的程序。如两院不能一致时，或尚须组织一种两院代表的协议会。关于此等程序问题，此处无庸详述；此处所宜注意者，为法律案的提出。在采分权抵衡制的美国及其各邦，立法完全属于议会的职权，法案的提出，既为立法权之一部，亦自完全属于议会，行政机关没有参与议会的讨论权，也当然没有提案权。但在采用责任政府制的国家如英法等国，则法案的提出，议会与内阁共之；并且重要的法案，大都皆由内阁提出；内阁的政策与行政方针，即由其所提出的法案表现；议会对于内阁的信任与否，也可于其对于内阁所提出的法案，是否加以拥护表现之。故在行责任政府制的国家，议会的立法权，不重在由议会本身制作法案，而重在对于法案的审量，果否容许其成为法律。

所谓议会的监察权，即对于行政机关或司法机关，得由议会监察之。监察权的种类及范围，各国议会所享有者不尽相同。大概行责任政府制的国家，议会的监察权较大；在分权抵衡制之下，则较小。概括的说，在责任政府制之下，议会对于行政或司法，行使监察权的方法，最普通者，为质问、审查、弹劾、不信任投票。弹劾本属一种司法上的起诉，虽发源于英国的议会，然英国久已不用。其他各国对于行政元首或国务员之犯法行为（即美国宪法亦有此规定），宪法上尚予议会以此种权力。质问的方式，有个人的发问与法国式的质问（Interpellation）两种，其不同之点已于前第十二章中略言之。不信任投票，则为责任政府制议会监督政府最重要的武器。此外尚有对于外交的监督权，不分责任政府与分权抵衡制的政府，多数的国家的议会大都皆有此种权力，如宣战媾和，对外缔结条约，须经议会的批准是。在分权抵衡制之下如美国，尚有一种用人的同意权，如总统任命国务员，任命外交大使或公使，任命法官，皆须经上议院的同意，也是含有监督权的意味；但此种监督权；效力甚微，因一经任命后，不能再行过问；故美国的上院，今日行使此种职权，仅同于照例的形式。

所谓议会的财政权，即国家一切财政法案，关于国库的收入与支出的预算决算（公债的募集与偿还也包括在内），皆须由议会通过。此种职权，一方面属于立法的职权，以国家向人民征收租税，及使用国帑，皆须有法律上的根据；议会的通过预算案，与通过普通法案无异，故亦属于立法权的一种。但就别一方面看，预算案有与普通法案不同的处所，即预算案的效力，恒以一年为限；议会所恃以监督行政部的行动，全仗有此种财政上的立法权；故又可视为监察权的一种。英国议会权力的伸张，与责任制的确立，即由行使此种财政权始。他国模仿英国的制度，所以也视此种财政权，为议会特别重要的职权。往昔普鲁士的议会所以远不如英国的议会有力量，即因普政府遇预算案不能通过议会时，辄适用前年度的预算；行政部有此权力，议会便失去宰制行政部的权威。故议会若欲使其监察权之有效，此实为最重要的武器。

（四）两院职权的分配

前列所举议会的职权，倘若采用一院制，由一院行使当无问题。若采用两院制，则两院是否应有同等的职权？此问题颇与上院的产生问题有关系。约略言之，有三种不同的分配法：其一，上院若与下院同出于民选，或在联邦制的国家，上院是由各邦的代表所组织的，大都两院的职权，几于平等。如美国的下院，对于财政法案虽有稍优之权（首由下院提出，上院仍保有修改及否决权），然对于其他法律案，则两院完全相等。上院且有对于总统用人的同意权及外交监督权，为下院所无者。（但对于宣战及颁发捕拿敌船许可状二事，两院皆有同意权。）澳洲联邦的两院，除对于财政案，上院仅有否决权而无提案及修改权外，其余亦皆平等。此种分配方法最大的流弊，就是容易惹起两院不能解决的争执，阻碍社会改革的进行，前已言之。其二，下院若由直接民选而来，而上院则否，则两院对于一切关系财政案的职权，应不平等；因为一切财政法案，关系于国民之负担；上院既非出于直接民选，即不应与直接民选的机关有同等的职权；对于下院已通过的财政法案，不能坚持否决。且以议会对于财政的立法权，兼为监督行政机关之武器，行责任内阁制的国家，内阁的进退，应仅以下院的信任与否为断；换言之，内阁仅宜对于下院负责任；故凡行责任内阁制的国家，多不与上院以同等的财政权。其三，上院既非出于民选，或为代表特别阶级或地方团体，或为代表特别知识经验，其设立之用意，又不在于与下院对抗，仅在于补救下院的失误，则不惟对于财政案，不应平等，即对于其他法案，上院亦只得提出修正，或要求覆议，或要求提交公民复决，不能完全行使否决权。英国自一九一一年以后，贵族院的作用，已不是对抗下院的了。第一次世界大战后的德奥宪法，虽亦皆有上院，然奥国的宪法，仅予上院以向下院提出法案之权，及对于下院通过之法案要求覆议权，如下院仍维持原案，原案即成为法律。德国的上院，对于下院所通过的法案若加以否决时，仍须请下院覆议；覆议时如仍得三分二之多数维持原案，总统即须公布，否则交公民复决。故此种上院，对于下院所议决的法案，仅有一种相对的拒否权或中止权；两院的实权，完全不平等。其用意在谋取得设制两院的优点，避免两院相持的流弊。

二、行政机关

关于“行政”一名词的意义，在英语有 administration 与 Executive 二字之别；前者常译为“行政”，后者常译为“执行”。然在英语中，二字可以互相训释，有时亦可互用。因为就原来的字义泛言之，二者都是执行，凡使国家的法律或意思见诸实施的行为，都可谓之执行，其机关即可谓之执行机关。然而，实际上近代所谓行政机关，其职权实不限于执行，不能拘守字义来解释他的内容。有些学者，（如 Cettell）想就 Executive 与 administration 二字加以分别；以前者属于上级的指导施行，后者属于下级的机械执行；如此，则前者应为“行政”，后者又应为“执行”。然实际这种分界很难明确；通常所称为“行政”者，大都含有指导施政，与执行两方面的意义。故所谓“行政机关”的名词，也具有广狭二义：最广义的行政机关，上自最高的行政首长下至各级文官组织，如英语所谓 Civil Services 皆包括在内，即军队、警察、税吏亦无不包括于其中，所不包括的，就只有立法的议会与司法的法院。狭义的行政机关，则以最高的行政首长与主要各部的国务员（即指导施政者）为限。本节所述的行政机关，属于狭义的行政机关。

（一）行政机关组织的三种形式

现代一般国家最高的行政机关，就组织上的形式言，有总统制、委员制、内阁制三种。关于此三种不同形式的制度，在前面第十二章，已经讲过；但前面所讲的，仅就各制与立法部的关系，加以比较的说明。本节所言，则就各制在行政的位置上说明其本体的组织。

第一、所谓总统制者，在行政上可称为单独的责任制（或称为独裁制，似有语病），就是把一切的责任与权力——除立法与司法以外——集中于一个人。此一人或为选任的总统，或且为世袭的君主；既为国家形式上最高的元首，又为握有行政全权的最高首长。其与责任内阁制不同的处所：一、下面别无所谓统率各国务员的国务总理（美国的所谓国务卿，主持外交，其位置虽较其他国务员为较重要，然亦非国务总理，不能统率其他国务员）；二、各部的国务员，由总统自由任免，但对总统一人负责任，无所谓连带责任；三、总统对于各国务员的意见采纳与否，听彼一人之自由，如有一员或数员与彼意见不合时，彼可自由更换，没有干涉他的机关。此种单独的责任制，本属君主专政时代所谓“君主独裁”的遗迹（战前的德国皇帝，可为最好的模型）。北美联邦创制宪法时，联邦的行政部，采用这种组织，因称之曰总统制。当时制宪人士所持的理论，以为立法须由多数人主持者，因为立法所须要的是“审慎周详”，经过多数人的讨论，总比个人或少数人的见解要周到；行政只能由一人主持，因为行政所须要的是敏捷、统一、决断、有力量；若担责任权力分寄于数人，则必有“筑室道谋三年不成”之弊。平心而论，这种制度，专就行政言，确有如他们所期望的好处；所谓敏捷、统一、决断、有力量，确非其他的行政部所能及。不过对于立法，远不如内阁制运用的圆活。

第二、所谓委员制者，为多数的合议制，恰与前者相反。行政的全权，不在于个人，而在于数人集合的小团体；集合体的各委员，并立于平等的地位；其中虽常有一人为形式上的首领（或称为总统，或称为主席），但此首领，不过对内为会议时的主席，对外为全部的代表，实权则与其他各委员相等；其他各委员，各主持一部的执行事务，主席委员亦仅主持一部的事务，对于他部事务，除在会议时可以参与外，则不能兼理；会议时之相互参与意见，各委员同有此权；各种重要政务的施行方针或原则，皆须由合议决定之（瑞士可为此种制度的绝好模型）。采用此种制度的理由，第一防止个人的专制，第二在减少地位上激烈的争竞。但施行此制者，惟瑞士确已达到此种目的，苏联则仅具形式，中国的现制，即形式亦有难于维持之势。

第三、所谓内阁制者，是由第一种单独责任制演变而来的；组织的形式上，具有两重的首领：上面有一个不负责任的最高元首——对外为代表国家的元首，对内亦为行政部的最高首领——下面还有一个国务总理。国务总理及其他各国务员，形式上皆由最高元首任命，然事实上最高元首所得任命者仅国务总理一人，其他各国务员皆由国务总理选择推荐（即国务总理一人，虽由元首自由任命，其人选实受议会势力之限制）。故上层之所谓行政元首，仅为形式上的首领，实际上的首领，乃在下层的国务总理。形式上的元首，仍为单独制，实际上由国务总理所主持的行政机关，则为合议制。然与前述合议的委员制，却不尽同。其相同之点，仅在重要政务的施行方针，须经合议决定，各阁员大都皆主持一部，国务总理亦可兼理一部。其不同之点：一、上面有一个形式上的最高元首，行政命令，仍以元首的名义行之，但须由国务总理及主管部的国务员副署负责；二、各国务员皆由国务总理统率，国务总理的位置，比其他各国务员特别重要，其他各国务员悉由彼选择配置，责任亦以总理一人为独重，不问兼部与否，对于各部皆有责任；三、实质上虽亦略同于议会的委员团，法律的形式上，仍为国家最高元首的辅弼机关；四、不若委员制委员有法定的任期（以议会的信任与否为去留）。此种制度的产生，也是由君主独裁制蜕化而来的；一方面要保留最高元首的尊严，使之不易动摇，以免革命纷乱之祸；一方面又要防止君主一人的专制，使行政部能受议会的监督，故演为两层首领形式的组织。采用此制者，起初仅有君主国；共和国之采用此制，以法国的第三共和为始。法国在第三共和以前，单独责任的总统制，与合议的委员制，皆曾经过试验，无不失败；第三共和，始采用君主国的责任内阁制，以总统的位置代君主，使仅保留总揽行政机关之形式，于是在共和制的总统下面也有所谓责任内阁制的行政机关。

（二）行政机关的职权及分部的组织

行政机关的职权，就其性质上区分，最重要者有下列五种。

第一、即执行法律权，此真正属于行政的范围者。法律的执行，从公布始。所谓法律的公布，即命令与该法有关系的官吏执行及人民遵守。故公布法律之权大都属于行政首长。此为执行法律权之一。对于既公布之法律实际施行时，尚有赖于行政部之各种命令。故颁发命令，为执行法律权之二。惟执行法律之命令有两种：一为“委任命令”，即由法律明文规定委任行政部颁发者（delegated ordinance），英美的行政机关所能颁发者以此种命令为限；二为“补充命令”（Supplementary ordinance），即法律上虽无明文委任，如遇法文有欠缺时，在不抵触法律之范围内，得由行政部以命令补充之，其效力同于法律，此惟欧洲大陆各国有之，而为英美所不许。法律的实施，须有各级大小官吏，故各级大小官吏之任免，为执行法律权之三。惟官吏的任免方法，各国不尽同，其大概相同者仅下级官吏的任免，若国务员及次于国务的高级官吏，则各因其制度之不同而别，兹不详述。

第二、为外交权，即处理对外关系的事务，性质上亦应属于行政的范围。其最显著的项目，如派遣使节，缔结条约，宣战媾和。关于此类事项，性质上虽属于行政的范围，以其关系于国家全局的利害，特别重大，故各国对于行政机关行使此类职权，多以议会监督之。监督的方法虽各国不同，其不肯全委诸行政机关则一。

第三、为海陆空军权，即海陆空军的编制，训练、调遣、运用，性质上亦属行政机关应有的职权。故各国的君主与总统，大概有统率海陆空军之权，或且戴有海陆空军大元帅的头衔。惟事实上由国家元首亲自执行海陆空军权的事实甚少，在责任内阁制的国家，此种职权的行使，事实上恒由内阁任之。即非责任内阁制的国家，议会亦得由军队编制的法案，及军费预算案的制定时，间接宰制之。

第四、为立法的参与权。行政部得参与立法的事务有两方面：一为拒绝公布，要求议会覆议，意即否决议会所通过的法案；但此种否决，非绝对的（绝对的否决权仅往昔之君主有之），仅为中止的；美国的总统，对于立法所能参与者，仅此。二为制作法案，向议会提出。此惟委员制及责任内阁制之国有之，若总统制的美国，则无此权。法案由行政机关制成，实比由议会本身制成的好；因为立法本属一种专门事业，学识与经验，皆所并重；加以现代社会经济关系的复杂，制定一种完美法案所须要的智识经验，尤非往昔所可比；议会的选举，率由政党的政客包办，其所罗致的人才，具备此种完美资格者绝少；故如美国由议会本身制作的法案，远不如英国由内阁制成的完美（美国各邦，近欲救济此弊，多特设“法案起草局”以襄助议会者）；因为行内阁制的国家，大都有附于内阁，由内阁所管辖指挥的起草机关，可以罗致专门人才，专司此事（如吾国所谓法制局即属此类）。此外，有些国家的行政首长，尚享有对于议会的召集、解散、开会、停会及闭会的宣告权，其性质亦可属于立法的参与。

第五、为涉及于司法的职权，最显著者如法官的任命权，大赦或特赦的赦免权。迷信三权分立说者，以为法官由行政首长任命，有碍于司法独立，故美国各州中有采用民选制的，法国大革命之初，亦曾采用法官民选制，然其效果皆不如由行政首长任命的好；故大多数的国家，皆以法官任命之权，委诸行政首长（美国总统任命法官前，须得上院之同意）。至行政首长的赦免权，本属君主大权的遗迹，在君主行之，纯属一种市恩政策；但近代民治主义的国家，仍容许行政元首享有此种权力的理由：其一以为赦免制可以济法律之穷，其二以为赦免制可以正法庭之误，其三以为赦免亦可以鼓励犯罪人的迁善自新。但在法治基础薄弱的国家，行政元首握有此权，易致于滥用，难免损及于法治的精神，故亦宜有相当的制限方法，如须得议会之同意是。

上面所举行政机关职权的五种，是就职权的性质分别的。若就其所管政务的性质来区分，则社会生活越进化，政务的性质也随之越复杂，故行政机关的分部，亦由简单而趋于繁复。在古时一个君主下面所用的重要行政长官，大概只有几个人，分部执掌事务的界限性质亦不甚明了，因为当时政务的性质，本来是很简单的。及社会生活日趋复杂，政务亦趋于复杂，三数大臣不能兼管，渐就复杂的政务，依性质区分之机关的分部也就渐次加多了。例如英国，现在列于内阁阁议席上的行政长官，有时候多至二十人，然按其长官之名称求之，最古者有 Lord Chancellor（或译为大法官，或译法部大臣），Lord President of Council（枢密院长），Chancellor of the Exchequer（财政大臣）等，其性质界限甚不明了；其次则有 First Lord of the Admiralty（海军大臣），再次则有 Secretary of State（或译为国务尚书）；国务尚书，在十八世纪以前仅有一个，至十八世纪末期，由一个增加到三个，至十九世纪增加到六个，今则增加到七个了（即 Secretaries of state for home affaires,War,Foreign affaires,Dominions and Colonies,India,Scotland,and air）。此外尚有新增的许多部长不必悉举。即以我们中国而言，在秦始皇统一中国时，皇帝以下，只有丞相（总持行政）、太尉（典兵刑）、御史大夫（主监察）三个重要官职，这是中国古时的三权分立制；到了隋唐时，渐有由《周礼》六官的理论演绎而来的六部，一直行到清朝晚年；到预备立宪时代渐由六部增加到十部。现代各国行政机关的分部，以英国为最复杂，因其所含历史上遗传的闲曹虚职极多，且有按其名而难于知其实者。新改造的国家，其行政机关分部的多寡，大都依所管事务的性质及其繁简的情势而定，多则十余部，少则七八部，其最主要者，如内务、外交、财政、海陆军、农工商、教育、交通、司法等是，固不能有一定的原则。其唯一的原则，即无论分部至若干，为行政的统一计，各部决不宜各自为政，在总统制须统辖于总统之下，内阁制则统辖于国务总理之下，即多头的委员制，亦须统辖于合议的委员会议之下，盖必如此而后国家的行动，始能成为整个的统一行动。

三、法院

法院即所谓司法机关。“司法”的意义，就是根据国家的法律来处理各种诉讼事件。其主要的职务，为解释法律，应用法律以衡量个人或团体的行为或不行为，故谓之司法机关。但是现代各国法院的职务，除了处理诉讼事件以外，还有许多“非讼事件”，如“遗嘱执行”“婚姻登记”等类。此类事务，在性质上明明属于单纯的行政事务。又当处理诉讼事件时，若遇法律对于该事件无明文的规定或习惯法可以应用时，依各国的习惯，皆承认法官得依公道常理判决之；此种判决，享有与法律同等的效力，可成为一种判例，英语称为 Judge made law；则法院的职务，又涉及于立法。故所谓司法机关，其职务虽以司法为主，其性质实不如是之单纯。然则司法机关之性质，与其他机关果有何根本的差别否？曰，有。即司法机关的行动，常为被动的而非自动的；就处理诉讼事件而言，所谓“不告不理”的原则，已为一般国家的法院所承认；即就“非讼事件”与“造成判例”等涉及行政立法的行动而言，亦大都属于被动的性质。概括言之，法院的特殊性质，在消极的保护人民的正当权利，维持社会的安宁秩序，与立法行政两机关的行动，舍有积极的促进社会进步者不同（虽社会的进步，不能不有赖于国民权利之确固社会秩序之安宁，法院的保护维持，亦与有促进之效，然其效力为间接的）。本节先就关于法院的组织问题，略述其大概，次及于职权行使的范围。

（一）法院组织的根本原则

关于法院的组织，无论采用何种制度的国家，有一个共通的根本原则，就是要保持司法的独立。普通所谓司法独立，就是法院的法官行使审判权时，不受行政或立法机关的干涉；即上级法院对于下级法院，除依上诉程序得变更其判决外，亦不得干涉之。但是此种独立的审判权，非在法院组织的程序上，与以适当的保障，尚只有形式的独立，而不能有实际与精神上的独立。若欲取得实际与精神上的独立，则对于下列两问题，不可忽视：

第一、对于法官的任命应以何种方法为适宜？往昔的法官，大都由君主任命。美法革命时，为谋法官不受力，而真正上等法律专门人才，又往往不愿去运动选举；且在选举制度之下，应选的人恒不能不与政党发生关系，则当选者亦难免不失去精神的独立，低减法院在社会上的信用与权威。故法国的民选法官制度，不久便废了；美国的各州虽多继续此制，亦甚受法学家的非难。瑞士联邦的法院由联邦议会选举，其各邦法官，也多由邦议会选举，虽较直接民选为好，但也不是理想的方法。现在多数的国家，大概以任命法官之权授诸行政元首。其理由以为对于法官的资格与地位加以严格的限制保障，虽以任命之权授诸行政首长，也不至失去其精神上的独立。此外尚有两种折衷的方法：一、为北美联邦法院的法官，虽由总统任命，但任命前须得议会上院的同意。二、为比利时最高法院的法官，须由上议院与最高法院各提出一推荐名单，再由行政首长于该名单内择一任用之；其他各级法官亦有须经地方议会与相关法院各自提出一名单，再由中央行政首长任命者。此两种方法，都是折衷调和的方法，似以比利时的方法为较稳妥。

第二、对于法官的地位，应如何保障？法官的任期，应为终身职，已为现代大多数的国家所承认。因为法官如有一定任期，则充任者往往为谋连任之故，执行职务时，不免对于享有任用权的人有所阿附（美国各州民选的法官，多有定期，即不免此病）。但所谓终身职，也有两种限制，一即年老精神衰弱或因疾病无痊可希望时，须令其退职；二则如有重大过失，经法定严重之手续，亦可令其解职。其次保障的方法，则法官在职期中，非但解职须经法定之严重手续，即停职转职亦须受严格的法定手续之限制，不许享有任用法官权力的人或机关，得随意上下其手。停职有妨碍于法官精神之独立，自易明了；所谓转职，包括降级、升级及转任同级的三种意义；降级危及法官之地位自不待言，转任同级，或亦有非法官之所愿者，若升级似无害于法官；但若行政机关，有自由升迁法官之权，则法官或因希望升迁之故，不免有阿附之弊，故虽升级亦须法定之限制。还有一种保障法官地位的方法，即法官在任期中，不得削减其薪俸。比利时宪法规定法官薪俸，不得由行政机关削减之；美国宪法规定，则法官在职期中，无论何种机关，不得削减其薪俸。凡此皆属法官地位保障的方法。

（二）法院组织的方式

现代各国法院组织的方式，就大体说，大概都是采用一种阶级层累的形式，最下层分布许多初级法院，中间有比较少数的地方法院，最上层有一个全国最高的法院（或有采四级三审制者，则地方法院之上，全国最高法院之下，还有一种高等法院；前此的意大利，有五个独立的最高法院，然自莫索里尼专政后，已废去四个，今亦只存罗马一个）。但关于各法院内部组织的方法上，英美制与欧洲大陆制有几点不同的处所，须略为说明。

第一、英美系的法院，除最高控诉院外，下级法院，大概以单一的判官任之；德法等欧洲大陆各国的法院，则皆以数人合组成之，大约由三人至十余人（惟德国初级法院的判官，亦多采单一的判官制）。因为大陆各国，普通对于裁判的理想，以为裁判的信用，与判官人数的多少有密切关系；凡经数人合议的决定，比较审慎周密；由一人判决，对于事实与法理的审察，难免不有疏忽的处所；裁判关系人民生命财产，非常重要，总以由数人决定为好。此种理想，实在是很对的；不过依大陆系的办法，需要判官人数特别多，国库对于司法经费的负担特别重（法国法官的人数达五千余人，英国以三千余万人口之地域，所须法官不过百人内外），而法官的薪俸，又不宜太薄，故法国的司法部长，也曾有主张对于下级法庭改用单一判官制的，但尚未实现。

第二、英美系的中级法庭，为巡回裁判制（Judges on Circuit），即以法庭就诉讼人（巡回裁判的开庭期或开庭地点，称之曰 assize，故此种法庭又名之曰 Court of assizes）；欧洲大陆，则各级法庭皆有一定所在地，无巡回裁判之制。两制各有优点，各有缺点。巡回裁判的优点，在图诉讼人的便利，且可少用法官；其缺点则每处每岁开庭的期间有限，法官的负担既繁重，或不免有案件积滞的弊病。大陆制的优点，则法官时间较暇豫，案少积滞，其缺点则诉讼不如巡回裁判的方便；但在交通发达的现代，亦无何种不便，惟需要法官人数较多而已。

第三、英美执“法律之前人人平等”的原则，无所谓“行政法院”；欧洲大陆，则持三权分立的原则，谓司法固宜独立，行政亦宜独立，故于通常法院之外，别有所谓行政法院的组织。此英美制与欧洲大陆制区别最重要之点，其理论俟于下节论司法权行使之范围时述之。

（三）联邦政府的法院组织

在单一制政府的国家，法院的组织自然也是单一的，即法院只有一组。在联邦制的政府，则法院亦有分为两组者，即各邦的法院为一组，联邦总体的法院又为一组。但此不是联邦政府的必然性。兹就北美联邦与德意志联邦分别说明之：

第一、北美联邦的法院。系分为两组。各邦有各邦的法院，大都为三级制。法官的登用，或由邦长任命，或由民选，甚不一致；诉讼的程序，适用法律的习惯，亦不尽同。联邦总体别有一种联邦法院，亦有三级。其法官皆由总统以上议院之同意任命之。联邦法院管辖的范围：一、凡因诉讼人的关系，非一邦之法院所能管辖者，则由联邦法院处理，如涉及两邦或两邦人民之类；二、凡诉讼事件之性质，非一邦法院所能处理者，如涉及海陆交通，或国际契约，或联邦宪法等问题，皆由联邦法院处理。此种分组的制度，实非良制，今美国人士，亦多感不便。所幸各邦所用的法律，皆基于同一法源，即英国的所谓“普通法”（Common Law），尚能维持其小异而大同的情状。但所谓“普通法”者，大部分是一种 Judge-made-law，不是一种整然的法典；既是一种 Judge-made-law，则各邦之间，久而久之，自不免发生歧异；幸各邦的法院间，尚能维持互相尊重彼此之判例的精神，故大体尚不至于相歧甚远耳。

第二、德意志政府虽为联邦的组织，但其法院的组织却绝无联邦的色彩。一则法典统一，联邦成立后，即编成联邦通用的法典。各邦所用之法律，法院组织法，及诉讼程序，完全一致；二则法院仅有一组，无邦法院与联邦法院的区别。全国法院共分四级：下三级皆由各邦依联邦法院编制法组织之，法官由各邦之当局任命，经费由各邦政府支给，其最高的一级，则由联邦组织之，法官由联邦中央行政元首任命，其经费亦由联邦政府支给，为全国最高的上诉法院。因全国所用的法典及法院组织与诉讼程序皆同，故无有邦法院与联邦法院区别的必要。此德意志联邦组织，优于北美联邦的处所。

（四）法院职权的范围

法院主要的职权，就是解释法律，应用法律去执行审判，此在本节之引论中即已说明，无须详述。但关于此种职权行使的范围上，有两个重要问题：一、法院解释法律，应否包括宪法的解释？二、法院执行审判，应否包括审判行政官吏的行政行为？前一问题，涉及于立法行政两部，因为法院若有解释宪法之权，则凡立法部所立之法，或行政部所发的命令违反宪法时，法院得否认或撤销之。后一问题，仅涉及于行政部，因为法院若有审判行政行为之权，则行政部的行动，或将受法院的宰制。兹就此二问题，分别略为说明。

第一、关于宪法的解释权，就各国的实例言，可分为两大类：一、英、法、瑞士等国的法院，无解释宪法权（英国是议会主权的国家，法国在第三共和时代宪法解释权亦操诸议会，瑞士则为公民直接立法制度盛行的国家。惟英人蒲徕士则谓英司法机关，在法理上实有解释宪法之权。特以英国议会兼有普通立法与制宪之权，宪法与普通法形式上不能分别，故解释宪法权，在英无法表现，遂失其重要性耳）。二、美、德、奥等国的法院则有之。然美、德、奥三国又有小别：美国的法院仅以否认违宪的法律为限，奥国特设的“宪法裁判院”，则有根本撤销违宪的法律之权；德国最高法院的解释宪法权，则仅对于邦法律之违宪或抵触中央法律与否行之，其范围很有限。这是各国实际上的差别。就理论言之，以宪法的解释权委诸普通法院，实以美国为始，德、奥皆模仿美国而变通之者，故关于理论方面的主张当溯源于美国。美国制宪人士中的有名人物哈密敦（Hamilton），尝谓：“立法部所立的法律，如果违反宪法，应该无效；若反对此点，不啻承认代理人大于原主。”其意以为宪法为人民最高意思的表示，为一切法律的源泉，就是主人的意思；立法部是人民的代理人。违宪的立法，就是违反主人的意思；法院对于此种法律，当然有否认的权力，不惟有此权利，并且有此义务。法院否认违宪的法律，并不是法院的权力在议会之上，只有对于人民最高的意思，法院与立法部应该共同遵守；立法部未遵守，法院当然否认之。反对法院有此权者，所持的理由有三：一谓法院如有此权，无异承认法院侵犯立法，背于三权分立的原则。此种理由完全不能成立；因为以分权的原则而言，法院既以解释法律为其主要职权，宪法当然包括在法律之内，没有除外的理由。二则谓议会为民意的代表机关，法院为官吏的团体，如授法院以否认或撤销法律之权，便无异以官吏对抗民意。此种理论亦不能成立；因为议会所立之法，虽说是代表民意，但宪法尤为民意最初之表现；若谓民意常因时代环境而变迁，应以后来的民意为准，便无异说后起的法律高于宪法，宪法将归无用；若要使后来的民意实现，便应该先行修改宪法；在宪法未修改以前，便不得借口民意去违宪；故此说亦不能成立。三为从实际上立论者，谓法院如有否认或撤销违宪法律之权，足以助长法院与议会的冲突；在法院的信用与权威，尚未发达至相当程度时，其判决不能折服议会与一般人心，并且足以妨碍社会改革事业上的立法。此说确有相当的理由。但在法院的信用与权威已达完成时，此层亦不必过虑。且若在联邦制的政府，只有法院是比较适于解释宪法的机关。

第二、关于行政行为应否受普通法院审判的问题。在本节第二小节之末已说过，英美与大陆的制度不同，英美无所谓行政法院，官吏的行政行为，与人民一样，须受普通法院的审判；大陆如法德等国，则别有一种行政法院，普通法院所管辖的范围，不能及于行政行为。为什么大陆各国有此区别呢？一半是根于历史的，一半是根于理论的。就历史的事实说，行政法院的分立，导源于法国；法国在大革命以前，司法权即常与行政权发生冲突。当时的法国君主，虽说是大权独揽，但是当时巴黎的所谓 Parlement 的高等法庭，对于君主的行政命令，往往借故加以否认；故在彼时，法庭是君主大权唯一的障碍；例如大革命将近爆发之前，Parlement 对于新税的制定问题，就不肯承认。革命爆发后，那些革命家恐怕法庭对于他们各种激烈改革行动，发生阻碍，便利用三权分立的理论，不许法官有干涉行政上争议事件之权，凡行政上的争议，悉由行政机关自行裁决。这是法国发生行政裁判分立的历史事实。其后渐有日趋完密的行政法院的特别组织，演成一种完密的学理，并产生一种很有系统的行政法。英美派的学者，坚持“法律之前人人平等”的原则，对于法国派的行政法院分立制度，总是加以非难；谓行政官吏的行政行为，若不受普通法院的审判，则人民个人自由权利的保障，将失其安全；因为人民若与官吏涉讼，复由行政官所组织的特别法院来审判，总难免不有庇护官吏的倾向。假若行政法院，纯由行政机关组织，英美派学者所持的理由，未尝不对。但是法德各国的行政法院，既离通常的法院而独立，亦离行政机关而独立。则所谓人民权利保障不安全之说，已失其根据。法德的行政法院，常以富于行政经验与法律知识的两种人才组织之；法国的行政法院的法官，虽由行政机关任用，然其审判权的独立，已与普通法院无异；普鲁士行政法院的法官，且并不能由行政机关解去其职务。故虽与普通法院分离，亦无损于人民权利之保障。其优点则视普通法院之拘守通常司法观念，而昧于行政之机宜者为胜。且以现代社会经济的情况日趋于复杂，行政上发生的争议事件，以涉及于经济问题者为多；处理此种争议事件，需要行政的经验与智识，亦较往时为多。故在英美，虽不承认行政法院分立的制度，近来却不能不特设种种行政委员会以处理关于特种行政的争议事件（如铁路行政关税行政等类委员会），然则与其固守英美派的原则，毋宁采用法德派的制度为胜。

四、考试机关

考试本属行政职务中的一种，即其机关也是属于行政机关的大范围。但中国的现政府组织，遵从孙中山先生的主义，考试院是与行政院对立的，故于本章中特为一节，就中国历史上的考试制度与现代考试制度略为说明之。

(一)考试在中国历史上的重要性及在现代政治上的价值

考试制度在中国的政治史上，有一种特别的重要性。为什么呢？中国自秦始皇统一后，被治于专制君主之下二千余年，经过若干次的流血革命，但不曾有丝毫民治主义的影子；民权自由的思想，直到晚清，始由西方输入。民权思想何以不能发生，其原因虽多，此处不能一一探索，但在政权的组织上，亦可得一解释。中国的政权，虽托于专制君主一人，但政权的实际的行使，由于一个特别的所谓“士大夫”阶级。这个阶级，不但是政权组织的实体，并且是全社会的重心。但所谓“士大夫”阶级，并不是一个固定不可侵入的阶级，而是一个凭个人智识能力可以自由竞争取得的。竞争取得的方法，便是公开的考试。自晚周封建阶级破裂后，政权地位，便已入于自由竞争的状态；不过当时的自由竞争，全凭游说口舌；到了汉代，考试制度便已开始萌芽；魏晋以后的九品中正官人法，几于将已萌芽的考试制度消灭；但至隋唐，考试制度，便告完成了；此后的考试，渐成为出身的“正途”。民权的基础，在于人格平等，权利平等；考试制度的精神，是机会平等，便是承认人格与权利的平等；其不能取得政治上的平等地位，加入士大夫阶级，乃因其知识能力之不及，不能归罪于制度的不平等。有了这种制度，西方所谓民治主义的运动，在中国的政治思想界，便无从发生必要的感觉。这是考试制度在中国政治史上的重要性。

至就现代的政治上说，考试制度的重要价值，又是从民治主义上发生。何以故？现代的民主政治，还是一种代议制，代议制的运用恃政党，政党政治的流弊，自然而然的必成为一种“分赃制度”，即英语所谓“Spoils systems”。我们试一考查十九世纪上半期政党政治最盛行的英美两国便知。“分赃制度”的名词，就是流行于两国的名词；两国当时的弊政，已为一般人所诟病；但一时想不出救济的方法来。要把政党制度废掉么，却又废不了；保存么，“分赃”又分得太不成事体。恰好此时中国的门户，被英国的炮火打破了，中国所有好好歹歹的祖遗古物都窥见了；于是在许多破铜烂铁中，拾得一件与红顶帽缨联在一块的宝贝，名曰考试制度，大加叹赏；并且这么想：我们若把这件宝贝搬到西方去，一定可以把“分赃制度”打倒。英国的东印度公司，首先试用；到一八五三年，英国政府对于印度的文官登用，也主张采用考试制度了；再后一点，英本国的文官任用，也采用此法了；美国的采用考试制也是从十九世纪中期开始。英美两国自采用考试制度后，政党的分赃制度，果然渐次失势。这是考试制度，在现代政治上的价值。

我们知道这两点，便知道中国历史上的考试制度，与现代西方所行的考试制度，根本上有一个大区别，即中国以前的考试，是把君主以下的政治地位，一律公开，听人民自由竞争，上至最高地位的宰相，亦必由科甲出身，始为“正途”；清代至有非进士及第者不得入阁为大学士的规程；西方的考试，原来是用以救济分赃制度的弊病的，故由考试授职者，仅达事务官而止，莫说与中国大学士地位相等的内阁阁员，即政务次官，亦不在考试授职的范围以内。因为其政治上的原则，是立在民治主义之上；政权的重心，托于一般的民意，而不托于一个机械的考试制度所造成的士大夫阶级。

（二）中国历史上的考试机关与方法

中国的考试制至唐代始确立（汉初的策问贤良方正，并非考试；武帝以后，渐有由学校考试授职的方法；后汉顺帝时，尚书令左雄提议改革所谓“察举”的用人制度，主张加以考试，于是考试制度渐重。但至魏晋六朝，用九品官人之法，所谓九品的人才等第，由州郡中正官拟定，纯依门第为高下，至隋始废之）。故至唐始有考试机关可言。唐初贡士至京师，到尚书省，始由户部集阅，而关于考功，由考功郎中监试。开元二十四年，始移归礼部（因考功员外李昂诋诃进士李权之文章，起冲突，朝议以郎官地望太轻，遂移于礼部为永例）。于是自唐代至清代，考试由礼部掌管，永无变更。但礼部所掌，不过是关于考试行政的事务，此外还有一个独立的主考官，名之曰“知贡举”。“知贡举”的官名始于唐，宋代在太宗时，即依宰相之请，如唐故事，特任“知贡举”官。明初会试主考官，也是由皇帝特简；同考官则参用翰林及教官。清代在顺治初年，即由礼部议定会试考官任用法：主考，届期由礼部开列内阁大学士，学士，各部尚书，侍郎，都察院堂官职名，题请简任；同考官二十名，内用翰林官十二员，六科四员，吏、礼、兵三部司官各一员，户、刑、工三部司官，每次轮用一员，由各该衙门推举送内阁裁定，入闱阅卷。概括言之，清代的中央考试机关，是临时由中央的主要各机关以皇帝的命令联合组织起来的；主考的长官，不一定属于何机关，任何一机关的长官都可充任，临时由皇帝决定；同考官则分配于各机关；事毕，则各回原机关任事。这是清代中央考试机关组织的大概。各省乡试的考官，也是临时组织的，其主考官皆由翰林及六科照例以次差遣，临时倍取正陪，题请钦点。要之，在中国历史上，考试虽然是一种独立的职权，考试机关，却不是常设的。

至就考试的方法上观察，自唐至清，执行考试的规程，越进越公正严重，而所考的科目，则越变越腐败退化。考试制度虽确立于唐，但唐代的执行考试，远不如后来的严重，请托干谒的风习盛行。到了唐代，苏易简受诏知贡举，径赴贡院以避请求，后遂成为定例。宋雍熙时，令考官亲戚别试；李昉、吕蒙正之子及第后，帝谓势家不宜与孤寒竞进，竟撤销其及第的资格。到明清两代，则关防越变越严密了。简放会试主考官时，凡有被简放资格的大员，都准备行李到朝门去听点，点定了不得再回公馆，须立刻谢恩入闱；外省的乡试主考官，到省后便封锁在公馆里，不许和外人会面。这种严重的形式，虽到清末，依然维持。道光时代的大学士柏参，因牵涉考试作弊的问题被杀。此种公正严重的考试规律，可算是世界各国所无的；中国考试制度的被称赏，也仅在此一点。若说到所考的科目：唐代分为秀才、明经、进士、明法、明字、明算六科。秀才试方略策五条（以才干为主）；明经以帖经为主（兼对策及文章）；进士以文章诗赋为主（兼帖经对策）；明法试律令各十帖（兼对策）；明字以说文字林为主；明算试九章、海岛、周髀缀术……就当时的学术知能上说，大体算是包括了，且亦多近于实际的应用处，但是“士流所趋，惟明经、进士二科”。到了宋代，便变为进士、九经、五经、开元礼、三史、三礼、三传、学究、明法等科；实际上进士一科独贵重，凡应进士科及第者可得美官；进士科受试的项目，也是以诗赋文章为主。到了宋代中叶，王安石一派，主张注重经义，苏轼一派反对之，仍主张以诗赋文章为主，发生两派对抗的大争议。到了明代，诸科的名目皆不见了，索性将宋代的所谓经义变为八股式的制义；于是所谓科举，好比鼠入牛角，走到末了的尖角里，再无路走了，只有等待康有为一派的人来宣告他的死刑，运动把它根本废去的一个方法。平心而论，考试本是用人最公道的方法，中国的士大夫阶级，都是靠这种制度造成的；无奈所考的东西，越变越退化，仅留下一种严重公道的机械的考试形式，所以不能维持其生命。

（三）英美的考试机关与方法

英美的考试制度，都是到十九世纪下期始成立的，请分别略述之。

第一、英国的考试运动起于一千八百四十五年之顷。到一八五三年，便组织了一个委员会，讨论文官任用问题。依委员会报告，主张文官的任用，须采公开的考试方法。到一八五五年，便以委员会的报告为基础，用枢密院令，设立所谓“文官选用委员会”（原名为 Civil Service Committes），执行文官考试的事务。到一八五九年，又正式公布一种法律，规定此后一切文官，除由英王直接任命及具有特种资格者外，皆须得有“文官选用委员会”的证书者，始得任用。于是“文官选用委员会”，便成为主持英国文官考试的法定机关。关于考试的方法，依现行制度。系将文官分为四级：最低的第一级为助理书记级（Writing Assistant Class），所考的科目极简单；第二级为书记级（Clerical Class）只要有初中毕业的程度便可以应考；第三级为执行级（Executive Class），便要有高中毕业的程度方能应考；最高级为行政级（Administrative Class），则须有大学毕业的程度方能应考。文官分级的方法是总合的，不是依政府的各部分类的；考试的科目，是学校的普通科目的常识，不是专门的知识经验；专门的知识经验，要使他们由实际上训练出来。考试的目的只在选择一班有完美基础的青年去受训练；录取后，还须经过比较长久的学习期间，方得提升。这是英国考试制度的特点。

第二、美国的考试运动，约与英国同时。联邦政府在一八五三年与一八五五年，成立了两种文官考试法；但是应考的文官，限于职务最不重要的书记录事之类。到一八八三年始通过了一种法律，规定总统有权决定何种职位的人员应受考试，何种人员不必受考试。历任的总统，根据这种法律，把应受考试的范围，一步一步的推广；到一九二二年，应受考试的范围，推广到全国官职名额约四分之三，立在考试范围以外的还有四分之一。依一八八三年的法律规定，总统得以上议院之同意，任命三人，组织文官考试委员会；但三人中不得有二人以上属于同一政党的党员（避免一党把持之弊）。文官考试委员会，不隶于行政机关之任何一部，也不受任何部的指挥，除总统外，不受任何人的干涉。故美国考试机关，可算是立于总统之下的独立机关。至于考试的方法，则与英国不同：英国所考的是普通知识，美国所考的则为专门的学识或专门技术；英国是分级的考试，美国是依职务分类的考试；英国注重基础的常识，美国注重实际的能力与经验。美国的考试大概有两种：一种为竞争考试（Competitive Examination），一为甄别考试（Pass Examination），前者是集合多人与考，拔其优者，后者大概适用于特别的职务，因为受试验者难得多数的适当人才，只要有来应考的能够通过及格，便可任用。这是美国考试方法的大概。

至于中国现行考试制度与考试机关，似尚非确定的，因尚未到

“宪政之治”的时代，此处暂不论述。

五、监察机关

东西各国的政治组织，虽有监察权，并无特设的监察机关；监察权的行使，即托诸议会（已于本章第一节议会职权的种类中言之）。中国现政府的五院组织，根据中山先生的遗教，监察院与考试院，同基于中国特有之历史。前节既略述考试机关，本节对于监察机关之由来及其性质，略为阐述如次：

（一）中国监察制度历史的沿革

中国的监察院，在明清二代，名曰都察院。然普通或沿袭以前的旧名，称为“台谏”；又或称为“科道官”。所谓“台谏”者，合“御史台”与“谏议大夫”而得名；所谓“科道官”者，合“各科给事中”与“各道御史”而得名。御史台是都察院的本名，由汉至明初，皆称御史台；但是谏议大夫，并不是御史台中的官职。明代改御史台为都察院，但都察院中只有各级及各道御史，各科给事中并不属于都察院。到了清代，始将各科给事中并隶于都察院。故御史、谏议大夫、给事中，本为三种不同的官名，并不属于一个机关，其职权也各不相同。兹先将此三种官职的来源变迁与分合略举其概要。

第一、御史之名，见于秦以前。但秦以前的御史，不过是掌记注的史官；至秦始形成一种中国式的三权分立形势；丞相总百揆，太尉主五兵，御史监诸郡。于是御史，便成为监察的官职。汉循秦制，初称御史所居之署为“御史府”，亦谓之“御史大夫寺”，亦谓之“宪台”，东汉以后谓之“御史台”；由是相沿以至于明初，历朝皆有御史台（唐武后时曾改御史台为肃政台，分为左右二台，然其官仍称御史，未几仍复御史台之旧名）。御史的员额及其附衔的差别，虽各朝不一致，然其职掌，都是以纠察为务；纠察的范围，都是很广泛的，并且含有司法的权能。

第二、谏议大夫的名称始于秦。但秦的谏议大夫属于郎中令，并不是监察官，无常员。虽得议论政事，不过备皇帝咨询而已。汉武帝时亦置此官，则属于光禄勋；隋唐时亦置此官，始属于门下省，仍为无关轻重的议论官。唐太宗时，王珪为谏议大夫，尝有谏论，太宗很称赏，于是下诏说：“每宰相入内，平章大计，必使谏官随入，与闻政事。”于是谏议大夫的地位与职掌渐渐重要了，由议论官变为监察官了。御史隶于御史台，监察偏于事后；谏议大夫隶于门下省（门下省司政令章奏之出入），则监察于事前。到了宋代，则更有特设的“谏院”，于是以“台谏”并称；而台谏的职权，并且有些相混了。靖康元年诏宰执毋得荐举台谏，当出亲擢，立为定制。明初亦设谏院，置谏官，旋因谏官好议论，与御史台同归于罢废，更置都察院，其官皆称御史，于是台谏浑而为一。

第三、给事中的名称，也是起于秦。其职掌顾问应对，因有事于殿中，故曰给事中。西汉因秦制，东汉章帝后废不置。隋初置给事，开皇六年，又置给事郎，炀帝时，移给事郎为门下省之职；唐复改给事郎为给事中，与谏议大夫同隶于门下省，其职掌则与秦汉异。依《马氏通考》所记，“前代虽有给事中之名，非今任也。今之给事中，盖因古之名，用隋之职。”《通考》又说，“唐制给事中四人，掌侍左右，分判省事，察弘文馆缮写校雠之课；凡百司奏钞，侍中既审，则驳正违失；诏敕有不便者，涂窜而奏还，谓之涂归……凡大事覆奏，小事署而颁之。”然则给事中的职掌，在唐初，颇似皇帝面前的书办校对，对于公文书的出入，加以审核，如有错误，或不合事例，则驳正之而已，并不是一种有重权的监察官。但因其居政令出纳的枢府，而政令所包，除授之诰敕，亦在其中，于是驳正之权，亦可涉及于用人，其职权所以渐变重要了。宋因唐制，仍于门下省置给事中四人，“掌读中外出纳……若政令有违失，除授非其人，则论奏而驳正之。”哲宗元祐时，诏驳正之事，须赴执政禀议；给事中韩忠彦奏谓，“朝廷之事，执政所行；职当封驳，则已与执政异，当求决于上，尚何禀议之有。”意思是：宰相是行政的，给事中掌封驳，是纠察宰相的行动的；纠察的对不对，只有取决于皇帝，断不能和宰相对辩。哲宗从其言，于是给事中渐成为对中央行政一种很重要的监察官。明代虽将唐宋以来的门下省罢废了，谏院和谏议大夫也罢废了，却仍留着门下省的给事中，依六部分为六科给事中，以掌封驳之任；旨必下科，其有不便，给事中驳正到部，谓之科参；六部之官无敢抗科参而自行者。到了清代，便将给事中与御史并隶于都察院，给事中仍依明制掌分科纠察之任，御史则掌分道纠察之任，因此遂有科道官之名。

依上面所述，到了清代，都察院一个机关，包含三种职权：一曰察官（御史）的职权，二曰言官（谏议大夫）的职权，三曰封驳官（给事中）的职权。察官本来是主纠察的，其纠察的范围极大，对于一切官吏（甚至于非官吏的人民）的行动，有干犯法纪或失误的处所，皆可施行弹劾权。弹劾的本义：是“纠弹”而兼“劾治”，实含有法官逮治鞫讯之权。此种监察权之行使，与法官无异，率施之于已然之事实。其与普通法院不同者，法院恒持“不告不理”之态度，而御史则以能积极举发为称职。言官本以议论事之得失为主，初不主纠弹（宋时言官有奏疏涉弹击者，上即戒谕而不纳），因其初为门下省之官，故其建言权，大都施之于事前，所谓监察于未然者。封驳官主要的职权既不是弹劾，也不是建议，可名之曰“拒否”权；因其初亦为门下省之官，中央一切政令，必经门下，如有不便，给事中得驳还之，也是监察于未然的。但是到了清代，三种职权，既汇集于都察院一个机关，察官与言官早已混而不分；而都察院又不是中央一切政令必经之地，凡重要或机密的谕旨，多由军机处施行，不必经过给事中之手，封驳的拒否权，实际无从行使，于是各科给事中所掌的，除封驳不关重要的诏令外，不过是照例的分类抄集内外章疏，参署付部；最重要的，要算是注销各科案卷，检查各官厅经费出纳的会计报告等事，也转为监察于已然了。这是清代以前，中国监察制度变迁的大概。

（二）中国历史上监察机关的性质

中山先生在五权宪法的讲演中，尝为图以比较中外的宪法，并推论如下：

<table>
<tr><td rowspan="3">中国宪法</td><td>考试权</td><td></td><td></td></tr>
<tr><td>君权</td><td>——</td><td>立法权
行政权
司法权</td></tr>
<tr><td>弹劾权</td><td></td><td></td></tr>
</table>

<table>
<tr><td rowspan="3">外国宪法</td><td>立法权—兼—弹劾权</td></tr>
<tr><td>行政权—兼—考试权</td></tr>
<tr><td>司法权</td></tr>
</table>

继谓："照这图看起来，可见中国也有宪法，一个是君权，一个是考试权，一个是弹劾权。……说到弹劾权，在中国君主时代，有专管弹劾的官；像唐朝的谏议大夫，和清朝的御史之类，就是遇到君主有过，也可冒死直谏。这种御史都是梗直得很，风骨凛然。譬如广州广雅书局里头有一间十先生祠，那就是祭清朝谏臣的，有张之洞题的'抗风轩'三个字。这三个字的意思，就是说谏臣有风骨，能抗君主。可见从前设御史台谏的官，原来是一种很好的制度。从前美国有一位学者叫作巴直氏，他是很有名望的，著过了一本书，叫作'自由与政府'。说明中国的弹劾权，是自由与政府中间一种最善良的调和方法。由可见……是很好的制度。"这是中山先生对于中国历史上监察制度的意见。依照他的意见，中国历史上监察权的性质，是离君主而独立的（考试权亦同）。因为遇到君主有过，也可冒死直谏，谏臣有风骨者能抗君主的原故。但就制度本身的性质上说，实未能离君主而独立。在专制君主政体之下，除了君主一人是独立的以外，一切机关、一切人员，都不过是君主一人的臣仆；换言之，除了君主一人有权以外，一切机关人员所行使的权都是由君主所畀予的，君主随时可以收回，监察权也未尝居于例外。御史、谏议大夫、给事中，都不过是君主的耳目，与其他重臣称为君主之股肱者无异。其地位得由君主任意动摇，其机关且得由君主任意变更废弃之。有风骨的监察官，敢于冒犯君主的威严，君主亦有时予以优容者，全凭着一种习惯上道德的力量。此种道德的力量，是由学说养成的。《孟子》上说："子路人告之有过则喜，禹闻善言则拜"；《孝经》上说："天子有争臣七人，虽无道不失其天下；诸侯有争臣五人，虽无道不失其国。"这一类的话，儒家的书上很多，都是勉厉君主容纳直言的。英明的君主，知道容纳直言，确于自己有益；知道一人高处深宫，耳目的闻见有限，不能不要一些臣仆作他的耳目。故有时对于顽抗的监察官，也予以宽容。遇到君主吃了迷魂汤，虽被宽容于一时，对于君主失当的行为，终不能救济。例如唐代裴延龄诬陷陆贽等，谏议大夫阳城上疏直陈延龄的罪状；帝欲用延龄为相，城直言曰："延龄若相，臣当取白麻坏之，哭于廷"，帝因不相延龄。阳城在中国历史上，可算是有名的谏议大夫了，但是阳城终于被贬斥，陆贽终于被逐，延龄终于为相；阳城虽然得了梗直的美名，其言终归无效。又如唐代的御史宋璟"三次不奉诏"的故事，在中国历史上也是很有名的；宋璟要治武后的宠臣张易之的罪，武后替易之解说，璟不奉诏，收易之，将严治之，但是武后卒以特赦免其罪，璟亦无如武后之溺幸易之何。可见中国的监察权，除了凭着道德上的威力，偶然得有精神上的独立外，实未能与君权相抗。巴直氏赞扬中国的弹劾权，说是自由与政府中间的调和方法；谓之为调和方法固可，谓之为对抗君主的独立权则不可。且此种调和方法，与其说是自由与政府中间的调和方法，毋宁说是人民与专制君主间的调和方法；盖无上的君权，别无可以与相抗拒的力量，惟有赖于学说所养成的道德力以调和之而已。

(三)中国历史上的监察权与议会监察权的比较

民国成立后的议会，发生种种弊害，有一部分的政论家，一方面动于中山先生五权宪法的学说，一方面回想往时科道制的精神，虽不服膺中山先生的主义，却有主张恢复科道制以代替议会的。其意盖以为都察院的职权，有许多与议会相似的处所。例如，议会有建议政事权，都察院也有建议政事权；议会有弹劾权，都察院也有弹劾权；议会有财政上的监督权，都察院也有检查会计权；议会对于行政部的提案有否决权，都察院对于中央的政令也有封驳的拒否权。将民国时代议会的行为，来比往时的都察院，反觉得都察院利多而弊少；议会的叫嚣腐败，反有过于都察院。因此章太炎主张说："若其监督政府，则当规复给事中；监督官吏，则当规复监察御史。"又说："给事中与今议院所掌，未有大异。"然实则都察院所行使的监察权与议会所行使的监察权，形式上或名目上虽有许多相近之处，实则大不相同。其一，议会的建议政事权，若得多数表决，行政部势必执行，否则仅得交覆议一次而已；都察院的科道官，只有个人的建议权，采用与否，一任君主之自由，不能用都察院全机关的名义强迫君主执行。其二，议会的弹劾权，上可施诸最高的元首，其对于中央各部行政首长的监督，则不重在弹劾，盖除弹劾外，还有不信任投票与质问权，对于普通官吏则有提出查办案之权，亦无须使用弹劾；都察院的弹劾权则不施诸最高之元首，对元首的监督仅能以规谏之形式出之，对中央各部首长及对一切普通官吏的监督，一律行使弹劾，然弹劾之外，别无何种可以进退之权，弹劾一不生效，惟有坐视而已。其三，议会的财政监督权，重在预算的制定，对于全部财政方针的采决，监督于事后的决算审查犹其余事；都察院的会计检查，完全为事后的审核，仅能与议会的审查决算权相当，对于全部财政方针的采决，无监督的效能。其四，议会对于政府提案的否决权，是根本的政治的监督权之表现；都察院施行"科参"的否决，大都涉于事例上节目违误的驳正而已，如涉及于根本的政治上的拒驳，则虽"否"之而未必能"决"。其五，最重要的根本不同之点，即议会为国民全体的代表，舆论的结晶，其监督为国民对于政府之监督；都察院不过是君主个人的耳目，替君主个人监察大小各官及社会各方面，虽就其代人民申诉冤抑，陈告疾苦之点言之，亦有视之为人民之喉舌者，然实按之，亦仅立于君主与人民间之一转达机关，不能视为代表国民的监督机关，即中山先生所引美人巴直氏之说，为“自由与政府中一种调和方法”。故中国旧监察机关的监察权，不能与现代议会所行使的监察权相提并论。

至于中国现行的监察制度与监察机关亦似非确定的，与前节末所言考试制同，此处亦暂不论述。

第十五章　地方政府

本章论述地方政府，须先将地方政府的名词，略加说明；因地方政府一名，含有几种不同的意义，到底甚么是真正的地方政府，不容易举出一个绝对的标准界线来。约略言之，大概有三种认识的标准：第一、最普通的，以管辖区域的广狭为标准；凡管辖区域，仅限于全国土之一部分者即为地方政府。若此则联邦的邦政府，亦属地方政府，因为联邦既为整个统一的国家，各邦所辖的领土仅属国土之一部分；故邦政府亦属地方政府的一种。非但联邦的邦政府为地方政府，即中央所辖的机关散在于各地方的如地方法院之类，亦可包括于地方政府之内；因其所辖的区域，也是仅限于全国土的一部分。此种标准不甚适用；因为依此标准，则地方政府所包括的未免太泛。第二、以权力的来源为认识的标准；其权力由中央政府的法令所赋予，得由中央随意伸缩变更者即为地方政府。若此则联邦的邦非地方，因为邦政府的权力，受自宪法，非中央政府机关所得随意伸缩变更之。但是在美国的特种市政府，其权力也有得自宪法所规定，非中央政府所得任意变更的，而此种市政府仍明明为一种地方政府。且依此标准，中央所辖的机关如地方法院之类，仍可包含于地方政府之内，因此类机关亦多由中央法令所产生。故此种标准亦不适用。第三、以所管辖的事务性质为标准，国家所管辖事务的性质，有涉及于全国民之利害问题者，如国防、外交、司法……之类；有仅涉及于一部分人民之利害问题者，如水电、市街、病院……之类；凡所管辖的事务性质属于后者，则为地方政治，其管辖的团体机关即为地方政府。依此标准，则非但市政府，即联邦的邦政府也是包括在地方政府之内，因联邦的组织即以事权的性质划分为原则；而中央所辖的机关散在于各地方如地方法院之类，则不能以地方政府视之，因其所管辖者虽有地域的区分，其所管之事权，则仍属中央之事权。故此为比较适宜的认识标准。本章所论的地方政府，大抵依此第三种标准所认定，惟关于联邦的邦政府虽可包括在地方政府之内，因其组织究与普通的地方政府不同，已于前第十三章略述其大概，本章不赘叙。

一、地方的区域

（一）地方分区的原则

地方的分区，大约有两种原则：一为尊重历史的势力，二为图谋政治上的方便。所谓历史的势力者：一国之内，各地方的人民团体，往往各有其特别的习惯信仰，特别的经济关系。此种特别的习惯信仰与经济关系，大都皆由历史所养成。一地方的人民，在此种共同的习惯信仰与经济关系之下，已成为一种自然的结合，类似一个生长的有机体。强习惯信仰不相同与无经济关系的数团体，并而为一，或强其相同与有密切关系者厘而为二，皆足以毁损有机体的结合，使失去其合作之精神。若欲谋地方自治之发达，则当规划地方政府的区域时，对于此种历史的势力，宜加以维持尊重。此为地方分区原则之一。但此种历史的特殊势力，有时足以妨害国家的统一，阻碍社会的进步改革；或仅属特殊阶级的一种特殊势力，于大多数人民之习惯信仰上不相关，或与大多数人民的经济利害关系上不相容；则为谋政治上的方便计，为谋全社会的利益进步计，不宜固守此种历史上的区域，而宜以天然的地理形势与人口的疏密多寡，为区划的标准。此为地方分区原则之二。此二种原则，皆不可呆滞固守。因为时代的变迁，生产方法的改变，经济上的关系亦随之改变，人口的疏密与地理上交通的组织，亦莫不随之改变；所谓历史上的习惯信仰，也不是不能改变的。规画政制的人，总宜审察国情，高瞻远瞩，万不可拘泥于一偏之见。

（二）地方分区的广狭

地方分区的广狭，不能有一定的标准。就狭的一方面说：地面愈狭，则人民的相互接触愈密，交换意见的机会愈多，参与公共的活动愈易，政治的知识能力愈易增长，政治的兴趣也愈易发舒。这是区域面积狭小的利益。但是地面若太小了，或有人口不足，人才与物力亦因有不足之虞，不能兴办较重大的事业。就广的一方面说：地面愈广，则人才愈易搜罗，财力愈充足，执行重要的职务的机能愈易具备，重大的地方改革计划愈易实现。这是区域广大的利益。但是地面太广了，人民相互接近的机会减少，共同活动的精神或亦因之薄弱。要调和这两方面的利益，只有用层累的分区法，即合数小区为一大区。因是各国的地方区划，大都分为数级，最少亦有二级，多或三级四级；如省之下有府、有县、有市或镇乡，各国区划的名目虽不相同，大体皆采层累的分区法。盖在层累的分区法之下，如有重大的事务关涉于数小区，或非一小区域之物力人才所能举办者，则由上级大区域的团体机关管辖之；其仅涉及于一小区，或无须多大之物资与人力所能举办者，仍由各小区之团体机关管辖；既不失小区之利，又可收大区之效。

（三）各国地方分区的实例

各国地方分区实际的情形，大体虽然都是采用层累的分区方法，但有根于历史的，有为谋政治上的方便的，级数亦不相同。兹就英法及过去的普鲁士的分区方法，略述其大概，以为参证的实例。（德国自纳粹党专政，联邦制被摧毁后，普鲁士的地方制，自然亦受影响，第二次世界大战德国惨败后，普鲁士地方政府之演变如何，尚不可知，但其过去制度，有相当之重要性，故至今仍有一述之价值。）

第一、英国的地方分区，原来大部分皆为历史相沿的区域，但每每增加一种政务，即增加一种特别机关，同时即发生一种特别区域，错综纷纭，绝少明了的系统。自一八三五年始着手于城市政府的改革，一八八八年始着手于乡区政府的改革，以后更经过一八九四年、一九二九年及一九三三年各次的改革，而英国的地方区域，乃成今日系统井然的形式，约如下图：

中央
- County（行政道）——
  - Rural district（乡区）——Parish（教区）
  - Urban district（镇区）——Parish（教区）
  - Borough（市）
- County-Borough（道市）

行政道为最上层之地方行政区域，英本国现共分为六十二行政道。(此外尚有一种历史道，系由撒克逊时代的 Shire 演变而来，共有五十二，其区域有大多数与现时之行政道相同，惟有少数不同。自一八八八年以后，此种历史道已不复为地方行政区域，现仅为国会选举及司法行政区。)行政道之下，分设镇区与乡区；人口密集者为镇区，稀疏者为乡区。镇区乡区之下又各设教区。凡行政区若获得一种市特许状者，即得成为市组织，现共有二百七十五市。市之更大者得构成道市，其本身即为一种行政道，不受所在行政道之管辖，其数现共八十有三。

第二、法国现行地方区域，大规模皆定于第一次大革命时代。约计有下列数种名目：

一、Départment（行政道）。

二、Arrondissement（行政区）。

三、Canton（司法及选举区）。

四、Commune（市区）。

前列四种区域的第二种，几纯为代表道行政长（Préfet）监督各市（Cmmue）而设，无地方事务之可言，实属一种中央的地方监督区；第三种系行政区的分区，但这只是一种地理的分区，为司法与选举而设，无地方政务之可言；其有地方自治政务之可言者，仅第一种与第四种。故其地方自治之系统当如下：

中央 —— 行政道 —— 市区

行政道为最高地方区域，市区为地方自治区域最低之单位。

然道与市一面为地方自治区域，一面仍为中央行政区域（故道行政长与市长，一面为管理地方政务之长官，一面为代表中央之地方行政长官）。道之区划，起于大革命时，大约依地理上自然之形势划分之，以谋政治上之方便为原则；市区则大都皆以历史的势力为根据。各市区之面积人口，至不一律，其小者人口不满五十，大者多至数十万以上，不若英国的所谓市（Borough），有一定的人口数目限制。全国道之数凡八十九，市之数约三万八千。

第三、在纳粹党执政以前，普鲁士为德意志联邦中之一邦；该联邦中较大之邦，大都亦采相同之制度，故举之以为例。当时的普亦分中央的地方行政区域与地方自治区域为二，与法同。计共有下列各种名目：

一、Provinz（省）。

二、Régierung and bezirk（行政分区）。

三、Kreis（团）。

四、Stadt（市）。

五、Landgemeinde（里）。

前列的第二种，纯属中央的行政监督区，无地方政务可言；余四种则一面为地方自治区，一面为中央的地方行政区。省之区域，大都根于历史；省以下之行政分区，则为执行警政及他种中央政务而设，一省大都皆画为若干分区，直接受中央官吏之调度监督。团有“市团”（Stadtkreis，略同于英之 Urban district）与“乡团”（Landkreis, 略同于英之 Rural district）之别。在第一次世界大战前，大凡人口密集达二万五千人以上者，得自成一“市团”。市（Stadt）与“市团”（Stadtkreis）均属市的性质。市的设置，以中央法令行之，以人口多寡为标准，其可以变更与英同。里为最低之地方区，幅员极小，有合数里而组为一小学区域者，在第一次世界大战前，普鲁士全境共有三万六千余里区，其区境亦得以中央命令变更之。

二、地方政府的组织及职权

现代各国地方政府组织及职权，除了联邦的邦以外（前十三章已言之），大概有三种不同的形式与精神：其一为地方自治的组织精神，其二为中央集权的组织精神，其三则间于上列二者之间。此三者即可以英、法及过去之普为例。兹就三国地方制度改革的经过及其最近的组织，分别略举其大概。

（一）英国

英国的地方政府，是号称有自治精神的久远的历史的。但其现行的地方组织，实经过数次的改革而来，在一八三五年以前，所谓地方自治，亦不过地方之事，由地方人管治之而已。然所谓由地方管治的“地方人”，都不过是地方上的特权阶级；如各市之取得特许自治权者，虽可自由组织市政机关，但市政机关全操诸少数人的所谓自由市民（Freemen）之手；而所谓自由市民者，则市之特殊资产阶级而已；大多数市民，对于市政皆不能过问。至于各道，则在一八八八年以前，尚以国王所敕任的“清平吏”（justice of peace）统治之；凡被任为清平吏者，皆属本地方地主资产阶级的缙绅，其职权兼理地方行政与司法（故所谓 justice of peace，又可译为“治安判事”），略与吾国往昔之邑宰同，惟吾国的邑宰，例须回避本籍，而英之清平吏，则皆属本籍的缙绅。此即其所谓历史的地方自治之精神。此种地方自治的精神，仅属一种特权阶级的自治精神。自十九世纪上半期以来，民治主义的势力，日益发展，中央的政府机关，既渐趋于民主化，地方政府机关，亦不能独居于例外。一八三二年，中央的巴利门改革案成立后，一八三五年，遂由巴利门通过一种市制改革案，于各市设立市议会，以市中纳税之市民选举之，是为英国建立地方代议制度之始。但各道仍由清平吏管治；因道之所辖，率为散居的农乡区，人民对于巴利门议员有选举权者既较少，政治的知识与欲望，故亦不及市民的发达。至一八八四年，各道乡民的选举权也扩张了，道制的改革运动，也随之而进；至一八八八年，遂以市政府的组织为依据，成立一种地方政府改革案，将清平吏所管有的行政职权，概归道议会；清平吏仅保留地方的司法及一部分的警察权。自此案成立后，英国的地方政府机关，不问其为“道”为“道市”或“市”或“镇”“乡”各区，大体皆有一由人民所选举的议会，握地方的立法权；再由议会组织各种委员会，为地方行政的指导机关及提出法案之机关（市有市长，但无实权，仅为市议会之主席而已）；至于事务的实际执行，则由委员会任用专门人才主管之。议会议员及委员会的委员，皆有一定的任期，为名誉职；惟专务职员，则优给薪资，任期无定，只要能够称职，大都皆可为终身职。委员会分别讨论各种地方问题，制作法案，交由议会通过前，指导各专务员执行。地方议会的立法权限，由中央法令所规定，中央但处于监督的地位而已。此为英国地方政府的组织及职权的大概。

（二）法国

法国自路易十四以来，久已成为中央集权的国家，地方的权力极薄弱。一七八九年第一次大革命后，废去封建时代遗下的地方区域，重新将区域划分，制定新组织。然因新区域的新组织，全无历史上的习惯依据，地方政治，顿呈一种极纷乱的状态。拿破仑第一执政，遂厉行中央集权主义，凡各道各市的政治人员，概由中央任免；集权的程度，较诸革命以前尤甚。拿破仑颠覆后，至今百余年间，地方政府的组织，虽时有变更，但中央集权的根本精神，依然保存。其间拿破仑时代不同之点，惟在"分治"与"自治"的两主义，略有发舒而已。所谓"分治"者，即将中央所有自治权，分寄于中央所任命之地方长官（如各道之行政长）；所谓"自治"者，则使地方亦有民选的机关，并与以相当的权力，如地方议会。自路易十八复辟后，分治主义渐显，地方长官的权力渐增；至一八三〇年革命，路易菲立布取得王位后，各市始于次年取得市议会选举权，又次年，各道亦设民选的议会。第三共和成立后，各市并取得市长的选举权；是为自治主义渐次的发舒。但就全部的组织而论，则至今未离中央集权的方针。现在法国的地方组织，可就"道"与"市区"分别言之：

第一、各道的机关，除一行政长及其属僚外，尚有一道议会。行政长由内务部长呈请总统任免，其高级属僚亦由中央任命；道议会，则由人民选举之。行政长的职权，有两方面：一方面为代表中央的长官，执行中央的地方职务，依据中央的命令行事；一方面为地方的行政长官，执行地方的政务，须依照地方议会的议决案执行；但于若干事项以内，行政长有请求中央取消道议会法案之权。道议会的职权，纯以涉及于本地方的事务为限；即在地方事务范围以内，特种议决案，尚须得中央政府的认可（如预算），在一定期间内，得由中央撤销之；中央并得解散道议会；故道议会的势力，甚为薄弱。

第二、各市区的机关有二：一为市长，一为市议会。市长由市议会于议员中选出之，任期六年，但中央政府得免黜之；市长的职权亦有一部分为执行中央所命令的职务，亦须受道行政长之节制。其下有由市议会所选任的 adjoint 或译为参事，或译为助理市长，其人数随市之大小而异，小市一人，最大市可达十二人，里昂市且多至十七人受市长的指挥节制，并得代行其职权。市议会由市民选举，会议时，即以市长为主席；议决权仅以涉及于本市的事务为限，多须经道行政长或中央批准者；中央亦得以命令解散市议会；故市自治的权力，也是很薄弱。此为法国地方政府的组织及职权的大概。

（三）普鲁士

普自十八世纪中期以来，也是采中央集权主义，官僚的势力极发达；地方人民，绝无自治的习惯基础。到法国大革命时代，受了拿破仑第一的屈辱，司坦因（Stein）、哈登伯（Hardenburg）相继辅政，二人都是富于改革精神的，想摹仿英国当时的地方制，地方之事，令地方人自理之。但当时普鲁士的地方经济情况，尚未脱封建时代残余的习惯，远不如英国的进步，故英国的地方自治制，不能立即仿效而成；哈氏因又努力经济的改革，以谋植地方自治之基。但自哈氏去世以后，普之地方制绝少变动；直到毕士麻克秉政，始采用柏林大学教授格蓝斯理的主张，于一八七三年制定一种团区自治案（Kreisordnung），为后来地方制度的基础。此案的目的有三：第一、扩充地方自治权限；第二、设立地方行政裁判机关，以节制地方行政机关的专横势力；第三、于地方行政机关内，参以民选的分子，谋培养地方人民的自治习惯与知能。一八七五年，复制定一种省制案。此后陆续制定新案，渐成纳粹党专政以前的地方制度。其地方组织，比英法二国皆为复杂；其与法相同之处，即地方兼具中央行政区与地方自治区的两种性质。其专属于中央行政之“行政分区”的组织，此处不及备述，但略述“省”“团”“市”等级。

第一、省的机关有五，分为二组：一、省督政，二、省参事会，属于执行中央职务的机关为一组；三、省议会，四、省委员会，五、省长，属于管治地方政务的机关为一组。督政由中央任免；省参事会以督政为主席，会员六人，其一由中央任命为终身职，其余五人则由省委员会于普通公民中选任之，任期六年。故参事会的组织，含有官僚与非官僚的两种分子。就督政的职权而论，除执行中央的法令外，并有监督各级地方之权；参事会的职权，一为督政的顾问（督政的行动多须得参事会之同意），一为上级的行政裁判机关。省议会由各团议会选举之，任期六年，其议决权以关系于地方自治的政务为限；督政对于省议会的议决案，认为越权时得停止之；地方公债的募集及税则达若干限度以上者，须经中央批准方为有效；中央并有解散省议会之权。省委员会，为省自治的行政机关，委员的名额由七人至十四人，皆由省议会直接选举；惟省长虽由省议会选举，须得中央政府的认可。此为省机关的组织及职权。

第二、团的机关有三：一团长，二团委员会，三团议会。团长由中央任命，其职权兼具中央行政代表，与地方自治行政长官两种性质；执行中央政务时，受上级长官的指挥监督，执行地方政务时，受团议会的监督限制；但团长兼任团委员会及团议会的主席，故其势力颇大。团委员会，除主席由团长兼任外，所有委员皆由团议会于普通公民中选任；其职权亦兼中央行政与地方自治行政之两种性质；对中央政务略如省参事会，而兼为最下级行政裁判机关；对于地方自治事务，则略如省委员会的职权。团议会为团之民选机关，其议决权纯以本团之地方自治事务为限；征税额达若干数以上，即须得上级行政机关的许可，方为有效。此为团机关的组织及职权。

第三、市自治的机关，一为市议会。市议会由市民选举，任期四年；议员的名额，至少须有十一人，依人口数目增加，至多以九十九人为限。二为市行政机关。行政机关的组织，有两种不同的型制：其一以市长一人为行政长，市长且兼为市议会之会长，此可称为市长制。其他一种，则以市参事会为行政中枢，市长仅为参事会长，市议会自于议员中别选一人为议会主席。参事会包括两种会员：一种为有给的会员，以有经历之人才充之，具有特别权力，例如各委员会之主席，主持各分部之行政，与市长同由市议会选任，任期为十二年。一种为无给的会员，则于每次市议会改选后选任之。参事会人数的多少，至不一律，但无给的会员，至少须占三分之一。此为市机关组织之大略。至市自治之活动权利，亦比较广大。[①]

---

① 参看 Harris, *Local Government in Many Lands*,pp. 118—119。

概括言之：纳粹党专政以前的普鲁士地方组织，实界于英法二者之间；其大体虽仍属一种中央集权的组织，官僚的势力尚浓厚，但处处参以民选的分子以抵衡之。最高一级的省的组织，设立两组的机关，尤为特别。盖欲与地方人民以自治之权，又恐其一时不能几及，故有此折衷的办法。

三、中国的地方制度问题

中国的地方制度问题，实在是中国政治组织上一个很严重的问题，从晚清预备立宪到现在，尚未得到一个妥当的解决方案。本节略就此问题的要点，指陈其一二：

（一）中国地方区域的历史性

自秦汉以来到晚清，中国地方区域的名目上，虽经过许多次的改变，但其根本的性质精神，却异常单简：即二千余年以来，所有地方区域的名目，都只能算作中央的行政区域，绝无所谓地方自治团体的性质。兹先就各级名目之沿革略举其大概，再征其性质上变而不变之因由。

第一、就各区域名目上之沿革言：秦时只有“郡”“县”二种名目，即秦之地方区域，仅有郡县二级。秦并六国，置三十六郡，平百越又置四郡，合之为四十郡；县之数共有若干未能考定。所可注意者，秦一郡之面积，远不如今日之“省”，例如上谷、渔阳、右北平三郡之地，尚仅占今河北北部之一隅；长沙、黔中可称秦之大郡，然亦仅各占今湖南之一部分。汉初郡县与封建并行，郡之外有与郡并列之国，郡国以下为县，亦仅二级。不过汉时郡国的数目多于秦，面积则更小于秦（西汉平帝时，郡国之数达一百余，比秦多一倍以上）。到汉武帝时，又发生一个重大的变迁，即郡国之上，又增置一级，名之曰部；合若干郡国为一部，部凡十三：曰司隶校尉部，领京畿附近的六郡；外有并、冀、幽、青、兖、豫、徐、扬、荆、益、凉、交十二州，每州为一部；各领郡若干，置刺史治之；于是成为三级的地方区域制；后汉同。自两汉以后，中国地方区域的名目，虽代有改变，大体皆为三级制，无能恢复秦时二级制之旧者。各代名称的变更如次：

唐、最上级为“道”（贞观初分为十道，至开元时增为十五道）；中级为“州”或“府”；下级为县。

宋、最上级为“路”（初为十五路后增至二十四路）；中级为“州”或“府”或“军”；下级为县。

元、最上级为“省”；中级为“路”或“府”或“州”；下级为“县”或“州”。

明、清与元略同（惟明之中级无“路”之名，清则省之下，尚有“道”的虚名，此为小异）。

前列所举各代地方区之名称，如唐之“道”，宋之“路”，元以来之“省”，区域的大小及界限，虽有变革，然其位置，皆同于两汉州刺史所领之“部”；中下二级在唐宋以后，虽有复杂不统一的名称，实亦同于汉之郡县二级。故中国地方区域建置的规模，可谓在两汉时即已大定。

第二、两汉以后，清以前，何以不能废去三级制以恢复秦时的二级制？换言之，即郡县以上之部，或“道”或“路”或“省”，何以不能少？欲答解此问题，须先知三级制之何以发生，与中国历史上地方政治的性质如何。中国自秦汉以来，实无近代所谓地方的政治；各级的地方区域，实即中央的行政区域。最下级之县，为直接临民施政之所；县以上无论为一级或二级，皆属中央行政的监督区域。秦之县数虽不能详知，至少亦当近千（汉之县共一千三百二十四，秦虽少于汉，当亦近千数）。以一中央临千数之县，其势不可能，故置郡以分领之；郡守即为代表中央以监临各县的机关；以一中央临千数之县力有不足，临四十之郡则较为可能。然郡守所在之地，与中央相去辽远，其称职奉法与否不可得知，故又置郡御史以监察之。汉初无监郡御史，旋亦增置；至文帝时，因御史亦多不奉法，乃遣丞相的掾属分巡各郡，举刺各郡守之不奉法者，是为刺史的萌芽；至武帝时遂分全国为十三部，以分统各郡，每部置刺史一人以司督察之任。然刺史初置为行官，无一定治所，以时出巡；到了后汉，刺史始有一定治所，专一州之政，遂成为固定的上级地方长官；三级制遂成为定式。然则三级制之所以发生，实因一中央机关，监督各郡，不能周到，故有此第二层之监督机关。

但是这种第二层的监督机关，因为辖地较大，权势渐重，到了汉末，由州刺史变名的州牧，遂为群雄割据的张本；历魏、晋、六朝之世，州牧专横，外重内轻之弊未能革。唐欲防尾大不掉之弊，废郡之名，改郡为州，州仍置刺史治之；但唐之州刺史，实际仅同于汉之郡守；州刺史之上，若不复置别种监临之机关，则已恢复秦之二级制了。但在太宗贞观时，即不能维持二级制的形式，州之上即复有“道”的名称；道之初设，亦仅为监察区域，恰如汉之所谓部；每道置巡察使二人，开元时改为按察采访处置使，道各一人，略如汉之部刺史。但唐于各道察官之外，复有所谓都督府；都督所在地不以道别，其职掌则为各地方之兵事。故唐可称为军民分治之制，以诸道察官监视各州县之民政，以都督监察各地方之军政，所以防“尾大不掉”之计划，可谓很周密。但至天宝时，因缘边御戎之地，置八节度使，受命之日，赐之旌节，得以专制军事，略如清之钦差大臣；安史之乱以后，天下用兵，中原之刺史，亦循例受节度使，军民分治之局遂以破坏，渐成为藩镇割据之局。宋代的各路，虽等于唐之各道，然无总司一路军政或民政全权的常设机关；分其权于转运使（掌检察一路财赋之出入，并举刺官吏，略如清之藩司）及提刑（原名提点刑狱公事，略如清之臬司）。宋之最上级地方机关，职权既分，防范军将之术又极严，故幸无地方割据之事。元之行中书省，俨然一中央政府之缩形，其首官亦称丞相。元以异族入主中国，以镇压异族为目的，非重其权，不足以制服反叛，故外重非所虑。明初又嫌行中书省之权太重，虽存元代之省区，而废行中书省之机关，于各省区置承宣布政使，都指挥使，提刑按察使，合称之曰三司；布按并称则曰二司；盖复反于宋代诸路之制，以分权于数人为目的。清代各省之藩、臬二司，即沿明制；巡抚总督之名，虽亦沿于明制，但在明代初设巡抚总督时，亦非常职；其成为常职，至晚明而始然。清代循明旧制，督抚遂与藩、臬二司，并成为各省固定之机关。到了督抚成为固定之机关以后，又反于汉末刺史州牧的旧观，成为尾大不掉之局。

综观汉、唐、宋、元、明、清诸代，关于最上级地方机关的建置变迁，一进一退，势若循环。初由地位不定，权力有限之监察官，变为地位固定，职权庞大之方面官；至于中央不能节制，弊害显露时，复变更其名目，分割其职权，或使反于不定之地位；然历时渐久，复成为地位固定，职权庞大的方面官；无论名目如何改变，终未能逃出此循环圈。所以不能逃出此循环圈者，则因三级制不能废去之故。三级制之所以不能废，则因在中央的君主集权政治之下，国境如此广漠，非有百十之中级机关，为君主耳目所寄托，不能监督千百之下级权关；而百十之中级机关，散布于辽远之地，仍非君主耳目之所能及，故又须十余或二十余之上级机关，为君主耳目所寄托；此上级之机关，所领地域既广，事权略重，即为酿成割据的张本。此即变而不变之因由。一言以蔽之，中国历史上的地方区域，始终不曾被认为地方自治团体，仅视为中央分区牧民施政之地；变动的枢纽，全托于君主一人；君主一失其枢纽，则割据之势立成，此即中国地方区域的历史性。

（二）清末及民国时代的变迁

辛亥革命的前后，中国的地方制度上，有几点很重要的变迁：

第一、为“府”之废去。辛亥革命后，感于“府”之无用，立即废去；废去后，亦不生何种困难问题；于是中国的地方区域，复成为二级制，可称为一大革命。但是民国的二级制，与秦时的二级制，却大不相同；因为民国所废去的，是汉以后的中间一级，不是最上一级；秦之郡小，而民国之省大。若将省区缩小，由二十余省变为六七十或七八十省，则将与秦之郡县二级略同。观于废府不生问题，似省区亦可任意变更缩小之。然须知废府之所以不生问题者，因自明清二代以来，府机关的重权，渐移于上级之省，已不若唐宋二代中级机关的重要。盖在唐宋二代，中级的州与府皆有相当的实权，而上级之“道”与“路”，仅司巡视监察之职；到了明清二代，司巡察的督抚，渐变为把握重权的机关，中级的府，变为省县间承上启下之机关；即无此机关，督抚亦不难措施裕如；此废府所以不生困难问题之故。若废去上级之省而存留中级之府，或将省之区域缩小，使同于府，形式上虽仍为二级制，然事实上，必不若是之顺利；盖府机关之数，既将远多于省，而与中央机关所在地，相去又更辽远；以一中央节制各府，必不若以省节制各县之易。故废府易而废省难。或谓法国以一中央机关，可以临九十道，英国以一中央可以临六十余道及八十余道市，中国的中央机关，何竟不能临百十之府，而必须有此二十余省，代中央以监临之。此其故有三：一、英法之国境小，道机关与中央机关相去较近。二、英之地方自治习惯极发达，监督地方政府之权，操于人民，所须中央监督之量极少；法之自治习惯虽不如英之发达，亦有民选之道议会，略足尽监督之责，所须于中央监督之量，亦较中国为少。三、英法之交通机关完备。中国若欲缩小省区使与府略同，有必要之条件二：一、须俟交通机关十分发达以后；二、须养成地方人民参与地方政务之兴趣习惯（不是猎官的习惯）。第一条件所以缩短中央机关与地方机关之距离，第二条件所以补助中央监督之所不及。此二条件若未具备，缩小现在的省区，势不能免于异名变相的大省区之复活，与唐代缩小州区，又发生州以上道区相同。

第二、省的有机性之萌芽。在满清末年预备立宪的时期中，对于各省所设施的新政，有许多是培养省的有机性的因子，最重要的莫如各省立学校与各省咨议局；盖自此各省渐有省的地方政务之可言，渐有所谓省的地方财政预算，渐有省民正式参与地方政务的省机关。满清末年，主张设立各省的咨议局的人，本有两种动机：一、使各省人民之意见，得一合法的表现机关，借以养成人民参政及自治的习惯；二、借以节制督抚过大的权力。但自革命以后，由咨议局变为省议会，数次遭受打击，终于不能存在。第一次，袁世凯恶其为激烈的民党所据，因而废止之。袁氏倒毙后，虽然恢复了，因运用不善，或为各省小军阀所疾视，或为各省小军阀所玩弄，终于不能维持其生命。于是一点已萌芽的有机性，终于不能发达起来，这是大不幸的事。中山先生主张均权的地方自治，但认此为宪政完成最后的阶段。在此阶段之前，须经过训政的一个阶段，即训练人民养成地方自治的习惯能力。其与满清预备立宪不同的处所，满清政府从培养省自治的习惯下手，故先设省咨议局，谋在省自治练习之中，促进县自治；中山先生的主张，则先从下级的县自治作起，县自治完成了，然后再进于省自治。若此，则在一省的各县，未达到完成自治时，省政府的组织，决不容有省民参政的机关出现，即不容有省议会出现。换言之，即在县自治未完成以前，省政府但受中央的支配监督，不受本省民选机关的支配监督；即完成县自治之责任，亦须由受中央所支配之省政府负之。中央果有完全支配省政府的能力，则县自治或亦有完成的希望。但依革命以来的历史经验观察，中央支配省政府的能力，实在有限；中央怕各省的反对派据省议会为反抗中央的机关，要把省政府的命脉，操在中央所信赖的省当局手中；省当局握有一省的全权，也怕各县的反对派，据有县自治机关来反抗自己，也不愿意民选的县自治机关出现；如此，则县自治完成的希望，恐怕是异常辽远。然则要达到均权自治的目的，似非省县二级同时渐次并进不可。国民政府的现行政策，县参议与省参议会，相继成立，似采省县二级同时渐次并进之主旨。

概括言之：中国的地方政府问题，“省”的一级，是困难最多，最不容易解决的；解决的枢纽，一面在于认清省的历史性，一面在于培养其初萌芽的有机性，不要在历史的循环圈上走。

第十六章　政党

政党的存在，是现代各国最普遍的现象，并且在现代的政治组织中，是一种不能少的政力发动机。虽然在宪法上不必承认有此种组织的存在，但在政治活动的事实上，是不能不存在的。尽管因为不良的政党现象，非难政党，诅咒政党，但若要推翻某种不良的政党，还是需要别一种政党结合的力量去推翻他。故政党的问题，在现代政治学中不能避而不谈。本章就政党的意义，及其发生的由来，与现代各国政党的概况，分别略述其概要。

一、政党的意义

什么叫作政党？泛言之，党就是意见相合的一群人。政党就是政见主义相合的一群人。但意见相合的一群人，不一定有党的结合，政见主义相合的一群人，也不一定有政党的结合。凡有党的结合者，不仅是意见相合，并且有一个结合的目的存在；好比一个教会团体，不仅是信仰相同，还有一个宣传教义，推广福音的目的，政党的结合也是如此，其目的则在于取得政权以谋政见主义的实现。不过取得政权的方法，有常有变；在宪政的常轨中，恒依竞选的方法行之；在革命的变态中，或以武力夺取的方法行之。但是由国民结合而成国家，不能全凭武力，政权也不是一部分国民所能永久独占的；由武力夺取而得的政权，终久不能不公之于国民；故竞选的方法，实为政党取得政权的正当方法。然则所谓政党的普通定义当如下：

政党者，为一部分的国民，以政见主义相结合，依竞选的方法，取得政权，以实现其政见主义的团体。依此定义，则政党的存在，有下列几个要件：

（一）必施行代议的民主政治而后有政党

在君主专制政治的下面，政党无从发生，即发生亦不容其存在。因为在君主专制的国中，君主个人的意见，是最高无上的；国家一切的政治行动，都由他的意见取决。有些宽仁明敏的君主，对于人民的舆论，对于他的臣僚的意见，虽然也能够择优容纳，但是择取之权总在君主个人，没有能与他对抗的团体；若有此种团体发生，则将视为大逆不道，必加以结党抗君之罪，如汉末的党锢，唐末的清流，宋代的元祐党人，明代的东林党人，无不受君主大权所摧残。若在代议的民主政治之下，则政党不能不发生。因为国家的政治行动，与个人行动一样，不能同时有两个意思；若有两个以上的意思，只能择取其中某一个；而民治主义在根本上是允许公民都有参政权的；人人都有参政权，即人人可以要求自己的意见的实现；人人要实现自己的意见，就只有两种办法：一、使得人人的意见都是一样，那就等于一个意见了；二、把各人不同的意见放弃了，取了那几种相近的意见作为一个意见，用投票的方法来采决；前一种办法实际上不可能，后一种办法虽是可能，假使没有一种结合的作用，也是办不到；政党就是执行这种结合作用的。所以必在民主政治之下而后有政党，且不能不有政党。

（二）政党的存在必以政见相结合而不以对人的问题相结合

党派的对立，不是因为个人的道德问题，如君子小人之争；换言之，彼此的竞争，虽以取得政权为目的，非因己党为君子，道德人格独高，故应握有政权，敌党皆为小人，故应贬逐；特自认己党所主张的政策优于敌党，有利于多数人的福利，为多数人所赞许而已。欧阳修的《朋党论》说，“君子与君子以同道为朋，小人与小人以同利为朋”；又说，“小人无朋，惟君子则有之。……小人所好者利禄也，所贪者财货也；当其同利之时，暂相党引以为朋者伪也；及其见利而争先，或利尽而交疏，则反相贼害，虽其兄弟亲戚不能相保；故……小人无朋，其暂为朋者伪也。君子则不然，所守者道义，所行者忠信，所惜者名节；以之修身，则同道而相益，以之事国，则同心而共济，终始如一；此君子之朋也。故为人君者，但当退小人之伪朋，用君子之真朋，则天下治矣。”这是在君主的“德治”主义之下，纯以道德为用人的标准的说法。在民主政治之下，不是不要道德，专言个人的利益；依孟德斯鸠的说法，国民道德，并且是维持民主政治的重要条件。但所谓政党的结合，是以政见主义的实现为目的，其结合虽有赖于党员个人间彼此有一种互相信任的道德，但因时势环境的变化，政见主义上发生异同时，即可分道而驰，不能因私人的道德感情契合，勉强同立于一党中；也不因政治上改隶于他党，便认为道德契合的破坏。即对于敌党党员的个人，也必定承认其与己党党员有同等的道德，所以立异者，不过是政见主义不同的原故；若遇时势环境上的要求，发见彼此的共通点时，也可合而为一。故政党党员的正式宣告脱党与宣告合并，若起于政见有异同时，无碍于政治家的道德；惟因个人利禄地位之故，阴谋叛党或跨党，不问政见主义若何，今日与甲合，明日与乙合，则诚为小人之朋，失去政党结合的意义了。

（三）政党的存在必容许异党与之相对并存

政党之争，既不是君子小人之争，而为政见异同之争；在民治主义之下，政见又一定是有异同的；若不容许有异党的相对并存，无异于不承认民治主义。盖党的结合，虽以取得政权为目的，并不是以永久独占政权为目的；取得政权的方法，为平和的竞选，竞选的意义，不是令选民去拔取特别人才（若为拔取特别人才计，则选举不如简任），而是观察选民赞成何党的政策为多数，若不容许有异党与之相对的并存，则竞选全失其意义。盖既以党名，正面的表显为同；有同即有异，故就反面观之，党之存在，又因异而始立。若必以消灭异党为务，则异党既灭，本党也失去存在的必要了。

（四）党的相对并存必以彼此承认现行的政治组织原则为前提

所谓政治组织的原则，大都表现于成文或不文的宪法。国家既为一整个的政治团体，团体中之各分子，对于应付时势环境的政策，意见虽有异同，对于整个团体组织的根本原则（即宪法）必须有共同的信仰，始能成为一整个的政治团体；在整个的政治团体之中，因政策的异同而分党，始能承认彼此相对的存在。若对于政治组织的根本原则上发生异同时，其结果往往为革命；革命期中的政党，恒以消灭反对党为务；甲党得势，或将乙党的党员处以重刑，或放逐于国外，使他们永无卷土重来的机会，否则必令其屈服于己党所主张的原则之下而后已。反是，乙党若终不屈服，一旦遇有机会，得势而起，其对待甲党，也将用同一的方法行之。在此种变态的情况之下，其政象的表现，恒为一党专政。但所谓一党专政者，虽恒以消灭异党为务，实际上异党未必真能消灭；故革命的演变，常有循环迭起之象，必至政治组织的根本原则为彼此所公认而后已。到了政治组织的根本原则确定，进入宪政的常轨，容许异党并存的条件完成了，政党政治制度亦于是确立。

二、政党制度历史的起源及发展

依前节所说，必施行代议的民主政治而后有政党，则政党制度，必与代议的民主政治同时产生。代议的民主政治以英国发达为最早，继起者为北美联邦，故政党制度亦首先成立于英国，其次则为美。兹就其在英美二国成立发达的历史经过，约略述之。

（一）英国政党的起源及发展

在中世纪时代，英国也同欧洲大陆各邦一样，是一种封建式的国家。封建国家的统治阶级以君主为最高首领，而辅之以贵族与教会领袖；他们所把握的政权都是固定的，并不以被治者的群众意见为转移。代议制的统治则不然；政权是时常移转的，其移转恒以被治者的舆论倾向为断。政党制度的产生，就是由封建的政治组织，进入民族的代议政治组织一种转变的征象。其转变的动因有二：一为经济的进化，即商业资本勃兴，由新兴的富力，构成一种新资产阶级的势力，使封建的地主阶级势力渐次动摇；二为精神的进化，即因宗教改革，教会的领袖团体分裂，使封建时代的宗教势力亦渐次动摇。于是封建的统治阶级所把握的固定政权，渐渐把握不住了。就英国宪法史观察，议会本来不过是贵族和教会领袖向君主供献意见的机关，因求市民承诺新租税的原故，使平民代表加入，渐次演为两院的巴利门；在依理查白斯（Elizabeth）女王时代，巴利门里面，便渐渐地有党派的形迹了。清教徒因为反对宗教的压迫及君主任意行使其独占特许权，争谋取得巴利门的议席结为一派，以谋制限君主的大权。到 Stuart 王朝时代，君主的专横愈甚，清教徒所领导的反抗势力亦愈张，于是有拥护王权的骑士党（Cavaliers）与反抗王权的圆头党（Round heads），演成激烈的革命战争，查尔斯一世的王位，因以颠覆。在克林威尔（Cromwell）所把握的护民政府（Protectorate）时代，可称为一党专政时代。查尔斯二世复辟后，巴利门中，复成为两派对立之势；一六八〇年，因王位继承问题的争议（Exclusion Bill of 1680,for debarring the king’s brother from the throne），两党互相诋讥，王党呼反对党为“非格”（Whig），反对党人呼王党为“脱利”（Tory）；“脱利”与“非格”都是一种不雅的名词，后来习用，竟成为两个对立的政党名称。自此约一百五十年间，英国巴利门，便成为脱利党与非格党斗争的场所；脱利党便是后来保守党的远祖，非格党便是后来自由党的远祖。但在脱利党与非格党斗争的时期，所争的中心问题，只是一个宪法上的根本问题，即英国的最高权到底应该在君主还是在代表各阶级的巴利门？脱力党主张在君主，非格党主张在巴利门；换言之，脱利党主张维持旧统治阶级的特权，非格党不承认旧统治阶级的独占权利；脱利党代表封建的地主阶级及其附属阶级，非格党代表新兴的资产阶级及新贵族阶级。到了 Stuart 王统最后的倾覆，汉格非（Hanover）王室继统，非格派的主张取得最后的胜利了；自此两派对立的形式虽然继续如旧，而两派对立的精神渐渐变了；即在宪法的根本问题上，脱利党已屈服于非格党，承认巴利门的最高权，以诉诸选民的舆论为政权移转的方法，于是彼此不相容的政党，变为相容的政党了。因为非格党以解除个人企业的束缚，促进工商业的利益，扩张公民的参政权利为标帜，遂得自由党的名称；脱利党以保护历史上固有权利维持社会的安定秩序为标帜，遂得保守党的名称。然实际到了十九世纪中期，英国的政治改进案，由保守党成功者也不少，不能以名称断定两党的绝对精神。这是政党制在英国成立经过的大概。

（二）美国政党的起源及发展

继英国而产生政党制度的是美国。美国在十三州离英独立问题发生时，即有党派的分歧，其派别且与母国形式略同，一为拥护殖民地利益的议会派，属于非格党，一为拥护英王所委任的殖民地总督派，属于脱利党；前者多属于小资本家，小商人，及从事农业的人，后者多属于官吏大地主富豪贵族。在独立战争中，脱利派多投入英军，独立成功后，此派多迁入坎拿大；自此脱利派与非格派对立的现象消灭。但是因为联邦政府组织的根本问题，复发生两个对立的党派：一为哈密敦（Hamilton）所领导的联邦主义派，一为叶斐逊（Jefferson）所领导的反联邦主义派。哈氏主张创造有力的联邦中央政府，叶氏主张维持各州的独立主权，反对创成中央权力。联邦宪法，即由这两种意见的互相抵制互相调和而成。制定联邦宪法时，对于总统的选举采用选举会的间接选举制（Collegiate system），可见在制宪人士的心目中，并未尝想到将来美国总统的选举及一切政治活动，须以政党为发动机。但是宪法一经施行后，联邦主义派与反联邦主义派，遂成为两个自然对立的政党；前者仍称为联邦党，后者则称为共和党。华盛顿调剂于二派之间，不为左右袒；当选为总统后，哈密敦与叶斐逊皆被任为国务员。但二人的意见，常常龃龉；哈氏注重巩固中央的统一权力，叶氏注重各邦的自由发展；对于欧洲的革命问题，叶氏赞助革命的法兰西，哈氏倾于保守的中立。华盛顿虽不加入他们的党派争斗，恒采折衷的态度，但到了后来，哈氏的政策多被采用。继华盛顿当选而任总统者为约翰亚当士（John Adams），是联邦党的领袖；再过四年，共和党的领袖叶斐逊当选了。此时欧美两方的新思潮，都是沉醉于个人自由主义中，嫌忌强大的政府权力；以为要保障人民的自由权，须将政府的职权缩小到可能的最低限度。联邦党的主张，与此种思潮不相容，而共和党恒以拥护个人自由的民权主义相号召，并将其党名冠以民主一语，称曰民主共和党（Democratic Republican Party），恰与时代思潮相契合；因此民主共和党势力日益伸张，而联邦党渐次无形消灭。但自联邦党消灭以后，民主共和党失去正式对抗的势力，在美国政治史上虽称为“好感时代”（Era of good feeling），然实际政治上个人斗争的暗潮未尝或息，渐至民主共和党内部发生几个派别。至一八二八年改选总统时，民主共和党遂分为两派：一为贾克逊（A.Jackson）所领导的一派，后来称为民主党；一为J.Q.Adams的一派，后来称为非格党。民主党主张极端的个人自由主义，非格党则主张强固政府的权力，促进国民经济的发展，施行保护关税。未几因制限黑奴问题发生，非格党的地位被一种新起“反奴隶”的党派势力取而代之，渐渐组成后来的共和党，与民主党对抗。及放奴战争终了后，遂成为民主党与共和党对立的形式，以至于今。这是政党在美国发展的经过。

欧洲大陆，自法兰西大革命后，民治主义的潮流弥漫全欧，各国的革命党与反革命党，变化千态，演为后来各国的政党，其派别比英美二国更形复杂。迨至十九世纪晚期，民治主义的潮流，传到我们东方，政党制度也随之传到东方来了。于是政党的存在，成为现代国家最普遍的现象。

三、现代各国政党的概况

政党的存在，虽为现代国家最普遍的现象，但因各国社会情况的变迁及政治组织各不相同，故政党分野的形式及性质亦不尽同。此处不能将各国现时的政党，一一加以特别的探讨；简单概括的言之，大约有三种不同的形式。

（一）两大党对立的形式

此如前述英美二国，在十九世纪的百年内，党派势力，虽时常发生变化，但变来变去，恒成为两大党对抗的现象。甲党选举得胜，取得政权，乙党处于监督批评的地位；及舆论倾向转变，乙党复起而代之；政权的移转，遂以此为常轨。美国至今仍在民主党与共和党对立的形式中；虽于两党之外，时常发生第三党，但多不能长远的维持存在；现时所谓社会主义派的小党，发生的历史，虽也有达二三十年的，但其势力极微弱，远不如欧洲大陆的社会党，不能打破民主共和两党对立之局。英国在十九世纪晚年，自由党与保守党之外，发生了一个爱兰国民党与劳工党。这两个小党，起初皆处于附属的地位，无甚势力，不能与其他两大党对抗。爱兰自治问题解决后，爱兰国民党已不存在；而劳工党的势力则日益伸张，第一次世界大战后，公然出而组织内阁。两大党对立制，似已难于维持了，但是前此的自由党势力，却自此渐就式微，退处于无关轻重的地位，成为劳工党与保守党对抗的形势；第二次世界大战后，劳工党复代保守党而掌握政权，故至今仍能保持两大党对立之制。

（二）多数小党联立的形式

此为欧洲大陆通行的现象，最著者莫如法德二国；凡有特殊的历史关系，或特殊的政治理想或意见，即有一种特殊小党团的组织，并且不是偶然存在的。法国第三共和成立后，六十余年，而六十年前的拿破仑帝党与君宪派的王党名目，还是存在；此外共和党社会主义党种种复杂的分派，名目的复杂，不遑列举。一九二四年选举后，议会下院中的代表，至少有九党。故法国的内阁，不能由一党单独组成，恒为小党群的联合内阁，因此内阁的命运也是很短促的。德国在第一次世界大战以前，议会下院中的代表，多至十余党；帝国时代的政制。不是责任内阁制，这种复杂的多党制，尚不足以影响行政部的稳定性。第一次世界大战后政制变更，政党的结合亦有变化，然仍为多党的联立制；一九二四年的选举后，下院的代表，除最少数的小党外，尚有七党之多。因为采用了比例代表选举法，小党皆有选出代表的机会，若非希特勒的纳粹党出现，这种多数小党联立的组织，自然会长久维持下去。但自希特勒的纳粹党，用革命方法夺取政权后，遂由多数小党联立形式变为一党专政的形式了。

（三）一党专政的形式

如苏联的共产党专政，意大利及德意志的法西斯蒂专政，此皆为革命的现象。不过苏联的共产党专政，与意德的法西斯蒂专政，有一个根本不同之点，即苏联的共产党，是站在无产阶级的方面，以消灭个人的资产阶级为目的；意德的法西斯蒂，则超然于无产阶级与资产阶级之上，虽然反对共产主义，却也不是专以拥护资产阶级的个人利益为务；其目的在用超阶级的独裁威力，代替阶级对抗的党派势力，镇压阶级斗争，进行对外的侵略；换言之，既不主张议会以外的阶级斗争，也不信用平民的议会政治，这是意德法西斯蒂专政不同于苏联共产党专政的处所。

至就现代各国政党的性质上说，无论对立的两大党，联立的多数小党，或专政的一党，大概都有一种经济上的潜势力伏在后面；换言之，即党的构成，大都皆含有阶级利益的差别。在商业资本主义勃兴时代，新兴的资产阶级与封建的地主阶级利益不一致，故有非格党与脱利党的对抗；美国的联邦党与民主共和党的对抗，也有工商阶级与农产阶级利益不一致的原因；即宗教的党派分立，与民族的党派分立，也未尝不含有经济利益不一致的因素；工业革命后造成资本阶级与劳工阶级对抗的形势，因有种种社会主义的党派发生。故依经济史观的说法，一切党派的斗争，都是经济上的阶级斗争。但在近代工业的文化社会，所谓经济上的阶级差别，与封建的阶级差别不同：封建的阶级差别，界线极明显；现代经济上的阶级差别，则不能有绝对显明的界线。第一、现代的经济上的阶级，并不能成一种对分的（dichotomy）形式，因为资本家与工资劳动者之间，还有一种中等的小资产阶级，及其他种种中间的职业团体。第二、以阶级利益的差别言，资本家的利益，与工资劳动者的利益，有时不相容，也有时相同。例如，工厂主人要求工作时间长，工资低廉，劳工要求工作时间短，工资增高，这是利益不相容的处所，但是市场扩张，营业发达，厂主与工人同受利益，遇着不景气的时候，营业不振，厂主受损害，工人也同受损害；又如，政府对于特种奢侈品的制造业课以特别重税时，工人也往往与厂主及消费者同声反对，这都是工资劳动者与资本家利害相同的处所。即资本家与资本家之间，工资劳动者与工资劳动者之间，利益也不是常常一致的。例如资本家的棉纱输入商与资本家的国内纱厂主人，农业生产的劳工与工场生产的劳工，其利害的不一致极为显然。要之，在现代的经济组织之下，所谓阶级利益的差别情形，是参互错综，极其复杂的；故代表阶级利益差别的政党分野，也不能处处有绝对的界线。社会主义派，与资本主义派，大体上虽然是对立的，但是对立之中，常有互相参错的情事。例如英国的工党，时而与自由党合作，时而与保守党合作；法德二国的党团联合行动，时而右倾，时而左倾，至于美国现时的民主党与共和党，更无从辨别其阶级利益代表的界线；即在一党专政的几个国家里面，苏联的共产党虽然是站在无产阶级的方面，意德的法西斯蒂，则超乎资产阶级与无产阶级之上。然则现代政党的组合，虽由阶级的利益差别而来，阶级的斗争，是一种病状，稳健的政党，必恒以调和阶级的利益差别为务。

简要参考书目

（1）普通教科书及关于政治原理与政府制度之著作

Amos, *Science of Politics*, 1906.

Garner, *Political Science and Government*, 1928.

Gilchrist, *Principles of Political Science*, 1921.

Gettell, *Introduction to Political Science*, 1910.

Leacock, *Elements of Political Science*, 1906.

Maciver, *The Modern State*, 1926.

Willoughby, *The Nature of State*, 1911.

Bluntschli, *The Theory of State*, 1891.

Sidgwick, *Elements of Politics*, 1891.

Burgess, *The Political Science and Comparative Constitutional Law*, 1890.

Hobhouse, *Social Evolution and Political Theory*, 1911.

Cole, *The Social Theory*, 1921.

Laski, *Grammar of Politics*, 1925.

Bryce, *Modern Democracies*, 1921.

Lowell, *Greater European Governments*, 1925.

Ogg, *Governments of Europe*, 1923.

McBain & Rogers, *The New Constitutions of Europe*, 1926.

(2)关于特殊国家之政制及特种问题之专著

Bryce, *American Commonwealth*, 1889.

Lowell, *Governments of England*, 1924.

Bagehot, *The English Constitution*, 1892.

Low,S., *The Governance of England*, 1914.

Wilson, *Constitutional Government in the United States*, 1916.

Poley, *The Federal System of the United States and British Empire*, 1913.

Rose, *Nationality as a Factor in Modern History*, 1916.

Acton, *History of Freedom and Other Essays*, 1919.

Hayes, *Essays on Nationalism*, 1926.

Laski, *The Problem of Sovereignty*, 1920.

Duguit, *Law in the Modern State*, 1921.

Laski, *Authority in the Modern State*, 1919.

Holland, *Jurisprudence*, 1895.

Lawrence, *International Law*, 1911.

Baker, *The League of Nations at Work*, 1924.

Commons, J. R., *Proportional Representation*, 1907.

Humphreys, *Proportional Representation*, 1911.

Deploige, *The Referendum in Switzerland*, 1898.

Wilcox, *Government by the People, or the Initiative, the Referendum and Recall as Instruments of Democracy*, 1912.

Munro, *The Initiative, Referendum and Recall*, 1912.

Ashley, P., *Local and Central Government*, 1906.

Harris, *Local Government in Many Lands*, 1926.

李剑农先生学术年表*

萧致治

1880年(光绪六年)

6月10日(农历五月初三),生于湖南邵阳西路滩头(今名隆回县滩头镇砖屋村)。

1896年(光绪二十二年)

在家乡私塾及县设书院研读经、史、子、集,学习科举制艺,至1903年。由于天资聪颖,学习刻苦,为其日后奠立了牢固的治学基础。

1897—1898年(光绪二十三年至光绪二十四年)

湖南掀起维新运动,邵阳成立了南学会邵阳分会,负责人樊锥以邵阳书院为阵地,鼓吹维新救亡。受其影响,积极支持变法维新。

1904年(光绪三十年)

1月,入官立湖南中路师范学堂(1912年,改名为第一师范学校)史地科学习,专攻历史。

1906年(光绪三十二年)

经同学曾广堿介绍,加入中国同盟会。

1908年(光绪三十四年)

8月,于湖南中路师范学堂史地科毕业后留校任教。在教学

---

* 本年表由萧致治撰写。

中，向学生灌输革命思想。

1909 年（宣统元年）

继续在湖南中路师范学堂任教。

1910 年（宣统二年）

3 月，东渡日本，入东京早稻田大学政治经济学科学习。期间，参加同盟会的革命活动，与孙中山、黄兴、宋教仁、章太炎均有接触。

1911 年（宣统三年）

继续在早稻田大学学习。因 10 月武昌起义爆发，弃学回国。在上海停留时，从大量的传闻和报道中，“择其确实可征信者，备记始末”，撰成《武汉革命始末记》一文，于上海《民国报》第一号上发表（1911 年 11 月 21 日）。新中国成立后，该文被收入中国史学会主编的“中国近代史资料丛刊”之《辛亥革命》第五册。

1912 年

5 月，经张秉文介绍，在汉口《民国日报》担任新闻编辑。

1913 年

6 月，由于《民国日报》维护民主共和，反对袁世凯专制独裁，于 24 日被黎元洪下令查封，编辑曾毅、周览、杨瑞六和成希禹当场被捕，其他人员受到通缉。

7 月，离开祖国，赴英国留学，进入伦敦政治经济学院旁听并作自由研究。留英三年，广泛涉猎欧美各国的政治理论与政治制度、政治史以及宪法史，等等。

1916 年

4 月，因国内掀起讨袁护国运动，离英回国，担任上海《中华新报》（该报系推翻袁氏帝制、反对卖国党之急先锋，在讨袁护国运动中曾发挥重大作用）编辑，专写政论，抨击军阀专横，鼓吹政治改良。

11 月，蔡锷逝世，送挽联：“富贵威武不屈，刚毅木讷成仁。”

1917 年

3 月，与同学周鲠生、杨瑞六、王世杰等人联合创办政论刊物《太平洋》杂志，任编辑部主任。

是年，在《太平洋》杂志上发表文章多篇：《调和之本义》、《宪法与政习》、《英国之旧内阁与新内阁》、《美国新任总统》（以上见该杂志第 1 卷第 1 号）、《读甲寅日刊之舆论一柬》、《地方制之终极目的》、《日本之议会改选与地方长官》（以上见该杂志第 1 卷第 2 号）、《对德外交平议》（见该杂志第 1 卷第 3 号）、《时局罪言》（见该杂志第 1 卷第 4 号）、《呜呼！中华民国之立宪》（见该杂志第 1 卷第 5 号）、《专制与秩序》（见该杂志第 1 卷第 7 号）、《民国统一问题篇一》（见该杂志第 1 卷第 8 号）。

1918 年

发表《民国统一问题篇二》、《和平会议与国民》两文，分别刊于《太平洋》杂志第 1 卷第 9 号、第 11 号。

1919 年

春，赴北京，曾与李大钊、胡适讨论政治问题，赞成用白话文写作。

7 月，辞《中华新报》编辑及《太平洋》杂志编辑部主任。

8 月，赴汉口，受聘为明德大学教授。

11 月，发表《宪法上之言论出版自由权》一文，刊于《太平洋》杂志第 2 卷第 1 号。

1920 年

继续在明德大学任教。

是年，发表的主要文章有：《幸福论》，刊于《太平洋》杂志第2卷第3号（1920年1月5日）；《争自由的要著》，刊于《太平洋》杂志第2卷第8号（1920年12月5日）；《饼之研究》，刊于《申报·自由谈副刊》。

1921 年

在明德大学任教期间，开始研究中国经济史，运用唯物史观的原则，从古代经济发展的史实出发，探求中国社会发展规律。

由于在《太平洋》杂志上连续发表数篇政论文章，鼓吹调和互让，用联省自治方法统一中国，被政学系大政客、国会议员钟才宏推荐给时任湖南省省长的赵恒惕，与王正廷、蒋方震、彭允彝等13人组成省宪起草委员会，任主任委员，负责起草《湖南省宪法》。是年4月，《湖南省宪法草案》公布。

发表《就历史上观察中国之省制》一文，刊于《新时代》半月刊第1卷第4期。

1922 年

1月1日，其参与起草的《湖南省宪法》正式公布，共计152条。

4月，在明德大学发表题为《由湖南制宪所得的教训》的演讲。

12月，湖南依照《湖南省宪法》成立新政府，任省务院院长兼教育司司长。

是年，发表的主要文章有：《由湖南制宪所得的教训》，刊于《太平洋》杂志第3卷第6号（1922年6月）；《民国统一问题篇三》，刊于《太平洋》杂志第3卷第7号（1922年9月）。

1923 年

1—10 月，续任湖南省省务院院长兼教育司司长。

11—12 月，专任教育司司长。在其任期内，曾主持清华学堂在长沙的招生考试，并接见报考学生。

1924 年

5—11 月，复任湖南省省务院院长兼教育司司长。

是年 10 月，赵恒惕修改《湖南省宪法》，由省长兼任省务院院长，乃于 11 月离职。从此以后，“不敢作一字政论，渐悟到自己对中国社会历史认识不清，开始从新研究历史”。

1925 年

退出政坛后，专心办学。经过一段时间的筹备，于 9 月正式开办学校，名为晨光学校，拟把它办成一所超党派学校。入学前，要求学生宣誓在修学期间不加入任何政治党派。是年 10 月 15 日，章太炎曾莅该校讲演，称赞该校“以养成农村人才为宗旨，化除阶级，熔合城野，最为适用之教育”。

1926 年

在办学之余，开始收集中国政治、历史资料，分门别类加以整理，着手系统地研究中国近代政治史。

7 月，北伐军占领长沙。晨光学校早已渗入各种党派人物，与原办学宗旨相背离，遂于 12 月停办。

1927 年

“马日事变”后被迫离开湖南，再赴上海，担任太平洋书店编译主任。

是年，其以“半粟”为笔名翻译的日人布施胜治所著《苏俄的东方改革》一书由太平洋书店出版刊行。

1928 年

3 月，其以“半粟”为笔名撰写的《中山出世后中国六十年大事记（1866—1926）》一书由太平洋书店出版刊行。

1929 年

在续任太平洋书店编译主任之余，撰写《最近三十年中国政治史》。

1930 年

8 月，受聘为武汉大学文学院、法学院教授，兼史学系主任，讲授近代中国政治史、中国经济史及政治学等课程。

10 月，其著作《最近三十年中国政治史》由太平洋书店出版刊行（新中国成立后，自删导言和最后一章并略加校改后，于 1965 年更名为《戊戌以后三十年中国政治史》，由中华书局出版）。

发表《明代的一个官定物价表与不换纸币》一文，刊于《武汉大学社会科学季刊》第 1 卷第 3 号（1930 年 9 月）。

1931 年

潜心从事中国古代经济史研究。

1934 年

发表《日本与中国内乱之关系》一文，刊于《中兴周刊》（7 月 8 日）；发表《先秦货币制度演进考》一文，刊于《武汉大学社会科学季刊》第 3 卷第 2、3 号。

11 月，其著作《政治学概论》一书由商务印书馆出版刊行。

1938 年

夏，日军大举进犯长江中游，武汉大学西迁四川乐山。因需照顾家人，转回湖南邵阳老家避难，未随校西迁。

1940 年

受聘为蓝田国立师范学院史地系教授，主讲中国近代政治史和中国经济史。

1941 年

利用寒暑假回邵阳，倡办松坡中学，以纪念蔡锷再造共和的丰功伟绩，自任董事长，校址设在桃花坪（现更名为隆回一中）。

1942 年

因蓝田国立师范学院史地系同学参考书不易购买，将其在武汉大学任教期间所编撰的以自鸦片战争至中日甲午战争这段历史为内容的讲稿三章，与《最近三十年中国政治史》合印为一，取名为《中国近百年政治史》，由蓝田国立师范学院史地学会印行。

1943 年

1 月，将其此前因讲授中国经济史之需要所撰写的《中国经济史讲稿》交由蓝田新中国书局出版刊行。

与岳森、石醉六等筹建松坡图书馆（现更名为邵阳图书馆，为湖南三大图书馆之一），捐赠图书与经费。

7 月，其主持编纂并亲为作序的《蔡松坡先生遗集》（全十三册）由邵阳亚东印书馆印刷出版。

1944 年

夏，长沙沦陷后，日军向衡阳、邵阳进犯。随蓝田国立师范学院迁往溆浦。

1945 年

继续在溆浦国立师范学院任教，至 12 月辞教离开。

1946 年

2 月，借聘到当时已迁往辰溪龙头垴的湖南大学任教。

是年,《中国近百年政治史》一书被改印成线装四册,由蓝田启明书局出版刊行。

1947 年

2 月,因校方敦请,重回武汉大学,继续担任文学院史学系主任,讲授中国经济史。

是年,《中国近百年政治史》(上、下)一书改由商务印书馆以平装形式出版。

是年,中央研究院遴选院士,被推荐为史学方面 9 名候选人之一。

1948 年

继续在武汉大学任教,讲授中国经济史、中国近百年史。

是年,其著作《中国经济史》(上册)由武汉大学出版部印行。

发表《先秦田税制度演进之推测》一文,刊于《武汉大学社会科学季刊》第 9 卷第 1 号。

其撰写的《彻助贡》(铅印本)刊行,供学生学习参考。

1949 年

辞去武汉大学教职,由湖北武汉回到湖南邵阳。

湖南解放前夕,参加湖南自救会活动。在邵阳各界人士的集会上慷慨陈词,坚决反对白崇禧驻湘,号召湖南人奋起自救。

1950 年

7 月,受聘为湖南省军政委员会顾问。

1951 年

2 月,重回武汉大学任教,讲授明清史,有《明清史讲义》(油印本)存世。

1952—1953 年

继续在武汉大学任教，讲授明清史，并从事中国经济史研究。

1954 年

担任全国政协第二届委员会委员。

与李达、李国平、高尚荫、刘颐同时被评为一级教授。

是年，双目失明。

1955 年

口述《自编年谱》，由石泉记录，至 1957 年春，已口述到辛亥革命前后，后因开展“反右”运动中止。年谱稿在“文化大革命”中被烧毁。

1957 年

4 月，《宋元明经济史稿》由生活 · 读书 · 新知三联书店出版。据其于 1956 年 4 月为该书撰写的“卷头语”称，在武汉大学和蓝田国立师范学院讲授中国古代经济史时，所编讲义计分五编：西周以前为第一编，东周时期为第二编，两汉为第三编，魏晋南北朝隋唐为第四编，宋元明为第五编（尚有两章未写），兹将第五编部分原稿略加校对，先试刊行。

1959 年

5 月，其著作《魏晋南北朝隋唐经济史稿》由生活 · 读书 · 新知三联书店出版。

12 月，其著作《先秦两汉经济史稿》由生活 · 读书 · 新知三联书店出版。

1963 年

12 月 14 日，因患动脉粥样硬化去世，享年八十三岁。

李剑农和他的《政治学概论》

张星久

欣逢李剑农先生《政治学概论》一书即将重印，作为先生后学、武汉大学政治学教学研究者中的一员，很荣幸能和读者分享阅读这本书的一点体会。

按古人的说法，若要“读其书”，先要“知其人”。特别是对于李剑农先生，人们大都知道他是一位研究历史和经济史的大家，但对他为什么与政治学结缘，写出这本《政治学概论》，可能并不是很清楚。因此在正式介绍这本书之前，还是让我们先了解一下本书作者的情况。

李剑农（1880—1963），号德生。湖南邵阳人。生逢从晚清辛亥革命到民国、再到中华人民共和国成立的历史大变局之中，少时就读于家乡私塾，稍长到邵阳县所设书院就学，这种学习经历，使他和那一代跨越新旧两个时代的学人一样，很早就能熟读经典，接受良好的国学教育。

从1904年起，他开始接受新式教育，并投身改造社会的政治运动。是年，他考入在长沙的湖南中路师范学堂史地科，专攻历史，并于1906年加入了同盟会。为求知与救国，又于1910年到日本早稻田大学学习政治经济学。1911年回国参加辛亥革命，还以史学家的特有敏锐撰写了《武汉革命始末记》，在上海《民国报》第一号上发表，成为后人研究辛亥革命的重要文献。后因在汉口

《民国日报》担任新闻编辑，遭袁世凯当局通缉，于 1913 年 7 月赴英国伦敦政治学院学习。1916 年夏，袁世凯帝制灭亡，李剑农由英国返回，不久与周鲠生、杨端六、王世杰等人联合创办政论刊物《太平洋》杂志，积极宣传联省自治，促进民国统一。1921 年 3 月，在全国联省自治运动高涨之际，李剑农与王正廷等 13 名学者应湖南省省长兼总司令赵恒惕之聘，组成湖南省宪法起草委员会，由李剑农担任主任委员，负责起草湖南省宪法，在随后依据该宪法成立的省政府中，李剑农出任省务院院长兼教育司司长。因与赵恒惕政见不合，于 1924 年 11 月离职，从此不再参与实际政治运动。

离开政坛后，李剑农先生从此专注于教育与学术研究事业。1927 年赴上海任太平洋书店编译主任，1930 年完成《最近三十年中国政治史（1898—1928）》一书，甫一出版即获广泛赞誉，一年多时间内连续发行四版。1930 年秋，他受聘于武汉大学，担任文、法学院教授兼史学系主任，讲授中国近代政治史和政治学概论。1938 年日军侵入湖北，武大西迁乐山，李剑农先生辗转回到湖南家乡，倡办松坡中学以纪念蔡锷。后于 1940 年夏到 1945 年冬，执教于蓝田国立师范学院，其间撰写出版《中国经济史讲稿》，为中国经济史研究的开创性著作。后该书经补充完善，分《先秦两汉经济史稿》《魏晋南北朝隋唐经济史稿》《宋元明经济史稿》三册出版。这一时期，又将原《最近三十年中国政治史》一书扩充，写成《中国近百年政治史》出版，后译成英文由斯坦福大学出版社出版，至今再版发行十余次，仍为中外学者广泛征引。

1947 年以后，李剑农先生回武汉大学继续执教，是武汉大学的第一批一级教授，从此直到 1963 年 12 月病逝，再也没有离开武大。

另外，我虽晚于先生辞世十多年（1978年）考入武汉大学，于先生自无亲炙之缘，但因本科和研究生阶段都是在历史系度过的，毕业后又从事政治学专业方面的教学与科研工作，也偶尔会从老师们那里听说过李先生的一些情况。记得大学时授课老师中有一位是彭雨新先生，学问渊博，和蔼可亲，当时知道他是一位著名的经济史家，民国时期就已取得很高的学术成就。后来我一次冒失地跑去他府上求教，竟听他谈到自己曾给“李剑老”当助手，于是就想：能有这么“厉害”的教授当助手，这位“李剑老”岂不是教授中的教授？念研究生阶段，因为要了解中国古代赋税制度方面的情况，导师也曾向我推荐李剑农先生那本《宋元明经济史稿》，并且言谈中对李先生非常推崇，说这位先生学问很大，只可惜晚年双目失明云云。另外，在本科阶段为我们上美国政治制度专题课的曹绍濂先生，就是李先生《政治学概论·弁言》中提到的帮他把本书“全稿加以校阅勘正”的“吾友曹绍濂先生”；在研究生阶段为我们上过课的法制史专家杨鸿年先生，就是李剑农先生当年在政治学系教过的学生。后来我留校在政治学系工作，大约是在1994年左右，为纪念我校政治学恢复十周年，受系里委派写一篇关于武汉大学政治学科发展历史的文字，还有机会采访过这两位先生。通过他们的介绍才知道，当年武大文科常有教授跨院系、跨专业任职的情况，尤其是政治学与法学、经济学科一起同属于法学院，很多老师的课程都是通开的，真正固定在某个专业的老师不是很多。据杨先生讲，他在政治学专业读书的时候，当时有一个说法是，政治学专业有“三个半教授”，这其中的“半个教授”，就是指兼任历史学与政治学教授的李剑农先生。写出这些情况，或许能对李剑农先生与武大历史学、政治学两个专业的关系提供一点佐证。

说到李剑农先生的这本《政治学概论》，自初版（1934年）迄今已有八十多年。今天重读此书，其价值何在？

就基本内容而言，该书基本采用德国政治学家伯伦知理（J. K. Bluntschli）[①] 等人的观点，把政治理解为“国事”，把政治学理解为“以国家为研究对象”、以“探究国家基础及政府原则为目的”的学科。围绕国家这一核心问题，该书大致分三大层次展开对政治学基本知识体系的梳理介绍：一是政治学的概念、性质、范围与研究方法；二是国家抽象层面的问题，如国家的基本概念、构成要素（国民、国土、主权）、国家的起源，以及法律、国家与个人的关系、国与国的关系等；三是国家的组织形式及其运行，亦即政府制度方面的内容，如政府的类别，君主制与共和制，代议制与直接民权，内阁制、总统制与委员制，单一制与联邦制，以及中央政府机关与地方政府，政党等等。对比当下国内各种政治学概论类书籍不难发现，这本《政治学概论》所考察的政治学概念体系、基本知识框架等，依然是其中最基本、最稳定的内容。加以李剑农先生那样学贯中西的学识，举重若轻的大家笔法，使得这本书自能历经岁月洗练，而不失其价值和光彩。

首先，本书以国家为基点，以政府骨干，向外层层推演，编织出政治学的基本概念体系和知识构成，这种知识的搭建方法，一方面能串联起政治学的主要知识点与核心内容，做到简明扼要，内容充实，今天仍能给政治学的初学者提供比较稳定的知识与概念体

① 伯伦知理（J. K. Bluntschli, 1808—1881），生于瑞士苏黎世，先后获柏林大学法学博士、波恩大学政治学博士学位，后期在海德堡大学教授政治学和法学，关于政治学、法学方面的著作颇丰，译介到中国的主要有《国家论》《文明诸国之近代的国际法》等。参见〔法〕巴斯蒂，“中国近代国家观念溯源——关于伯伦知理《国家论》的翻译”，载《近代史研究》1997第4期。

系，让人感觉到，它虽篇幅不大却很有知识和学问上的“干货”；另一方面也把知识讲述得条理清楚，逻辑严密。比如在讲述第一章“国家的基本概念”时，首先告诉读者，科学研究“最重定名”，即首先需要界定概念，政治学研究既然以国家为对象，当然首先就要了解“国家”这个概念等等。讲完国家概念、要素之后，第二章接着讲“国民”，也是先交代说：前面一章讲国家的概念时提到，国民和国土是国家物质方面的构成要素，本章接下来就对国民这个要素加以详细说明云云，如抽丝剥茧，层层设问，把读者带入政治学的知识园地。可以说，这本书有着简明扼要、取精用宏、条理清楚、循循善诱的鲜明特点，使它在今天仍不失为一本很好的大学政治学概论教科书。

长于比较分析，坚持理论与实践相结合的考察视角，是本书的另外一大特色。作者介绍各种政治学概念、学说和制度时，特别重视对其源流的梳理，用不长的篇幅，将事物的由来起源、历史演变以及当代的发展情况交代得清清楚楚，把问题讲得很有纵深感和历史厚重感，使读者很容易把握事物的来龙去脉，显示出历史学大家的优势和特点。同时，在考察分析有关政府类型、君主制与共和制、内阁制与总统制政治制度方面的内容时，也非常注意横向比较，以凸显这些制度在不同国家中的特色。比如第十二章介绍“内阁制与总统制”时，首先结合英、美两国的实际案例，交代内阁制与总统制产生的历史，然后从理论规范到实际运行两个方面，比较分析了这两种制度的利弊，接下来又进一步分析英、法两国内阁制在运行中的不同。第十三章分析介绍“单一制与联邦制”时，也是在界定这两种制度的基本含义与区别之后，接着结合欧美主要国家的实践情况，具体分析联邦制与单一制之间的区别，以及不同国家的联邦制（如美国、加拿大、德国）在具体实践中的区别。与此相联系的是，作者在分析介绍某个问题时，非常注重理论联系实际、静态与动态把握相结合。讲到一种制度或政治学问题时，往往先讲它的原则或制度的规定层面（静态），再讲其政治实践中的运行情况（动态）。比如在第七章讲“国家与个人的关系”中，第一小节讲“国权（国家的职权）范围”，首先介绍社会主义、个人主义理论分别对此问题的看法，然后介绍“现代各国实际的趋势”；第二小节讲述“个人权利”，也是先考察个人权利的理论及其演变，接着以工作权、财产权为例，介绍其在欧洲各国的实施情况。这样，就把政治学的知识讲得生动鲜活，有血有肉。

最后，在文风和写法上，这本书也一如其《中国近百年政治史》那样，文笔流畅平实，像一位和蔼的长者对你娓娓道来，和你对话、交谈，而不是高高在上地喊话、训话，把本可能“枯燥”的政治学概论讲得深入浅出，亲切自然。

当然，这本书毕竟出版于国内外政治学的早期发展阶段，加上采用了当时流行的“国家学”为主干的政治学知识结构，所使用的某些术语带有那个时代的特色，可能不符合今天的“规范”，有些在今天看来是非常重要的政治学议题，在当时没有也不可能涉及，凡此种种，尚需今日读者留意鉴别。

2020 年 5 月 6 日于武汉